U0449224

THE CHILE PROJECT

The Story of the Chicago Boys
and the Downfall of Neoliberalism

智利计划

芝加哥小子与新自由主义的兴衰

Sebastian Edwards
[智] 塞巴斯蒂安·爱德华兹 ◎ 著
郭金兴 ◎ 译

中信出版集团 | 北京

图书在版编目（CIP）数据

智利计划 /（智）塞巴斯蒂安·爱德华兹著；郭金兴译 . -- 北京：中信出版社，2024.7
书名原文：The Chile Project: The Story of the Chicago Boys and the Downfall of Neoliberalism
ISBN 978-7-5217-6484-0

I.①智⋯ II.①塞⋯ ②郭⋯ III.①经济发展－研究－智利 IV.① F178.44

中国国家版本馆 CIP 数据核字（2024）第 066438 号

The Chile Project: The Story of the Chicago Boys and the Downfall of Neoliberalism by Sebastian Edwards
Copyright © 2023 by Princeton University Press
All rights reserved. No part of this book may be reproduced or transmitted in any form or by any means, electronic or mechanical, including photocopying, recording or by any information storage and retrieval system, without permission in writing from the Publisher
Simplified Chinese translation copyright © 2024 by CITIC Press Corporation
ALL RIGHTS RESERVED
本书仅限中国大陆地区发行销售

智利计划

著者：［智］塞巴斯蒂安·爱德华兹
译者：郭金兴
出版发行：中信出版集团股份有限公司
（北京市朝阳区东三环北路 27 号嘉铭中心　邮编　100020）
承印者：北京联兴盛业印刷股份有限公司

开本：787mm×1092mm　1/16　　印张：25　　字数：280 千字
版次：2024 年 7 月第 1 版　　印次：2024 年 7 月第 1 次印刷
京权图字：01-2024-1913　　书号：ISBN 978-7-5217-6484-0
定价：88.00 元

版权所有·侵权必究
如有印刷、装订问题，本公司负责调换。
服务热线：400-600-8099
投稿邮箱：author@citicpub.com

谨以本书献给亚力杭德拉·考克斯（Alejandra Cox）、阿德里安·温赖特（Adrian Wainwright）和"艾尔"·哈伯格（Al Harberger）。

目 录

"新发展译丛"序 ······ VII
大事年表 ······ XI
人物列表 ······ XIX

引 言 ······ 1
从智利"奇迹"到2019年民众叛乱和制宪会议 ······ 5
亲历2019年叛乱 ······ 9
何为新自由主义？ ······ 13
思想之争 ······ 18
智利作为新自由主义的实验室 ······ 22

第一篇
早期岁月

第1章　输出资本主义：芝加哥小子的缘起 ······ 31
智利计划 ······ 33
小子们在芝加哥的往事 ······ 37

第2章　象牙塔中的芝加哥小子 ······ 43
思想之争 ······ 44

贬值还是不贬，这是个问题 ……………………………………… 47
研究与信条 …………………………………………………………… 49
智库和新闻界 ………………………………………………………… 54
初涉政治失败 ………………………………………………………… 56

第3章　萨尔瓦多·阿连德的千日社会主义与芝加哥小子：
　　　1970—1973年 ……………………………………………… 58
附带价格管制的扩张性宏观经济政策：
　20世纪70年代的现代货币理论 ………………………………… 64
征收、国有化和"干预" …………………………………………… 65
价格控制与短缺 ……………………………………………………… 68
经济停滞与通胀失控 ………………………………………………… 71
一次失败的政变 ……………………………………………………… 71
阿连德执政时期的芝加哥小子 ……………………………………… 73
通往政变之路以及美国在其中扮演的角色 ………………………… 75

第二篇

芝加哥小子与皮诺切特的独裁统治：
1973—1990年

第4章　奥古斯托·皮诺切特的军事政变与芝加哥小子的
　　　改革计划 ……………………………………………………… 81
芝加哥小子加入军政府 ……………………………………………… 84
芝加哥小子知道砖案是为军方撰写的吗？ ………………………… 90
芝加哥小子的改革蓝图：解构 ……………………………………… 92

不平等、教育和养老金⋯⋯⋯⋯⋯⋯⋯⋯⋯⋯⋯⋯⋯⋯⋯⋯ 101
土地分配和土地市场⋯⋯⋯⋯⋯⋯⋯⋯⋯⋯⋯⋯⋯⋯⋯⋯⋯ 103
通货膨胀和宏观经济政策⋯⋯⋯⋯⋯⋯⋯⋯⋯⋯⋯⋯⋯⋯⋯ 104

第5章　1975年米尔顿·弗里德曼的访问与休克疗法 ⋯⋯ 107
弗里德曼为精英做报告⋯⋯⋯⋯⋯⋯⋯⋯⋯⋯⋯⋯⋯⋯⋯⋯ 108
弗里德曼和1975年的休克疗法⋯⋯⋯⋯⋯⋯⋯⋯⋯⋯⋯⋯ 112
汇率：跌还是不跌，这是个问题⋯⋯⋯⋯⋯⋯⋯⋯⋯⋯⋯ 117
休克疗法的失业代价和经济成本⋯⋯⋯⋯⋯⋯⋯⋯⋯⋯⋯ 119
奥兰多·莱特列尔暗杀事件⋯⋯⋯⋯⋯⋯⋯⋯⋯⋯⋯⋯⋯ 121
弗里德曼获得诺贝尔奖⋯⋯⋯⋯⋯⋯⋯⋯⋯⋯⋯⋯⋯⋯⋯⋯ 123

第6章　1975—1981年的市场化改革和权力斗争 ⋯⋯⋯⋯ 126
经济开放：独自前行⋯⋯⋯⋯⋯⋯⋯⋯⋯⋯⋯⋯⋯⋯⋯⋯⋯ 128
金融改革与外债飙升⋯⋯⋯⋯⋯⋯⋯⋯⋯⋯⋯⋯⋯⋯⋯⋯⋯ 132
私有化与智利国家铜业公司争夺战⋯⋯⋯⋯⋯⋯⋯⋯⋯⋯ 133

第7章　新自由主义体制的诞生：七个现代化与新宪法 ⋯⋯ 139
七个现代化⋯⋯⋯⋯⋯⋯⋯⋯⋯⋯⋯⋯⋯⋯⋯⋯⋯⋯⋯⋯⋯ 141
新自由主义宪法和1980年的全民公决 ⋯⋯⋯⋯⋯⋯⋯⋯⋯ 145
寻求尊重：哈耶克与朝圣山学社⋯⋯⋯⋯⋯⋯⋯⋯⋯⋯⋯ 149
风雨欲来⋯⋯⋯⋯⋯⋯⋯⋯⋯⋯⋯⋯⋯⋯⋯⋯⋯⋯⋯⋯⋯⋯ 152

第8章　弗里德曼与1982年货币危机 ⋯⋯⋯⋯⋯⋯⋯⋯⋯ 154
危机的代价⋯⋯⋯⋯⋯⋯⋯⋯⋯⋯⋯⋯⋯⋯⋯⋯⋯⋯⋯⋯⋯ 157

芝加哥小子被皮诺切特罢免 ………………………… 159
芝加哥小子与汇率崩溃 …………………………… 161
弗里德曼1981年对智利的访问与货币危机 ………… 164
再回首：弗里德曼对1982年危机的观察 …………… 168
重回正轨 …………………………………………… 172

第9章 1983—1990年的第二轮改革：务实的新自由主义 … 174
经济增长优先 ……………………………………… 175
经济增长、思想与人力资本 ………………………… 177
经济重新开放 ……………………………………… 180
新一轮私有化 ……………………………………… 181
实用主义、汇率与独立的中央银行 ………………… 182
哈伯格的影响日渐扩大 …………………………… 185
哈伯格：经济学家和关键人物 ……………………… 186
芝加哥小子了解人权侵犯案吗？ …………………… 192
"奇迹"发生 ………………………………………… 195

第三篇
民主统治下的新自由主义：
1990—2022年

第10章 民主制度的恢复与包容性新自由主义 …………… 199
拥抱"市场" ………………………………………… 203
沿原路前行 ………………………………………… 206
资本流入与成功的代价 …………………………… 208

第11章 坚守新自由主义 ... 211
众多自由贸易协定 ... 212
民主统治回归之后的经济社会政策 ... 213
财政纪律与税收 ... 220
拉美最耀眼的明星：赞誉与得分 ... 221
里卡多·拉戈斯与新自由主义 ... 228

第12章 不满、舞弊、抱怨与抗议 ... 233
企业共谋与舞弊的历史记录 ... 238
2019年的智利：两个观点 ... 242

第13章 分配斗争 ... 246
20世纪70年代的芝加哥大学与收入分配 ... 248
智利的改革与收入分配 ... 251
智利悖论与关系不平等和横向不平等 ... 254
事情可能比他们告诉你的更糟糕 ... 258

第14章 未能实现的承诺：养老金体系与叛乱 ... 262
历史背景 ... 264
皮诺切特的改革 ... 265
承诺与缺陷 ... 269
团结支柱：2008年的改革 ... 273
2014年失败的改革 ... 275
新冠疫情、提取养老金与博里奇的竞选 ... 278

第15章　制宪会议与加夫列尔·博里奇的当选 ……………… 281
作为排气阀的新宪法 ……………………………………… 283
加夫列尔·博里奇的经济计划：重蹈覆辙？ ………………… 286
宪法草案、"多民族"国家和经济 ………………………… 289
新宪法被否决，但是制宪进程仍在继续推进 ……………… 295

第16章　新自由主义的终结？ …………………………… 299
理论中的疏忽 ……………………………………………… 301
未来 ………………………………………………………… 307

致　谢 …………………………………………………… 310

附　录　新自由主义的起源与智利计划 ………………… 313
新自由主义的起源：1938年的李普曼研讨会 ……………… 316
朝圣山学社和智利计划 …………………………………… 319
新自由主义含义的演进 …………………………………… 320

注　释 …………………………………………………… 323

译后记　芝加哥小子与智利奇迹的成就、争议与启示 …… 346

档案资料和参考文献 …………………………………… 351

"新发展译丛"序

编译出版"新发展译丛"的一个重要背景是，在经历了从20世纪70年代末以来三十多年的快速发展之后，中国经济增长出现了明显的减速现象。此前，人们普遍认为，通过改革开放，重新恢复市场机制的作用，利用后发优势并实施出口导向战略是中国取得巨大经济成就的主要原因。随着后发优势的逐步缩小，以及长期实施出口导向战略带来的各种问题，中国经济要维持进一步的发展，就需要谋求发展道路的转变。

然而，中国下一阶段应该选择何种发展道路？这本身就充满争议。争议一方面来自对中国经济成功制度原因的解释。譬如，有学者认为，中国经济的发展得益于既有的考核与晋升机制为地方官员提供了恰当的激励，概而言之，"为晋升而竞争增长绩效、因竞争而产生经济效率"。而怀疑该假说的学者则会指出两个具有挑战性的事实：其一是中国存在广泛妨碍增长的地方官员腐败现象，即晋升机制未必产生为增长而竞争的激励；其二是地方政府的许多投资项目存在无效率现象，即晋升机制产生的竞争也未必带来有利于增长的经济效率。因此，后者并不认为，中国的经济增长可以归因于所谓的"有为政府"——因为经验意义上，中国的官员既未必肯为经济增长而"有为"，他们的"有为"更不必然有利于经济增长。过去的经济增长更多的是在特定条件下，地方官员的某些"有为"为企业家发挥创业创新才能创造了必要条件，这一结果不过是一种巧合。上述争议告诉我们，没有充分证据证明，存在一种能够持续引领中国经济发展的以强势政府为特征的所谓"中国模式"。

另一方面，争议也来自能够推动经济发展的相关政策设计的理论分歧，无论是政府是否要实施产业政策及实施何种产业政策，还是政府应该如何规制信息技术创新催生的互联网平台公司，等等。主张更多政府干预的学者自然会举出各种因信息或市场势力问题导致的市场失灵为自己辩护，而反对者同样有理由强调既不存在一个天然以社会福利最大化为目标的"仁慈政府"，也不存在一个比市场参与者信息更充分的"完全理性政府"。本质上，这些争论依然属于"如何理解政府和市场关系"的经典话题，依然属于所谓的"温加斯特悖论"（Weingast's Dilemma）——有效的市场经济离不开一个强大的政府，而强大的政府往往又是问题本身。也许，合乎"中庸"的阐述是，依法提供公共服务的政府本身是有效市场体制的组成部分，而让政府政策的制定与实施服从法治的制度安排同样重要。正是如此，早在21世纪初，拉詹和津加莱斯（R. Rajan and G. Zingales, 2004）才会把市场经济体制比喻为一架"精巧而容易失效的机器"。要找出市场有效运行的条件，这无疑是无止境的理论探索。

这些争议对于未来的中国经济发展无疑是一件好事。它提醒我们，无论是学理上还是政策实践上，经济发展都来之不易。对于学者和政策制定者而言，更加可取的做法是，一方面，跟踪全世界最新的理论进展，为更好地理解人类社会的经济发展现象找到恰当的分析框架，从而为本国经济发展的政策设计提供坚实的理论基础；另一方面，从全球各个国家的发展实践中汲取养分，理解它们可资借鉴的经验和必须避免的教训。随着中国经济发展进入新阶段，这两方面工作的价值不是被削弱了，反而变得愈发突出。因此，从国际上出版的学术著作中，拣选出有利于我们进行理论学习和实践借鉴的部分"他山之石"编译出版"新发展译丛"，便是一项有意义的学术活动。

上海汇智经济学与管理学发展基金会是一家注册在上海的学术公益基金会。近年来，它以资助一系列学术活动推进经济学和管理学在中国的发展，为形成这方面的学术共同体而孜孜以求。它愿意资助"新发展译丛"的出版，自然是"为学术而公益"精神的又一体现。

"新发展译丛"的编译出版工作是开放的，我们欢迎更多的学者加入进来。

黄少卿
张永璟
2019年1月27日

大事年表

1938年8月。李普曼研讨会（Colloque Lippmann）在巴黎召开。一群知识分子聚在一起，讨论新自由主义应该遵循哪些原则。

1946年7月。米尔顿·弗里德曼（Milton Friedman）加入了芝加哥大学经济学系。

1947年4月。朝圣山学社（Mont Pèlerin Society）第一次会议在瑞士沃州（Vaud）举行。弗里德里希·冯·哈耶克（Friedrich von Hayek）担任该学会首任主席。

1955年6月27日。芝加哥大学教授厄尔·汉密尔顿（Earl Hamilton）、阿诺德·"艾尔"·哈伯格（Arnold "Al" Harberger）、西蒙·罗滕伯格（Simon Rottenberg）和西奥多·舒尔茨（Theodore Schultz）前往智利，与智利天主教大学（Pontifical Catholic University of Chile，通常被称为Católica）商谈合作事宜。

1956年4月。芝加哥大学与智利天主教大学签署了正式协议。

1956年9月。依据该项协议，第一批智利学生抵达芝加哥大学，并在这里学习经济学。

1958年6月。芝加哥大学的第一批智利毕业生成为智利天主教大学的全职经济学教师，他们被称为"芝加哥小子"。

1964年9月。基督教民主党（Christian Democratic Party）的爱德华多·弗雷·蒙塔尔瓦（Eduardo Frei Montalva）当选为智利总统。其经济计划倚重美国美洲进步同盟（Alliance for Progress）的帮助，农业改革是该计划的关键内容。

1969年11月。芝加哥小子为豪尔赫·亚历山德里（Jorge Alessandri）的总统竞选方案设计了经济计划的部分。这位候选人愤怒地咆哮道："把这群疯子赶走！"

1970年11月。萨尔瓦多·阿连德（Salvador Allende）就任智利总统。

1970年12月。一些芝加哥小子离开了智利，去国际机构工作。

1973年3月。11位芝加哥小子开始制订后阿连德时代的经济计划。这份报告被称为"砖案"（El Ladrillo），即像砖一样厚的方案。

1973年9月11日。由智利陆军总司令奥古斯托·皮诺切特（Augusto Pinochet）将军领导的武装力量发动了一场政变，并罢免了萨尔瓦多·阿连德总统。阿连德对叛乱分子实施了抵抗，失败后他在拉莫内达宫（Palacio de La Moneda）自杀身亡。

1974年7月11日。芝加哥小子的"荣誉成员"豪尔赫·考阿斯（Jorge Cauas）成为皮诺切特独裁统治时期第一位担任智利财政部长的平民。

1975年3月。米尔顿·弗里德曼前往智利，于3月21日与皮诺切特将军会晤了一个小时。弗里德曼建议对智利经济实施"休克疗法"。

1975年4月12日。依据弗里德曼的反通胀建议，《经济复苏计划》公之于众。休克疗法开始实施。

1976年10月。米尔顿·弗里德曼获得了诺贝尔经济学奖。

1976年12月31日。芝加哥小子塞尔希奥·德·卡斯特罗（Sergio de Castro）取代豪尔赫·考阿斯，就任智利财政部长。

1978年。智利的GDP超过了之前1971年的峰值。

1979年6月。智利将比索与美元的汇率固定下来，以此作为使通货膨胀降至各国一般水平的手段。

1979年9月11日。皮诺切特发表演说，宣布了一项被称为"七个现代化"的社会新计划，新自由主义的智利模式由此诞生。

1979年10月。签署了芝加哥大学和智利天主教大学合作协议的经济学家西奥多·舒尔茨获得了诺贝尔经济学奖。

1980年9月11日。由军方指任的宪法委员会起草了一份宪法草案，经全民公决后通过。

1981年11月。朝圣山学社在智利比尼亚德尔马市（Viña del Mar）举行了一次地区性会议。米尔顿·弗里德曼第二次访问智利。

1982年4月。芝加哥小子塞尔希奥·德·拉·夸德拉（Sergio de la Cuadra）取代塞尔希奥·德·卡斯特罗，就任智利财政部长。

1982年6月14日。比索贬值，智利经历了有史以来最为严重的货币危机和银行危机。

1982年8月30日。芝加哥小子罗尔夫·吕德斯（Rolf Lüders）取代塞尔希奥·德·拉·夸德拉，就任智利财政部长。

1983年2月。朝圣山学社成员、经济学家卡洛斯·卡塞雷斯（Carlos Cáceres）取代罗尔夫·吕德斯，就任智利财政部长。

1984年4月。智利大学经济学系前系主任路易斯·埃斯科巴尔·塞尔达（Luis Escobar Cerda）被任命为智利财政部长。他与芝加哥小子意见相左。

1984年。"艾尔"·哈伯格成为加州大学洛杉矶分校的一名经济学教授。

1985年2月12日。芝加哥小子"荣誉成员"埃尔南·比希（Hernán Büchi）取代路易斯·埃斯科巴尔·塞尔达成为智利财政部长。他优先考虑的是经济增长，而不是通货膨胀。

1988年10月5日。智利举行了一次全民公决，以决定是否继续实行独裁统治。反对派获得了胜利。总统大选计划于1989年晚些时候举行。

1989年10月。军政府通过了一部法案，以确保智利中央银行的独立地位，这在拉美是一项创举。

1989年12月14日。基督教民主党的帕特里西奥·艾尔文（Patricio Aylwin）在选举中击败了埃尔南·比希，当选智利总统。艾尔文继续实施芝加哥小子的大多数政策。

1991年2月8日。全国真相与和解委员会（National Truth and Reconciliation Commission）公开了自己的报告。这份报告详细记录了超过两千份侵犯人权的案例，包括暗杀、酷刑和监禁。

1992年6月。公共研究中心（Center of Public Studies）正式出版了芝加哥小子制订的经济计划。差不多在二十年前，芝加哥小子第一次向智利海军的一位高级军官提交了这份计划。

1992年10月。加里·贝克尔（Gary Becker）获得诺贝尔经济学奖。

1993年12月11日。基督教民主党的爱德华多·弗雷·鲁伊斯–塔格莱（Eduardo Frei Ruiz-Tagle）击败阿图罗·亚历山德里·贝萨（Arturo Alessandri Besa），当选智利总统。何塞·皮涅拉

（José Piñera）赢得了6%的选票。

1998年6月。米尔顿·弗里德曼与妻子罗丝出版了自己的回忆录《两个幸运的人》(*Two Lucky People*)。作者用一章的篇幅以及长篇附录讲述了弗里德曼与智利和皮诺切特的关系。

1998年9月。取消资本管制。智利成为少数允许国际资本自由流动的国家之一。

1999年9月。智利实行自由浮动汇率制度。

2000年1月16日。社会党人里卡多·拉戈斯（Ricardo Lagos）击败华金·拉温（Joaquín Lavín）当选智利总统，后者是芝加哥小子的一员。拉戈斯是自1970年萨尔瓦多·阿连德之后第一位当选总统的社会党人。

2001年。财政规则开始实施，由此形成了自发的反周期财政政策。

2002年。智利成为拉美地区人均收入最高的国家。

2005年8月16日。宪法以修正案的形式进行了重大改革，取消了1980年皮诺切特宪法中很多专制主义的内容，但并未将其根除。

2006年1月15日。社会党人米歇尔·巴切莱特（Michelle Bachelet）击败塞巴斯蒂安·皮涅拉（Sebastián Piñera）当选智利总统。

2008年。养老金改革总统顾问委员会（Presidential Advisory Council for Pension Reform）发布了自己的报告。公共的"社会互济养老金"为私人养老金体系提供补充。

2010年1月17日。塞巴斯蒂安·皮涅拉击败爱德华多·弗雷·鲁伊斯-塔格莱当选智利总统。他是一位保守主义经济学家，曾经在哈佛大学求学，与芝加哥小子关系密切。皮涅拉的当选终结了民主联盟（Concertación）对政府的掌控。

2011年5月。学生开始举行大规模游行示威。在未来几年，一些学生运动的积极分子成为智利国会议员或者政府官员。

2013年12月15日。在智利共产党的帮助下，社会党人米歇尔·巴切莱特第二次当选智利总统。

2013年。生活在贫困线以下的人口比例第一次降至10%以下。

2017年6月。联合国开发计划署发布了题为《不平等：智利社会分化的起源、变革与挑战》的报告，作者声称智利的不平等是多维度的，其根源在于种族主义、隔离政策和阶级歧视。

2017年12月17日。中右翼阵营的经济学家塞巴斯蒂安·皮涅拉第二次当选智利总统。第二代和第三代芝加哥小子被任命为内阁成员。

2019年10月18日。智利爆发"叛乱"。人们在几个地铁站纵火，超市、办公大楼、药店和银行遭到抢劫。接下来的数周时间里，爆发了大规模的游行示威。

2019年11月15日。大多数传统政党达成协议，呼吁通过选举召开制宪会议，编写一部新宪法。共产党和多数极左翼政党没有加入这份协议。

2021年12月19日。35岁的前学生运动积极分子加夫列尔·博里奇（Gabriel Boric）作为左翼联盟"尊严制宪"的成员当选智利总统。这标志着智利的新自由主义运动已经接近尾声。

2022年7月4日。制宪会议完成了宪法的编制。这次会议提交的文本具有强调男女平等的特征，在世界各国的宪法中，该文本包含了最为广泛的社会权利。

2022年9月4日。 智利举行全民公决，以决定是否实施新宪法。在这次公决中，有62%的人投票反对，38%的人投票赞同。这一结果被认为是一次"政治地震"。

2022年9月7日。 各种派别的政治力量开始协商，以推动新宪法的实施。几乎所有党派都同意，智利需要一部新的宪法。很多人认为，应该在2023年9月11日之前，也就是在上次军事政变和萨尔瓦多·阿连德逝世50周年之际，实施这部新宪法。

人物列表

芝加哥大学教授

加里·贝克尔。1992年诺贝尔经济学奖获得者。法国思想家米歇尔·福柯（Michel Foucault）称他为美国新自由主义最杰出的代表。

米尔顿·弗里德曼。1976年诺贝尔经济学奖获得者，20世纪最具影响力的经济学家之一。他倡导实行自由市场制度，深化改革，建议智利采取休克疗法。

阿诺德·哈伯格。以芝加哥小子之父而闻名。他第一次访问智利是在1955年。与加里·贝克尔和米尔顿·弗里德曼相比，他被认为更加务实，也不像另外两人那么教条。

西奥多·舒尔茨。1979年诺贝尔经济学奖获得者。他领导了于1955年启动智利计划的芝加哥大学教授团队，并被视为农业经济学的领军人物。

芝加哥小子

巴勃罗·巴劳纳（Pablo Baraona）。农业经济学家。在奥古斯托·皮诺切特独裁统治时期，他曾担任智利中央银行行长和经济部长。

塞尔希奥·德·卡斯特罗。芝加哥小子中毫无争议的领袖人物，他作为一名学生于1956年来到芝加哥大学。后来，他成为智利天主教大学经济学系主任，在皮诺切特独裁统治时期担任经济部长和财政部长。

塞尔希奥·德·拉·夸德拉。在芝加哥大学求学时是哈里·约翰逊（Harry Johnson）的学生，后来，在皮诺切特独裁统治时期担任央行行长和经济部长。

埃内斯托·方丹（Ernesto Fontaine）。芝加哥小子的资深成员，在智利天主教大学培养了数以百计的学生。他在皮诺切特独裁统治时期并未担任任何政府职务。

米格尔·卡斯特（Miguel Kast）。皮诺切特独裁统治时期的计划部长，倡导利用市场体系分配社会服务的重要人物之一。他主张采取反贫困措施，积极推动社会保障项目。

罗尔夫·吕德斯。米尔顿·弗里德曼的学生。他后来成为皮诺切特独裁统治时期的经济部长和财政部长，以及维亚尔集团（BHC Group）的高管。后者是一个高度多元化的企业集团。

埃米利奥·圣富恩特斯（Emilio Sanfuentes）。在那场军事政变之前，他是芝加哥小子与智利海军之间的联络人，也是芝加哥小子市场化改革设计方案的执笔人之一。这一方案就是俗称的"砖案"。

芝加哥小子的"荣誉成员"

埃尔南·比希。哥伦比亚大学毕业生，第二代芝加哥小子的领袖人物，1984—1989年担任财政部长。他于1989年成为总统候选人，但是被基督教民主党的帕特里西奥·艾尔文击败。

卡洛斯·卡塞雷斯。康奈尔大学毕业生。他于1983年2月担任财政部长，并在皮诺切特独裁统治的晚期担任内政部长。他是唯一担任皮诺切特内阁阁员的朝圣山学社成员。

豪尔赫·考阿斯。哥伦比亚大学毕业生，是皮诺切特独裁统治时期第一位担任财政部长的平民。他于1975年实施了休克疗法的各项政策。

何塞·皮涅拉。哈佛大学毕业生，在社会部门采取市场化政策的幕后操作者。他在皮诺切特独裁统治时期担任劳工部长和矿业部长，实施了养老金改革，负责劳工法案和矿业法案的编写。

军方

曼努埃尔·孔特雷拉斯（Manuel Contreras）。智利陆军将军，秘密警察头目，参与暗杀数名反对军政府的异议分子，包括在华盛顿暗杀前大使和内阁成员奥兰多·莱特列尔（Orlando Letelier）。

古斯塔沃·利（Gustavo Leigh）。智利空军将军，早期曾密谋罢免萨尔瓦多·阿连德总统。利将军曾经数次与皮诺切特发生冲突。1978年，他被赶出了军政府。

塞萨尔·门多萨（César Mendoza）。国民警卫队总司令，军政府成员。

托里维奥·梅里诺（Toribio Merino）。智利海军总司令，早期的密谋者。他是军政府成员之一，正是他在1973年接受了芝加哥小子的市场化改革方案。

奥古斯托·皮诺切特。陆军将军，领导了罢免萨尔瓦多·阿连德总统的军事政变，实施了将近17年的独裁统治。1998年，他在伦敦被拘留，对于数名西班牙公民遭受酷刑并失踪一案，他被控为从犯。他被拘留了一年时间，然后由于健康原因被释放。

政治家

萨尔瓦多·阿连德。社会党总统，于1970年当选，在1973年的军事政变中被皮诺切特罢免。他选择了自杀，而不是流亡海外。

帕特里西奥·艾尔文。1990年恢复民主制度之后的第一任民选总统，任期为1990—1994年。他的政府继续推行芝加哥小子的政策。

米歇尔·巴切莱特。2006—2010年和2014—2018年担任总统，社会党人。在第一个任期，她深化市场化改革，扩大社会保障范围。在第二个任期，智利共产党加入了执政联盟，她的政府致力于实施市场体系改革，并且重视教育和养老金制度的完善。

加夫列尔·博里奇。来自极左翼联盟广泛阵线（Broad Front）的前学生运动积极分子，在2021年12月的大选中以绝对优势当选总统。他的当选标志着智利新自由主义时代的终结。

爱德华多·弗雷·鲁伊斯-塔格莱。1994—2000年担任总统。他深化了市场化改革。

海梅·古斯曼（Jaime Guzmán）。一位天主教徒和反对共产主义的学者，与芝加哥小子关系密切。他是宪法委员会的领导人，负责为1980年智利宪法提供政治性和学术性的支持。1990年，一个极左翼团体将其暗杀。

里卡多·拉戈斯。自萨尔瓦多·阿连德以后的首位社会党总统（2000—2006年），一位拥有杜克大学博士学位的经济学家。在其任期内，对皮诺切特时期颁布的1980年智利宪法进行了改革。他这一届政府的口号是"公平的经济增长"（Growth with equity）。

塞巴斯蒂安·皮涅拉。在2010—2014年和2018—2022年担任了两任总统，一位哈佛大学的毕业生，观点倾向于亲市场的保守主义。正是在他担任总统时，爆发了2019年叛乱，而制宪会议也是在他的第二个任期启动的。

其他经济学家

路易斯·埃斯科巴尔·塞尔达。智利大学经济学系前系主任，这所大学是智利天主教大学的主要竞争对手。1984年4月，他被皮诺切特提名为财政部长。

亚力杭德罗·福克斯莱（Alejandro Foxley）。1990年民主制度恢复之后的第一任财政部长。他是拉美研究协会（Corporation of Studies for Latin America）的创始人。这是一家独立的研究机构，在独裁统治时期对芝加哥小子进行了最为严厉的批评。

阿尼瓦尔·平托（Aníbal Pinto）。就职于联合国拉丁美洲和加勒比经济委员会（Economic Commission for Latin America and the Caribbean，简称ECLAC）的发展经济学家。在20世纪五六十年代，他是芝加哥小子最严厉的批评者之一。他对保护主义和进口替代战略深信不疑。

引 言

1955年，就在冷战掀起了一波新高潮时，美国国务院启动了"智利计划"。这项计划的目标是在芝加哥大学培训智利的经济学家，这里是资本主义思想的重镇和米尔顿·弗里德曼的学术家园。在回到智利之后，这些年轻的学子就会在拉美爆发的日益激烈的思想之争中大力鼓吹自由市场的原则。在这些思想斗争中，他们的对手是左翼经济学家，后者相信消除贫困和落后的唯一途径就是通过国有化、经济计划和社会主义来扩大国家的作用范围。1961年，在菲德尔·卡斯特罗（Fidel Castro）公开声称自己为一名马克思列宁主义者之后，智利计划成为美国遏制共产主义在拉美地区扩张的不可或缺的战略之一。①

在十多年的时间里，这帮被媒体称为"芝加哥小子"的年轻学子对智利的政策制定几乎毫无影响。他们在学术界埋头苦干，训练其他经济学家，撰写专栏文章，发表枯燥无味的学术论文，为大银行和大企业提供咨询。但是，他们并未得到足够的重视。实际上，在位者对待他们的态度经常带着嘲讽和戏谑。

1973年9月11日，奥古斯托·皮诺切特将军发动了一场军事政变，将社会党总统萨尔瓦多·阿连德赶下台，这让形势发生了剧变。军方掌控权力，这是芝加哥小子的天赐良机，使他们得以将米尔顿·弗里德曼及其同事传授的理论付诸实践。在接下来的17年间，他们可以放开手脚，利用智利经济开展一场实验。芝加哥小子解除了对价格和利率的管制，降低关税，将数以百计的国有企业私有化，推行教育补助券制度，创建个人储蓄养老金账户，放松对企业和银行的监管，全面推行市场化。他们采取休克疗法来平衡政府预算，降低通货膨胀率，改革劳动法案，抑制工会的力量，吸引外国投资者，并增强了法治。

当1990年民主制度得以恢复时，与1973年军方将阿连德总统赶下台时相比，这个国家的面貌发生了天翻地覆的变化。在不到20年的时间里，芝加哥小子创建了一个现代资本主义经济。尽管经历了一些混乱并在1982年爆发了一场严重的货币危机，但智利经济的效率、生产率和增长速度仍有显著提高。在财经界，很多人都在谈论当时出现的"智利奇迹"。②

然而，这是一场背负原罪的奇迹：它是由一个独裁政权推动的，该政权侵犯人权，对其反对派系统地实施迫害、监禁、酷刑和暗杀。正是由于这个原因，在1990年民主制度恢复之后，该国新任领导人并没有放弃这一由芝加哥小子创建的模式，而其中很多领导人都曾经遭受过皮诺切特的迫害，这让大多数观察家都感到惊讶。继任的中左翼政府没有废除自由市场政策，而是继续深化改革。确实，新当选的民主政府扩大了社会保障的范围，但是所谓的新自由主义模式的主体架构得到了进一步扩展，比如小政府、极为宽松的管制措施、对世界其他地区完全开放、限制工会运动、极低的企业税、以补助券为主的教育和医疗体系、目标有限的社会保障体系、以个人储蓄账户为主的养老金制度、在各个层次依靠市场的力量。并不像很多不明就里的批评家宣称的那样,芝加哥小子创建的模式只得到了军方的支持。在三十多年间,基督教民主党、民主党和智利社会党的很多成员也广泛支持这一模式。③

在经历了一个多世纪平庸的表现之后,在21世纪初期,智利成为拉美地区最富裕的国家,并且遥遥领先。与此同时,智利的各项社会发展指标同样处于本地区的最佳水平,比如医疗、教育和预期寿命。结果,生活在贫困线以下的人口比例从20世纪80年代中期的53%降至2017年的6%。④从收入和其他经济统计数据看,至2020年,智利看上去更像一个南欧国家,比如葡萄牙或西班牙,而不像一个拉美国家。值得注意的是,当智利的改革最初启动时,多数专家都持怀疑态度。他们认为芝加哥小子极力倡导的市场化政策过于激进,在一个贫穷的拉美小国不会奏效。1975年4月16日,在米尔顿·弗里德曼与皮诺切特将军于圣地亚哥会晤两周之后,《卫报》披露军方正在考虑采纳某些"由芝加哥经济学家设计的大胆计划"。⑤

图1.1和图1.2归纳了智利新自由主义模式最为重要的一些经济表现。图1.1展示了1980—2019年一组拉美国家人均GDP的演变。如图所示,在20世纪80年代前期,智利与哥伦比亚、哥斯达黎加、厄瓜多尔和秘鲁一起,处于垫底的位置。至2003年,主要因为由芝加哥小子启动并由中左翼政府继续推进的市场化改革,智利成为本地区人均收入水平最高的国家。这一领先地位一直保持到2019年,才被巴拿马超越。⑥图1.2表明,智利贫困人口比例从1987年的53%降至2017年的仅6%,远低于拉美其他国家的水平。相比之下,2017年哥斯达黎加和厄瓜多尔的贫困发生率分别为22.5%和21.5%。⑦

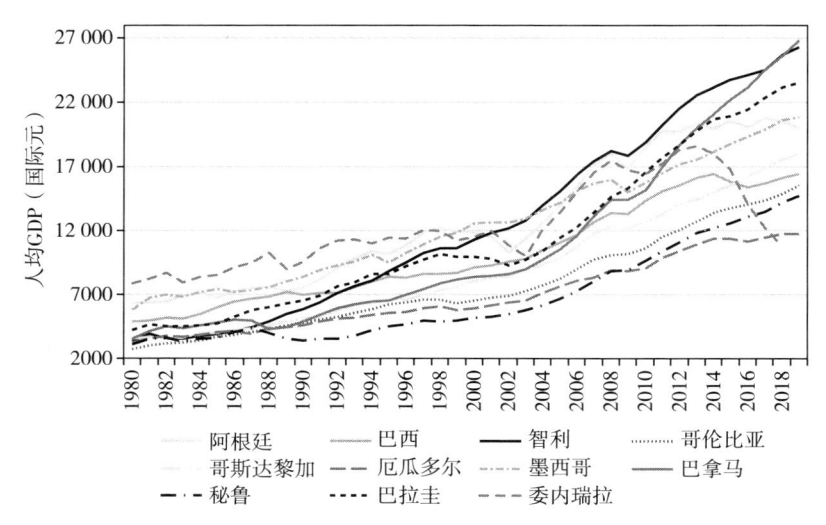

图1.1 1980—2019年拉美代表性国家人均GDP的演变
（国际元，按购买力平价计算）

资料来源：国际货币基金组织（International Monetary Fund）。

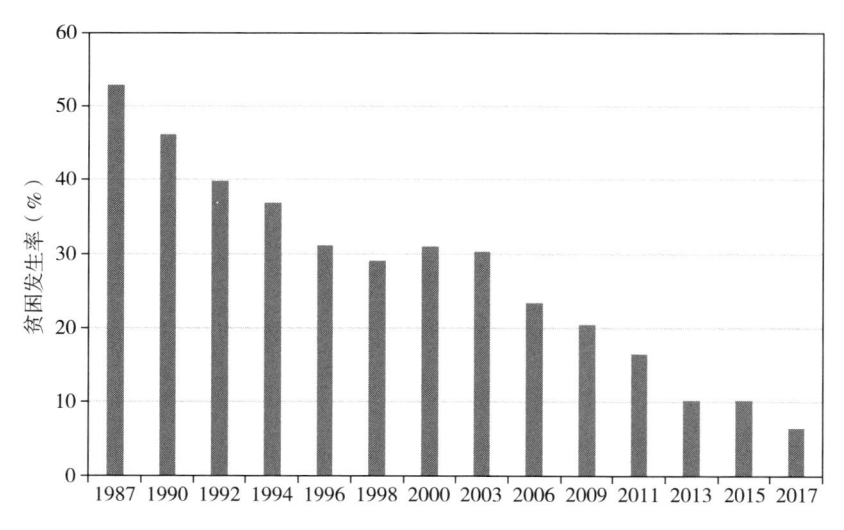

图1.2 1987—2017年智利生活在贫困线以下的人口比例，贫困线以下为每人每天低于5.5美元（按2011年购买力平价计算）

资料来源：世界银行（未注明年份）。

在1990年民主制度恢复之后，智利经常被称颂为新兴经济体或者转型经济体如何实施公共政策的典范。对于智利的发展经验，全世界持各种政治观点的专家都会用"激动人心"和"令人鼓舞"这样的词语来形容。来自苏联阵营的各国政治家纷纷访问智利，以获取第一手资料，了解如何成功地实施亲市场的政策，如何开放经济，并将规模庞大的国有企业私有化。

尽管经济实现了快速增长，贫困率也显著降低，而不平等的程度在整个时期依然保持在高位。2022年，在经合组织（OECD）所有成员国中，智利收入不平等的程度高居第三位。2010年，智利加入了这一高收入国家集团。从2000年至2020年，智利的收入差距有所缩小，但仍然维持在很高的水平。持续的不平等是智利的阿喀琉斯之踵，新自由主义模式的设计者基本上忽视了这个严重的缺陷，而这也将成为他们挥之不去的噩梦。在接下来的章节中，针对收入和财富分配的斗争将是一个反复出现的主题。

从智利"奇迹"到2019年民众叛乱和制宪会议

2019年10月18日，智利全国爆发了大规模的示威活动，这令大多数观察家感到震惊。引发示威活动的事件是地铁票价小幅上涨了30比索，相当于4美分。但是，集会者抗议的远不止票价上涨。数个城市的几十万民众游行示威，抗议精英阶层和大企业贪婪成性、犯罪猖獗、学校追逐私利、养老金微薄、推行隔离政策和新自由主义模式。示威者要求豁免学生的债务，实行全民免费医疗。他们挥舞着马普切人的旗帜，要求归还19世纪从原住民那里掠走的土地。尽管大多数示威活动是和平的，但是有些变得极为暴力。纵火、毁损公私财物和抢劫行为时有发生；在抗议活动最初的几天，超过20座地铁站被烧毁。警方以不当使用暴力作为回应，并被指控多次侵犯人权。

在经历了数周的示威、骚乱、抢劫和四处纵火之后，2019年11月15日，大多数政党的领导人断定，控制暴力的唯一方法就是发起一次全国大会，以制定新的"社会契约"。在所有的主要政党中，智利共产党和极左翼的"广泛阵线"没有参与其中。智利举行了一次全民公决，以决定是否以一部新宪法来代替皮诺切特统治时期实施的1980年宪法。这部宪法在几个民主政府执政时期做过修订。尽管由于新冠疫情而有所拖延，但是在一年之后，同意重新编写智利宪法的选民以绝对优势赢得了这次全民公决，2021年5月中旬，通过选举产生了155名制宪会议的成员。155个席位中有17个留给了原住民的代表。根据规则，新宪法文本将包含如下条款：宪法至少要得到2/3的制宪会议成员支持才能通过。

在制宪会议中，大多数当选的成员都属于极左翼，很多人支持与社会权利、生育权利和环境保护有关的具体条款。他们宣称，这次大会的目标就是编写一部"反新自由主义的宪法"，以终结芝加哥小子创建的模式。他们希望这部宪法能够赋予每个人广泛的社会权利，承认原住民在19世纪时被剥夺了土地，应当对他们给予补偿；保护性少数群体（sexual minorities）和环境。只有27%的制宪会议代表是由右翼和中右翼的保守主义力量选举出来的，因此，他们无法获得1/3的席位以实行否决权。2021年12月29日，《纽约时报》的封面故事提到："智利……正在发生一场全国性的变革。在经历了几个月反对社会不公和环境破坏的抗议活动之后，155名智利人被推选出来，以编写一部新宪法。他们宣称，目前正在经历一场'气候与生态危机'。"⑧

2021年12月19日，时年35岁的国会议员加夫列尔·博里奇，这位前学生运动积极分子和"尊严制宪"联盟的成员以明显优势当选总统。他得到了智利共产党和"广泛阵线"的支持，后者是一个由规模较小的极左翼政党和一系列政治运动组成的联盟，比如公共利益（Commons）、社会融合（Social Convergence）、共同力量（Common Force）和民主革命（Democratic Revolution）。他们乐于称呼自己为"共同体"，其中大多数诞生于21世纪第二个10年早期的大规模学生示威和抗议活动。在总统竞选时一场接一场的演讲中，加夫列尔·博里奇号召废除"新自由主义模式"，包括其中一些最具特色的成就，比如基于个人储蓄账户的养老金体系。

在博里奇宣誓就职三个月后，制宪会议完成了自己的任务。伴随着大张旗鼓的宣传活动，宪法草案于2022年7月4日呈现在公众面前。9月4日举行的全民公决将以简单多数的方式，决定是否采用新宪法。这两个选项都有两个月的时间来宣传自己，或者通过新宪法，或者将它否决。

提交的新宪法远远超出改革新自由主义模式的范畴，而这一模式在过去40年间一直占据主导地位。宪法文本对智利的政治制度做出了重大改变。它宣称智利是一个多民族国家，由数个原住民民族构成。它弱化了财政责任和产权保护，为原住民提供了大量的自治领地。这部宪法取消了参议院，并界定了广泛的社会权利，共有103项之多，包括冰川不被破坏的权利。它创建了几个司法体系，其中一个适用于被官方认可的11个原住民民族，还有一个适用于其余人口。这部宪法明确规定，原住民在国会中拥有保留席位，指示政府的外交政策应当集中关注拉美地区，而不是像20世纪晚期以来所有政府所做的那样，主要关注太平洋地区。

随着全民公决日期的临近，几位中左翼政治家对这部拟议的新宪法提出了批评，其中包括前总统爱德华多·弗雷·鲁伊斯-塔格莱和里卡多·拉戈斯。他们指出，这份宪法草案并没有解决人民的真实诉求和渴望；它主要受"身份政治"的影响，过于偏重党派的意见。这份草案没有解释提供这些社会权利的资金来自哪里，因而有可能只是一堆无法实现的承诺。他们确信，制定一部新宪法是必要的，但是本次制宪会议制定的这部宪法还不完善。他们的观点是，否决这部宪法草案，重新制定一部新宪法。

9月4日，在经历了一场紧张激烈且令人痛苦不堪的宣传活动之后，否决的一方以明显优势获胜，有62%的选民选择否决这一草案，赞成通过草案的选票仅有38%。对博里奇总统而言，该投票结果是一记重击，因为他极力赞同通过新宪法。《纽约时报》9月6日刊登的一篇文章指出，"制宪会议由154名选出的代表构成，其中很多人都是政治上的门外汉。他们提出的转型方案被证明过于激进，因而不得不进行重大调整"。⑨ 9月5日的《经济学人》杂志写道，"失败的责任很大程度上要归咎于制宪会议本身……在当选的代表中，超过2/3都来自主流政党之外。他们中有很多人来自强硬左派的政治新手和积极分子……他们很快就与普通选民产生了隔阂"。⑩

在2022年9月下旬我写下这段文字时，所有派别的政治家都在讨论智利的制宪议程下一步应该走向何方。尽管还不清楚新议程的时间节点和具体细节，但仍有三件事是确定无疑的：首先，智利将以一部新宪法来代替现有宪法。新宪法将重视和保障很多社会权利，并由国家免费提供。这部新宪法包含的社会权利不可能像被否决的草案中那么多，但是数量仍将非常可观。其次，新宪法的文本将由选举出的代表在"专家"的协助下编写，包括宪法学家、社会学家、经济学家和人类学家。然而，这次编写宪法的整个过程将在政党的指引下完成，从而避免原来制宪会议的过激行为和官僚主义作风。最后，新自由主义时代不会卷土重来，由芝加哥小子创建的经济体系大部分将被某种社会民主体系取代，这类似于欧洲盛行的那种制度，特别是北欧国家。这种深入的改革是否有助于智利实现社会和谐与包容，并且更为平等和繁荣，仍然有待观察。

亲历2019年叛乱

2019年11月3日，在智利人所称的"叛乱"爆发仅仅两周之后，我去了智利。刚一抵达，我就感受到相比上一次来到智利，这里发生了明显的变化。距离我上一次访问，仅仅过了三个月的时间。空气中弥漫着紧张焦虑的气息。我花了十天时间与示威者混在一起，与他们一起游行；我听着他们呼喊口号，并与各个年龄段的示威者进行一对一的访谈。有几次，面对警方我不得不落荒而逃，他们身着全副防暴装备冲向人群。为了尽量避免催泪瓦斯的影响，我用湿手帕捂住口鼻。我尽力躲避警方的高压水枪，但是并不成功：一天下午，我从头到脚都被淋透了，身上穿的高档衣物也被完全损毁。当警方往前冲时，大多数示威者就会尽快撤退。但是，也有少数被称为"前线"（front line）的人坚守阵地，他们用自制的盾牌保护自己，投掷燃烧瓶，向武装警察（Carabineros）扔石块。当夜幕降临时，他们用激光照射防暴部队。我亲眼看见年轻人被捕，警方殴打示威者。我也看到抢劫者从百货商店和其他商店抢走电视机、高档运动鞋，甚至还有冰箱。我看到地铁站被点燃，药店和银行被损毁。令我惊讶的是，很多示威者口中高唱的竟是这个国家最受欢迎的足球俱乐部科洛科洛队和智利大学队的战歌。一天晚上，我找不到自己住的酒店。结果是因为酒店大门被木板封住了，包括一群目瞪口呆的中国游客在内的客人不得不经过边上的一个车库，再进入酒店。

到处都被涂上了下面这些口号：

> 新自由主义生于智利，也必将亡于此地！
> 不再需要芝加哥小子！
> 智利觉醒吧！
> 这不是因为30比索，而是因为30年的新自由主义！

最后一句指的是地铁票价上涨了30比索。

年轻的示威者中间洋溢着极为乐观的情绪。我交谈过的每位示威者都确信这场叛乱将会终结新自由主义模式。在他们看来，未来一片光明，在一个强调社会"团结"和机会平等的制度下，生活将得到极大改善。叛乱及其表现出的暴力行为将终结个人主义、贪婪成性和盲目追逐利润的行为。父权模式将被女权主义的视角取代，每个人都将得到有尊严的对待。对新自由主义的迷恋，比如竞争、效率、准时和"过度生产"（hyperproductivism），将被更高尚的目标取代，比如追求"生活的改善"。富人将缴纳更多的税，教育是免费的，并且质量很高，全民免费医疗将变成现实，每个人都能享受文化艺术，原住民将收回自己祖先的土地，环境将得到保护。在示威者的头脑中，并不存在在经济增长与平等之间需要权衡取舍的观念。

我还访谈过企业领导者和政治家，既有保守主义者，也有中左翼人士。对于正在发生的事，他们震惊不已。他们提到了一个巨大的悖论：一方面，每项传统指标都表明智利取得了极大的成功，正在稳步迈向发达国家的行列；另一方面，社会中有相当一部分人深为不满，要求进行重大变革。精英阶层无法理解叛乱背后的原因。即使那些对新自由主义模式持批评意见的人，也对抗议活动的规模和暴力程度感到惊讶。就像我将在第12章中讨论的那样，事实证明，有大量迹象表明经济成功引发了各种社会不满情绪。在21世纪初期，少数社会学家和政治分析家曾经指出，不满情绪正在整个社会蔓延开来。这被称为社会不适假说。但是，这些警告完全被忽视了，那些发出警告的人被认为精神有问题。很多保守主义者坚信，这场叛乱背后受到了外国激进分子的操纵。他们信誓旦旦地告诉我，委内瑞拉总统尼古拉斯·马杜罗（Nicolás Maduro）和古巴政府派遣了数以千计的积极分子，以煽动本地的无政府主义者和反政府帮派。保守主义者不愿意承认这是一场源自本土的抗议活动。就在距离抗议活动暴发不到两年前，亿万富翁塞巴斯蒂安·皮涅拉，这位训练有素的经济学家和芝加哥小子强大的支持者在2017年12月还以53%的得票率当选了智利总统，这一事实更让精英阶层对叛乱背后的原因疑心重重。

在离开圣地亚哥那天，我差点误了航班。主要街道和高速公路上到处都是抗议的人群、路障和各种废弃物。优步司机尝试了不同路线，却陷入越来越多的示威人群中。他感到惊恐不已，随后建议我返回酒店。"您正在亲历一场起义",他说。接着他又加了一句,"这场起义将会终结新自由主义模式"。我无法判断他是支持还是反对这场叛乱,我也没有继续追问。他告诉我,他正在开的这辆汽车是他唯一的财产,他担心石块或者燃烧瓶会将车砸坏或损毁。在我许诺给他金额可观的小费之后,他才同意将我送到机场,这是一个新自由主义的解决方法。

那天晚上,当航班在太平洋上空向北飞行时,我决定撰写一篇有关新自由主义兴起与衰落的文章,并以智利的经历作为例证。在圣地亚哥时,我记了大量笔记,并初步列出了写作大纲。一回到洛杉矶,我就写了几篇短文,并发表在VoxEU、ProMarket和米尔肯评论(Milken Review)等网站。尽管这些短文反响很好,但是我对它们的感情十分复杂。这些文章篇幅都太短,无法描述故事的全貌。它们没有详细解释20世纪50年代美国国务院对智利的看法是如何形成的,也没有深入探究米尔顿·弗里德曼、加里·贝克尔、阿诺德·"艾尔"·哈伯格、乔治·施蒂格勒(George Stigler)以及其他一些芝加哥大学教授的思想,如何影响了这场由他们之前的学生发动的经济革命。在这些文章中,我力图说明的一点就是,如果想要理解智利的故事以及新自由主义的兴衰,就不能局限于收入分配和收入不平等。我认为,关注"横向不平等"(horizontal inequality)或者伊丽莎白·安德森(Elizabeth Anderson)所讲的"关系不平等"(relational inequality)也是非常必要的。[11]重要的不仅仅是货币收入,还有社会交往、隔离政策、种族歧视以及便利设施和公共品的提供,也包括精英阶层对待普通民众的方式。事实表明,在上述领域中,智利往往表现糟糕。我访谈过的很多示威者都提到,维护"尊严"是一个关键的目标。巴克达诺广场（Plaza Baquedano）是圣地亚哥最主要的广场，在2019年的最后几个月，每天下午的抗议活动都从这里开始，2020—2021年的每周五同样如此。示威者私下将这个广场改名为"尊严广场"。

何为新自由主义？

在写作本书时，我遇到的最大难题之一就是如何使用"新自由主义者"和"新自由主义"这两个术语。这并不是因为它们属于特别难以理解的哲学范畴，而是因为随着时间的推移，它们被赋予了负面含义，形形色色的政客、评论员和学者四处滥用这一带有贬义的标签，以贬低他们的对手和敌人。现在，多数媒体随便使用"新自由主义"这一术语，却不解释是何含义。伴随着社交媒体的涌现，这一趋势变得极为严重。推特（Twitter）上充斥着各种简短的语句，将几乎所有的社会问题、经济问题、环境问题和卫生问题统统归罪于新自由主义者。一位大众媒体或者社交媒体的读者可能会毫不犹豫地得出结论，过去50年，几乎所有的西方政治领导人都是"新自由主义者"，大多数资本主义和基于市场的经济制度都是新自由主义的某种表现。《纽约客》的本杰明·华莱士－威尔斯（Benjamin Wallace-Wells）断言，劳伦斯·萨默斯（Lawrence Summers）是一位新自由主义者，而根据2021年6月21日加里·格斯尔（Gary Gerstle）在《卫报》上发表的一篇文章，"新自由主义秩序……统治美国政治的时间长达四十年之久"。[12]

"新自由主义者"一词源自20世纪二三十年代。1938年8月，法国思想家路易斯·鲁吉耶（Louis Rougier）在巴黎召开了一次李普曼研讨会，讨论沃尔特·李普曼（Walter Lippmann）《良好社会》(*The Good Society*) 一书的政策含义。⑬此后，"新自由主义者"这一术语开始流行。在上述著作中，李普曼认为，为了维护民主，击败专制主义和集体主义政权，有必要从自由放任经济学的困境中将自由主义拯救出来，因为这种理论体系造就的是社会灾难、贫困和严重的不平等。要击败阿道夫·希特勒和约瑟夫·斯大林这类人物，唯一的方法就是改造资本主义，除了追逐利润之外，还要关注社会问题。他认为这样做并不违背古典自由主义原则。相反，这意味着回归亚当·斯密和杰里米·边沁等思想家的观点。⑭这次研讨会的与会者讨论了应该如何命名这场新运动或者这种有关自由主义的新视角，以及将社会目标与市场制度予以整合的新方法。经过大量讨论，在会议的最后一天，人们决定使用"新自由主义"这一言简意赅的表述，因为它能够体现大多数与会者关心的问题，尽管不是所有人都这样认为。于是，新自由主义运动在1938年的一个夏天诞生了（进一步的细节，请参见附录）。

很多年以来，"新自由主义"这一术语的使用范围仅限于学术讨论和著作。在二战刚结束的那段时期，它经常指的是德国秩序自由主义（ordoliberalism），或者康拉德·阿登纳（Konrad Adenauer）和路德维希·艾哈德（Ludwig Erhard）实施的政策所依据的思想。这些人是联邦德国的创建者，他们对德国的经济"奇迹"做出了莫大的贡献。1951年，米尔顿·弗里德曼撰写了一篇题为《新自由主义及其前景展望》的短文，但是，在我查找了各种文献，并与大多数研究弗里德曼的专家交流之后，就我所能做出的判断而言，弗里德曼在此后的写作中没有再用过这一术语。在上述短文中，弗里德曼认为，沿着沃尔特·李普曼的思路，有必要放弃19世纪的自由放任经济学，形成一些"保护消费者免受（垄断）剥削"的制度。此外，国家"应当履行救助贫困和灾难的职能"。[15]

直到20世纪90年代早期，新自由主义才被用来表示"市场原教旨主义"或者一种将市场和个人置于所有其他事物之上的教条，它基于下述理念：人类行为和社会交往是由贪欲、利润和经济考虑引导的。这种用法大多出现在大众媒体或非学术的政策文章中。到了90年代晚期，特别是在英国和美国，"新自由主义"一词倾向于和主要依靠市场而不是国家来实现改善社会状况等特定政策目标的观念联系在一起。新自由主义还与一些时髦用语相关，比如全球化、竞争、预算平衡、低通胀、放松管制、私有化和经济人。[16]

在写作本书时，我必须决定是要在很宽泛的意义上使用"新自由主义"一词，就像现在的大众媒体经常使用的那样，还是要提供一个准确的狭窄定义，在避免价值判断的情况下描述其特征。我自然而然地选择了后者。

我将"新自由主义"定义为一组信念和政策建议，强调使用市场机制来解决大多数社会问题并满足社会需求，这包括提供和分配社会服务，如教育、老年人养老金、医疗、对艺术的扶持和公共交通等。新自由主义者相信，允许市场在大多数领域发挥作用的"更纯粹的"资本主义形式，要比各种混合型资本主义更有利于促进社会进步，在后一种资本主义中，有一个在政府官员控制之下的受规制的市场。当然，对新自由主义者而言，这种更纯粹的资本主义形式要比任何类型的计划制度都优越得多，弗里德里希·哈耶克在其整个学术生涯中都在强调这一点。[17]在一个新自由主义制度中，任何一件事物都有其价格，不管是隐含的还是明确的，这些价格被认为给消费者、生产者、不同年龄的公民和政策制定者提供了有用的信息。

哲学家迈克尔·桑德尔（Michael Sandel）严厉批评了新自由主义理念。在将新自由主义与"所有事物的市场化"相联系时，他的批评几乎都是正确的。[18]之所以他并非完全正确，是因为在其2012年的著作《金钱不能买什么》（2012）中，他描述的滑稽场景使其很容易在讨伐加里·贝克尔时轻松获胜。法国思想家米歇尔·福柯认为加里·贝克尔这位经济学家是美国新自由主义的关键人物。一个更好也更有用的定义应该是，"新自由主义意味着几乎所有事物的市场化"。尽管只增加了"几乎"这个限定词，却造成天壤之别，因为这会使这场争论从对新自由主义概念的无情嘲讽转变为严肃的讨论。如果接受后面这种定义，我们立刻就要深入探究"几乎"这个词意味着什么。哪些决定不应交给市场？在多大程度上利用市场，不同的领域有差异吗？"几乎"这个词意味着市场机制有哪些道德局限？正如我们在本书中看到的那样，在智利，市场的应用是极为广泛的。市场机制和原则被广泛应用于社会服务的配置，并引导日常生活。芝加哥小子并没有使用"新自由主义"一词来描述其经济模式。他们更喜欢使用"辅助性原则"（subsidiarity）一词，这是指政府只应该干预私人部门无法有效运转的领域，而私人部门的界定非常广泛，包括公民社会和非营利机构等领域。

2018年，桑德尔对新自由主义的后果发表了自己的观点，他指出"新自由主义（模式）……使上层人士受益，但是令普通民众感到倍受压制……对于那些落在后面的人，问题不仅在于工资停滞，失去工作，还在于他们丧失了社会尊严。这不仅是不公平的，还让人们感觉受到了羞辱"。[19]这里强调的"羞辱"呼应了智利以及其他一些国家的示威者对这类事物的要求，即要求获得尊重和尊严，它也呼应了安德森有关"关系平等"的概念。尽管智利取得了极大的物质进步，但是在这一领域表现很差，甚至直至21世纪第二个十年的后期仍是如此（相关内容，请参见第13章）。

本书对新自由主义的定义在某些方面与其他一些学者提出的定义有所重合，这些学者抵住了将这一术语的含义扩大化的诱惑，因为这会使它变得毫无用处。在2005年的《新自由主义简史》（*A Brief History of Neoliberalism*）中，大卫·哈维（David Harvey）这位常被引用的马克思主义者将新自由主义定义为"一种有关政治经济实践的理论，认为增进人类福祉的最佳方法就是在一个以强大的私有产权、自由市场和自由贸易为特征的制度框架下，赋予个人创办企业的自由和技能"。[20]我的定义也符合杰弗里·格茨（Geoffrey Gertz）和霍米·哈拉斯（Homi Kharas）的定义，他们强调"只要有可能"，新自由主义者就会运用"市场竞争的逻辑来配置资源，包括在健康和医疗政策等领域"。[21]

当然，新自由主义者相信市场是提供社会服务的最有效率的方法，这并不意味着他们忽视社会状况或者穷人的困境。相反，正如我已经提到的，正是由于关注自由市场和自由放任产生的社会后果，才促使沃尔特·李普曼撰写了《良好社会》，并使路易斯·鲁吉耶组织了1938年的李普曼研讨会。然而，对新自主义者而言，社会政策的主要目标确实是以目标明确的项目而不是降低不平等，来减少和消除贫困。不管是纵向的还是横向的收入分配都不是优先事项。1982年获得诺贝尔经济学奖的芝加哥大学教授乔治·施蒂格勒在其著名的教科书《价格理论》(*The Theory of Price*)中简明扼要地指出，在一个复杂的现代经济中，"良好的收入分配"是一个荒唐的政策目标。㉒

考虑一下我对新自由主义的定义，一些读者可能会认为"一种更纯粹的资本主义形式"中"更纯粹的"一词表述得不够有力，从而更倾向于将新自由主义描述为"一种极端的、原教旨主义的激进式资本主义形式"。尽管在本书中我尽量不使用这些术语，但是我并不反对使用这些词汇。再说一遍，我强烈反对在思想的汪洋大海中用一张极为宽阔的大网捕鱼，这会将几乎所有资本主义的变体都贴上新自由主义的标签，却不去区分它们之间的差异。在附录中，我更为细致地讨论了新自由主义的起源，以及从1938年李普曼研讨会至今这一术语的整个演变过程。

思想之争

当然，这并非第一部讲述芝加哥经济学、新自由主义与智利之间故事的著作。有很多文章、短文和专著都曾经讨论过这一主题。然而，其中很多论著在我看来都过度偏向于某种政治态度，从某种相当意识形态化的视角赞扬或者批评这场改革。无论是英语还是西班牙语的论著都是如此。

关于新自由主义和智利，最重要的著作来自胡安·加夫列尔·瓦尔德斯（Juan Gabriel Valdés）的《皮诺切特的经济学家们：

智利的芝加哥小子》(*Pinochet's Economists: The Chicago Boys in Chile*)。这本书分析了几份档案，探究芝加哥经济学为何从20世纪50年代开始在拉美经济学家中大行其道。瓦尔德斯的著作是一部经典，但是，现在这本书有些过时了。它最初的版本是1989年以西班牙语出版的，那时的智利还没有恢复民主制度，即将上台的帕特里西奥·艾尔文的民主政府还没有采纳芝加哥小子的大多数政策，智利也还没有成功转轨为其他新兴国家和转轨国家努力实现经济现代化的典范。此外，自1989年以来，有很多重要的资料被列入各种档案，包括胡佛研究所的米尔顿·弗里德曼档案、智利天主教大学的档案以及菲尼斯·泰雷大学（Universidad Finis Terrae）有关智利经济政策的口述历史。而且，1989年以后，很多亲历其事的芝加哥小子都出版了回忆录，2016年"艾尔"·哈伯格的口述历史被公之于众，弗里德曼夫妇自己的回忆录也出版了，其中包含了大量有关智利的资料。[23] 此外，在经过多年之后，这个故事的主角们愿意更加公开地谈论他们经历的那些事件，而在当时，这些事件还没有得到充分披露。为了撰写本书，我采访了其中很多人。大多数采访都有记录，在少数情况下，受访者不愿意让自己的评论记录在案（有关情况，请参见书后的致谢）。

在瓦尔德斯看来，智利计划是美国的一项有蓄谋的行动，目的在于将外国的意识形态引入一个贫困的发展中国家。根据瓦尔德斯的观点，芝加哥小子倡导的那些思想和政策不仅对智利的国情和文化而言是一种舶来品，而且无法奏效，这只能导致更为严重的贫困和匮乏，它们之所以能够得以实施，完全是因为皮诺切特的独裁统治。在1989年以及这部著作被译为英文的1995年，瓦尔德斯暗示，一旦智利恢复民主制度，芝加哥小子的这些政策就会被迅速废弃，继任的民主政府会实行一种更为适宜的模式，这种模式对于智利这样的国家将更加合理。[24] 这种更为适宜的模式将会遵循结构主义的观点，实施保护主义政策以及各种控制和监管措施。这种新模式的基础在于国家发挥强大的作用，并采取大规模的分配政策。当然，就像本书详细说明的那样，这种情况并没有发生。

我的观点与瓦尔德斯不同。我相信为了理解智利发生的故事，最好的方式是了解如下背景知识：有关经济政策的各种观念相互竞争，而且世界观各不相同的思想家付诸努力，以便让政策制定者相信自己的观点要比其他观点更优越，更充分。在以前的某些著作中，我曾经论证从1950年至1990年的40年间，拥护计划方法和倡导市场方法的两大阵营进行了一场全球性的"思想之争"。这场战争的战火燃遍全球各个角落。在非洲，这表现为朱利叶斯·尼雷尔（Julius Nyerere）的非洲社会主义对阵世界银行和艾略特·伯格（Elliot Berg）的市场激励法；在亚洲，这表现为马哈拉诺比斯（P. C. Mahalanobis）的计划对阵贾格迪什·巴格瓦蒂（Jagdish Bhagwati）的自由主义模式；在拉美，这表现为结构主义学派对阵芝加哥小子的市场方法。确实，每个地区都有自己的特殊性，每种观点也有各自的变体和变形，在很多情况下，政策混合了计划和市场的要素。但是，从一个更宏大的视角看，存在着两大阵营。

至少有两种方法可以判定哪种观点赢得了这场思想之争。最简单的方法是比较相似的经济体在遵循不同经济模式的情况下，各自的表现如何。比如，我们可以将智利、哥斯达黎加和厄瓜多尔进行比较，在20世纪80年代后期，这些国家的人均收入几乎完全相同，但是遵循了差别极大的政策路径。智利遵循的是芝加哥小子模式，哥斯达黎加选择了拉美传统的中间道路体制，将管制与市场激励结合在一起，厄瓜多尔则在包括拉斐尔·科雷亚（Rafael Correa）总统在内的几位政治家的领导下，走向了民粹主义的道路。在这场较量中，智利遥遥领先。2022年，智利的人均收入比哥斯达黎加高出50%，比厄瓜多尔高出一倍。如果使用联合国的人类发展指数而不是人均收入衡量，结果也非常相似，智利进步的速度远远超过另外两个国家。

但是，比较数字和指标并非判断哪种经济思想更为成功的唯一方法。另外一种方法是分析某一学派的代表人物是否能够说服对手承认自己的优点，或许我应该称之为一种补充方法。这种判断哪种思想获胜的方法依据的是"说服力标准"。如果使用这种方法，可以发现芝加哥小子在智利表现优异，而瓦尔德斯在1989年的暗示则正好相反。前文我已经提到过，而且我在本书其余部分将会详细地解释，正是那些很多年来严厉批评并讥笑嘲讽芝加哥小子的观点和政策建议的人，维护、改进和深化了新自由主义模式的基本内容。

如果说市场方法在智利赢得了思想之争，而且由此形成的政策取得了如此丰硕的成果，那么，又该如何解释2019年10月的叛乱以及加夫列尔·博里奇这位极左翼人士赢得了总统大选？他发誓要终结新自由主义。如何解释甚至在2022年9月新宪法被否决之后，人们普遍都在讨论要结束使智利登上本地区第一宝座的那些政策？我们如何解释这一悖论？这正是本书想要回答的主要问题，我将带着读者从20世纪50年代中期来到目前所处的时代，考察一项又一项的政策、一种又一种的不满情绪，以及一次又一次的政策失误乃至铸成的大错。

本书对有关"芝加哥经济学"[25]的大量文献亦有贡献,而我必须指出的是,这些文献是有所偏颇的。其中很多论著关注的都是由加里·贝克尔、米尔顿·弗里德曼、弗兰克·奈特(Frank Knight)、亨利·西蒙斯(Henry Simons)、乔治·施蒂格勒和雅各布·维纳(Jacob Viner)等人发展的思想。然而,几乎没有论著关注这些杰出的芝加哥经济学家如何影响了发展中国家和新兴市场的政策和观念。而且,没有人试图将第二代芝加哥学派的两个分支区分开来,一个是"更纯粹的新自由主义者",比如加里·贝克尔、米尔顿·弗里德曼和乔治·施蒂格勒以及其他很多人;另一个则是"实用主义的新自由主义者",包括"艾尔"·哈伯格、哈里·约翰逊和西奥多·舒尔茨。这两个分支的观点和建议常常相悖,在某些特殊情况下,甚至相互冲突。在本书中,我区分了芝加哥学派的不同分支。米尔顿·弗里德曼当然是这些教授中最为知名的一位,但是,在智利或者其他拉美国家,他并不是最有影响力的。在拉美国家以及其他发展中国家,最为突出和最具说服力的人物是"艾尔"·哈伯格,他是一位比弗里德曼更具实用主义风格也更为灵活的思想家(相关内容请参见第9章)。

智利作为新自由主义的实验室

在我为了撰写本书而进行的访谈中,没有一位芝加哥小子承认,他们建造的这栋庞然大物是以新自由主义模式为基础的。每当抛出这个议题,我得到的回答都是相同的:"我们是新自由主义者?当然不是。说这话的人是为了败坏我们的名誉;我们钟情于一种社会市场经济制度,就像联邦德国的路德维希·艾哈德在二战之后提出的那种制度。"在某种程度上,这种反应是可以理解的,因为目前新自由主义这一术语声誉不佳。然而,为了严肃细致地分析经济思想和政策制定的演进,重要的是不管这些标签,并仔细考察所实施的经济模式的本质。探究政策制定依据的信念以及政策效果,也是必要的。这正是我在本文中所做的工作。

胡安·安德烈斯·方丹(Juan Andrés Fontaine)是第二代芝加哥小子,也是1990年之后两届保守主义政府的内阁成员。他告诉我,在这一时期,智利拥有无数的国有企业,包括世界上规模最大的铜矿企业智利国家铜业公司(Codelco),这违背了激进资本主义的理念。他还提到,很多年来政府都对跨境资本流动进行管制,包括银行业在内的很多部门都受到了严格的监管。他断言,所有这些都表明,这一体制与原教旨主义的资本主义相差甚远,尽管大量文献都声称智利是新自由主义的典范,但实际上并非如此。当我与他们谈起智利和新自由主义时,其他的芝加哥小子也表达了类似的观点,包括罗尔夫·吕德斯和塞尔希奥·安杜拉加(Sergio Undurraga),这两位重要人物参与了皮诺切特时期的政策制定。在2022年1月的一次访谈中,吕德斯否认智利曾经实施过新自由主义政策,声称"新自由主义模式的理念是一句口号,不管在智利还是在世界上的其他国家都是如此"。[26]与后独裁时代的中左翼政府有联系的经济学家甚至更加坚决地否认他们实施的政策与新自由主义有任何关联。对他们来说,这样的说法就是一种诽谤。

当然,这种模式并不是一成不变的。与一部小说佳作中的人物一样,它会随时间推移而发生极大的变化。关注的重点在不断改变,目标的优先次序也会转换,因为新问题迫在眉睫,新人也会占据最重要的内阁席位。实际上，智利的新自由主义实验可以划分为三个明显的阶段：从1973年至1982年，我们可以称之为"早期新自由主义"。在这一时期，第一代芝加哥小子掌管大权。价格自由波动，经济向世界其他地区开放，休克疗法得以实施，以抗击顽固的高达三位数的通胀，大规模地放松管制，很多国有企业被私有化。1979年，皮诺切特决定将这一模式扩展至社会服务领域，包括教育、医疗和养老金。他的目标是改革自共和国初期以来就已存在的制度，并且改变智利的文化。他颇为自负地将这一计划称为"七个现代化"。1982年6月，智利爆发了一场严重的货币危机和银行危机，并且付出了沉重的代价，这一时期也随之终结。正如我在第10章中指出的那样，这一时期的经济表现非常糟糕，收入几乎没有增长，不平等程度非常高，通货膨胀居高不下。第4—8章讨论了1973—1982年的这段经历。

1984年，在军方短暂尝试了民族主义和保护主义道路之后，由第二代芝加哥小子组成的新团队占据了关键的内阁席位。他们的典型特征就是"实用主义的新自由主义"。这一时期的主要目标是进一步自由化，在几乎每个社会层面都引入了市场机制，推进私有化进程，吸引外国投资，保持出口部门的竞争力。与第一代芝加哥小子不同的是，消除通货膨胀并非这个更年轻团队的主要目标，他们可以容忍每年高达20%但是会逐渐降低的通货膨胀。这一时期一直持续到1990年3月民主制度的恢复。第8—9章论述了这一时期的发展，在这两章中，我讨论了芝加哥经济学家和智利军方的关系，并且考察芝加哥小子对独裁时期人权遭到系统性侵犯是否知情。

第三个阶段我称之为"包容性新自由主义"，这个阶段开始于1990年民主制度的恢复和以帕特里西奥·艾尔文总统为代表的中左翼政治势力掌握大权。在他之后继任的爱德华多·弗雷·鲁伊斯-塔格莱、里卡多·拉戈斯和米歇尔·巴切莱特都是中左翼领导人。弗雷来自基督教民主党，他的父亲是智利的标志性人物爱德华多·弗雷·蒙塔尔瓦，曾于1964—1970年担任总统，拉戈斯和巴切莱特是智利社会党成员，这是一个由萨尔瓦多·阿连德创建的政党。

在这些政府当政时期，社会福利项目进一步扩大，但是这些项目是通过市场机制来实施的，就像独裁统治时期一样。通过国际贸易，经济进一步开放，采用了由市场决定的汇率制度，允许国际资本自由流动，颁布了竞争法，设立了大学教育贷款制度，建立了使公共支出受到严格控制的财政纪律，更多的国有企业被私有化。与此同时，社会福利支出增加了，几个旨在减贫和使更多人可以获得教育和医疗服务的社会福利项目得以实施。对于令人羡慕的"智利奇迹"，大多数成就是在这段时间的前些年完成的。也正是在这些年，社会不满情绪开始增加并蔓延。2019年的示威者和2021年总统大选期间加夫列尔·博里奇的支持者反复提到的"三十年新自由主义"，指的就是这段时间。第10—15章将分析这段时间的各个方面，包括社会运动兴起的原因。

在开始正式讨论之前，我先简单地讲一下本书的使用方法。全书使用的是"分析性叙事"的方法，我在之前关于非洲、拉美和美国大萧条的专著中也使用了同样的方法。这就是说，我整合

了源自档案、数据分析、图表和统计调查的各种信息。对于大部分内容，我尽量避免使用学术术语。本书使用的图表是为了概括相关的观点，并以一种简洁的方式提供有用信息。

有些时候，在我认为可能会有所帮助的情况下，我会把自己的亲身经历插入整个叙事。尽管在四十多年前，我在很小的时候就移民到了美国，但是我毕竟在智利出生，并且对智利经济进行过广泛的研究。我在芝加哥大学接受了学术训练，是"艾尔"·哈伯格的同事、合作者和密友，而他在思想方面是芝加哥小子之父。在很多方面，我都是一名非正统和非主流的芝加哥大学毕业生，反对独裁统治，并于1977年逃离智利。正因为如此，以及其他一些原因，从来没有人认为我是芝加哥小子中的一员。

在开始讲述新自由主义兴衰、智利计划和芝加哥小子的故事之前，有必要简单谈一下皮诺切特统治时期的人权记录。[27]在军队掌权之后，数以千计的民众被投入监狱并经受了折磨，很多人被处死，一些反对者在国外遭到了军政府特工的暗杀。1990年，全国真相与和解委员会得出的结论表明，在将近17年的独裁统治时期，有2 279人被军方暗杀，还有很多人从地球上"消失"了。多年之后人们才确知，很多"消失者"是在监禁期间被杀害的，然后他们的尸体被直升机扔到了太平洋里。[28] 2011年，一个新的调查委员会断言，独裁统治期间的受害者人数超过了4万，其中包括被处死、折磨、绑架、骚扰以及从工作岗位上被解雇的那些人。此外，在1 100万总人口中，有将近25万人被流放。[29]一个重要的问题，同时对于研究智利市场化经验的学者来讲也是一个令人困扰的问题是，如果在民主制度下，这些创建了所谓智利模式并且创造了智利奇迹的改革措施，是否还有可能实施。我的整部著作都在试图回答这个问题，我的结论是，给定特定的时间范围和历史时刻，也就是说，在距离柏林墙倒塌还有15年的时间里，在一个民主体制下，如此规模的新自由主义经济革命是不可能实施的。由此来看，1990年之后的民主政府采取的改革措施就变得更加不同寻常。

约瑟夫·布罗茨基（Joseph Brodsky）这位俄裔美籍诗人和1987年诺贝尔文学奖获得者曾经说过，令一篇故事成为佳作的并不是情节本身，而是这篇故事的叙事顺序，"哪些内容在前，哪些内容在后"。在决定如何讲述智利计划、新自由主义、芝加哥经济学与芝加哥小子的故事时，我面临两个选择，可以按照主题来叙述，每次讨论一个主题，比如休克疗法、私有化、贸易开放、养老金体系等；也可以按照时间顺序来叙述，随着时间而推进，每次讨论一段时期。经过仔细考虑并请教了我的几位同事，在尝试了按照主题来组织叙事之后，我决定还是按照时间顺序讲述整个故事。从某种意义上讲，这种方法更加平淡无奇，但是我认为这是一个更加清晰明了的策略，可以使读者更好地把握这个长达几十年、出场人物众多的故事的线索，其情节复杂多变，且经常出人意料。在这些出场人物中，当然包括米尔顿·弗里德曼和其他一些声名显赫的芝加哥经济学家，他们接二连三地获得了诺贝尔经济学奖，令全世界都为之赞叹。

第一篇

早期岁月

第1章
输出资本主义：芝加哥小子的缘起

1955年6月27日，芝加哥大学经济学系主任西奥多·舒尔茨这位未来的诺贝尔奖得主降落在圣地亚哥老旧的洛斯塞里约斯（Los Cerrilos）机场。与他同行的三位同事都能说一口流利的西班牙语，他们是厄尔·汉密尔顿、阿诺德·哈伯格和西蒙·罗滕伯格。此行的目的是洽谈芝加哥大学和智利天主教大学之间的一份协议。这份协议旨在推动智利和拉美经济学教育的现代化。在机场，迎接这几位芝加哥人的是两位15岁的学生塞尔希奥·德·卡斯特罗和埃内斯托·方丹。在两周的访问期间，这两位学生始终陪伴在客人左右。一年之后，与其他人一起，德·卡斯特罗和方丹成为芝加哥大学经济学研究生项目录取的第一批智利人。当时他们并不知道，他们终将改变智利经济政策的进程，而且将对拉美其他地区以及很多新兴经济体和东欧国家产生重要的影响。在20世纪90年代后期和21世纪初期，他们环游世界，以解释芝加哥小子的政策如何使一个国家实现了转型，在数十年间使一个表现平庸的国家转变为拉美最具活力也最发达的国家。在大多数旅行中，他们不得不面对谴责这一模式犯下了各种"原罪"的示威者，因为这一模式是在奥古斯托·皮诺切特领导下的独裁统治时期启动的，他是现代历史上最臭名昭著的强人之一。为了应付这些指控，德·卡斯特罗和方丹指出，1990年之后经选举上台的中左翼民主政府不仅保留了这一模式，而且实际上还使之进一步扩展和深化。

所谓的智利计划是美国一项政府行动计划的一部分，这项倡议是在哈里·杜鲁门总统执政时期启动的，目的在于对抗冷战初期的共产主义。在1949年1月20日的就职演说中，杜鲁门提出了四项行动计划，声称援助贫困国家必须成为美国外交政策的重要组成部分。他指出，"超过一半的世界人口生活在近乎赤贫的状态……人类拥有缓解这些民众悲惨境遇的知识和技能，这在历史上还是首次"。他进一步提到，其政府执政的目标之一就是促进"欠发达地区的增长"。[①]

西奥多·舒尔茨是在幕后推动智利计划启动的主要人物。在美国国际合作总署（International Cooperation Administration，ICA）的资助下，他研究拉美的农业问题已有数年时间。他在国际合作总署的联系人是阿尔比恩·"帕特"·帕特森（Albion "Pat" Patterson）。后者毕业于普林斯顿大学，是纳尔逊·洛克菲勒（Nelson Rockefeller）的追随者，曾经在巴拉圭和智利生活过。在20世纪50年代早期，帕特森和舒尔茨断定，拉美面临的严重问题是缺少具备一定分析能力并且能够理解市场的作用、价格、人力资本投资和创新的经济学家。[②] 农民和农户有能力掌握更好的耕种技术，懂得如何有效率地使用化肥，但是如果缺少能够理解整个宏大图景的经济学家，拉美就无法发生深刻或者持久的变革。[③] 舒尔茨关于农业部门和经济发展的一般观点被巧妙地归纳在1964年的《改造传统农业》（Transforming Traditional Agriculture）一书中。他在这本专著中写道,"出于种种原因,对于一个穷国而言,得到一座现代钢铁厂要比得到一个现代农业部门容易得多"。④

对帕特森和舒尔茨来说,实现其目标的最有效方法就是借助于当地的大学。然而,另一个难题是,那里的大学缺少能够讲授经济学课程的教师。在包括智利在内的大多数拉美国家,经济学还处于萌芽阶段,凯恩斯主义者、马克思主义者和结构主义者处于统治地位。⑤在帕特森和舒尔茨看来,解决这一难题的方法就是在美国的研究型大学,比如芝加哥大学,培养一批经济学家,等到这些人毕业之后,就让他们作为全职教师加入这些国家本地的大学。随着时间的推移,本地培养的学生就能够帮助设计未来的经济政策,这个未来就是帕特森及其国际合作总署的同事在冷战期间希望实现民主化的和亲市场(market friendly)的经济社会体系。

智利计划

1953年,帕特森与智利大学校方讨论了可能的合作计划。这所大学的经济研究机构是经济调查中心,其领导人是约瑟夫·格鲁内瓦尔德(Joseph Grunewald)。他是一位受人尊敬的美国经济学家,拥有广泛的国际关系,在该地区颇有名望。在1954年的大部分时间里,双方一直在谈判,然后经济学系主任路易斯·埃斯科巴尔·塞尔达告诉帕特森,教师们不愿意与一所美国学校建立合作关系,特别是与芝加哥大学,因为它被视为货币主义、自由贸易、放松管制和自由市场的捍卫者。⑥智利和其他第三世界国家进步知识分子中间流行的观念是,法国、英国和美国的经济学教育所培养的学生无法解决独特的欠发达问题。

被智利大学拒绝，帕特·帕特森并没有感觉受到了蔑视。他立即掉转方向，就同样的计划与智利天主教大学洽谈。对天主教大学来讲，这是一个绝佳的机会。一段时间以来，学生们一直抱怨经济学课程过时了，要求进行改革，以增加更加现代的内容。[7]他们尤其感到不满的是，阅读资料局限于陈旧的商法课程讲义，这是由一位过世已久的律师撰写的。他们还对一门以男装店为主题的顶石课程*感到不满，在这门课上，学生们被蒙上双眼，然后通过用手触摸来辨别不同的织物类型。由于当时每种织物都有不同的关税税率，税率的范围从0到150%，对于任何从事国际贸易相关工作的人员，这被认为是一项必备的技能。

1954年10月，智利天主教大学与国际合作总署签订了一份非正式协议，和一所美国大学开设一个教育项目，这所大学可能就是芝加哥大学。但是，签约双方对这一合作关系都有一些疑虑。芝加哥大学的一些教师担心天主教大学的宗教隶属关系，而智利天主教会的一些成员则担心芝加哥大学的经济学家会反对教会的社会训导。在几次协商中，舒尔茨充分展现了自己的魅力。此后，各方于1954年年末达成了初步协议。这包括三份合约，签订双方分别是天主教大学和国际合作总署、天主教大学和芝加哥大学以及国际合作总署和芝加哥大学。

1955年1月27日，智利天主教大学的胡利奥·恰那·卡里奥拉（Julio Chaná Cariola）院长在给帕特森的信中写道，"我们期待着本校与美国的一所大学签署一份协议，比如芝加哥大学或者麻

---

* 顶石课程（capstone course）是在美国高校本科教育改革中发展起来的一门课程，以体验式教学、团队协作式课程组织、形式多样的教学手段和多元化考核评估为特征的课程实施方式。参见 m.jjl.cn/atricle/346234.html。——编者注

省理工学院"。⑧这标志着相关程序正式启动。天主教大学与国际合作总署的第一份协议于三个月后的1955年4月28日签署。这份协议的用语非常笼统,表明天主教大学和"美国的一所大学"将签订一份协议,但是并没有说明美国的这所大学已经确定为芝加哥大学。⑨

天主教大学和芝加哥大学之间的协议是在将近一年之后的1956年3月30日签订的。⑩这份协议的内容非常具体和详尽。这份协议包括六项主要条款:(1)这个项目将持续三年时间,最终这个项目一直延续到了1961年;(2)大量来自天主教大学和智利大学的学生被芝加哥大学的大学生项目录取,费用和学费由美国政府和美国的基金会支付;(3)学制原则上为一年,如果满足学分的要求并跟得上学习进度,可以再学习一年;(4)天主教大学承诺,至少雇用四名接受过最新培训的经济学家作为全职教师,并支付给他们具有市场竞争力的薪酬;(5)参与这个项目的芝加哥教授的薪酬由芝加哥大学支付,而国际合作总署将给予后者35万美元的补贴;(6)芝加哥大学需要任命一名项目主任,他将在智利生活。但是这位主任不用承担教学任务,他只需要确保资源得到了恰当使用、进行研究工作、协助挑选芝加哥大学录取的新生,并为其智利同事提供一般性的指导。⑪第一位前往智利的项目主任是西蒙·罗滕伯格,他曾经陪同舒尔茨于1955年6月进行了第一次访问。阿诺德·哈伯格和格雷格·刘易斯(H. Gregg Lewis)在芝加哥负责整个项目的运作,他们都拥有项目协调员的头衔。⑫这两人与来自智利和其他拉美国家的学生建立了密切的联系,但是,对几代拉美学生而言,真正激励他们的导师是哈伯格,他先是在芝加哥大学,然后于1984年在加州大学洛杉矶分校获得教职。他的美国朋友称他为"艾尔",拉美朋友则以"阿利托"(Alito)称呼他⑬。

1957年,詹姆斯·布雷(James Bray)和汤姆·戴维斯(Tom Davis)加入了西蒙·罗滕伯格的团队,作为天主教大学一个新研究中心的高级经济学家来到圣地亚哥定居。布雷是一名农业经济学家,针对智利农场的生产率和机械化撰写了大量论著,戴维斯是一名宏观经济学家,他最终出版了一部极具影响力的著作,研究智利80年来持续的高通胀。⑭ 1956年和1957年,马丁·贝利(Martin Bailey)和哈伯格都在智利居住了很长时间。哈伯格对智利经济进行了意义非凡的研究,以该国为案例发表了一些重要论文,其中就包括他在《美国经济评论》(American Economic Review)上发表的著名论文《废弃物的度量》(The Measurement of Waste),而贝利在这一时期只发表了两篇与智利稍微沾边的论文。⑮

2020年,前国务卿乔治·舒尔茨(George Shultz)在最后几次公开露面中,有一次回忆了智利项目最初几年的情况,他当时是芝加哥大学布斯商学院(Booth School of Business)的一名教授,并且很快就被提名为该学院的院长:

> 让我们谈谈智利,我记得很清楚,当我在芝加哥大学时,他们给了我们一个项目,并且提到智利经济陷入了困境。他们说,"你愿意负责一个关于智利的援助项目吗?"我们回答说,"我们不懂如何运营援助项目,但是我们知道如何教授经济学"。于是他们发起了一个奖学金项目。我们将一位最优秀的教师派到了智利,以考察哪些学生和教授能够帮助我们进行一些诚实的评估。我们还让大批智利经济学

家来芝加哥大学。然后智利发生了重大变革，阿连德被推翻了，皮诺切特成为领导人。他并不了解该做些什么。他周围的人有谁懂得管理经济吗？我们的芝加哥小子举起了手，然后说"我们知道该怎么做"。于是，他让他们放手去做。他们使智利成为20世纪80年代拉美唯一表现上佳的经济体，这引起了轰动。[16]

小子们在芝加哥的往事

1955年9月，第一批的3位智利学生被芝加哥大学录取，这时两所大学甚至还没有签署协议。另外3位学生于1956年9—10月间抵达。还有2位学生在1957年冬季学期到校，另外1位则于1957年6月到校。在最初的9位学生中，有5位来自天主教大学，4位来自智利大学。[17]他们中间只有1位女生，即赫塔·卡斯特罗（Herta Castro）。这9位学生中有2位最终成为内阁成员，即皮诺切特执政时的塞尔希奥·德·卡斯特罗和民主制度恢复之后的卡洛斯·马萨德（Carlos Massad），他在帕特里西奥·艾尔文执政时期进入内阁。马萨德还担任过两次中央银行行长，任期分别是1967—1970年和1996—2003年。[18]

在芝加哥大学，这些智利学生很快发现自己在大学时没有受到足够的训练，他们很难跟上研究生水平的课程。[19]刘易斯建议他们在开始的两个学期先学习本科生的课程，特别是在中级经济学理论方面下功夫，即经济学209这门课。[20]尽管这不是一门博士生课程，但是阅读资料很艰深，包括阿尔弗雷德·马歇尔《经济学原理》的8章内容、雅各布·维纳1932年的文章《成本曲线与供给曲线》，以及琼·罗宾逊（Joan Robinson）《不完全竞争经济学》的第2章。㉑除了经济学209这门课，这些智利学生还要学习弗兰克·奈特讲授的经济思想史，即经济学302。这门课列出了海量的阅读清单，包括几部德文专著和论文。奈特称这门课极为简要地概述了"'古典学派'之前的经济思想，重点关注古典学派，特别是斯密、李嘉图、西尼尔（Senior）和穆勒的价格与分配理论"。㉒

考试时遇到的问题令这些智利学生感到震惊。很多考试都是以芝加哥大学的传统方式进行的，即向学生展示一句话，学生必须对这句话进行评论或者评价。令这些问题变得极为困难的是，当时智利的大多数价格是由政府控制的，无法随意调整以反映市场状况的变化。因此，在这些学生抵达该校所在的芝加哥海德公园附近之前，他们并没有亲身体验过实际的市场经济是什么样子的。我们可以想象，在某场考试中遇到下面这个句子时他们会感到多么困惑："据说一些石油公司将汽油卖给自己的加油站，然后加油站将这些汽油作为某种品牌汽油出售，其价格高于石油公司出售给独立加油站的同类非品牌汽油。这相当于石油公司收取的内部价格要高于外部价格。"在智利，汽油价格是由政府设定的，在每个省份、每个城市、每家加油站都是相同的。㉓

在研究生阶段，这些智利人学习的课程包括马丁·贝利的宏观经济学、劳埃德·梅茨勒（Lloyd Metzler）的国际贸易、格雷格·刘易斯的劳动经济学、"艾尔"·哈伯格的公共财政和西奥多·舒尔茨的农业经济学。早期的学生还学习了加里·贝克尔的货币理论，后者刚刚获得博士学位，还没有离开这里前往哥伦比亚大学。贝克尔在哥伦比亚大学任教至1968年，然后又回到了芝加哥大学。[24]

但是，毫无疑问，他们最大的学习收获还是来自米尔顿·弗里德曼有关价格理论的一系列课程，即经济学301和302。尽管选修了这门课程的学生并不是很多，但是他们都来到坐落于历史悠久的社会科学大楼的那间教室，仔细倾听弗里德曼的授课。弗里德曼对各种难题深入浅出的剖析、他对自由市场经济学的倾情投入以及他的个人魅力都令人折服。在其回忆录中，出生于法国并在20世纪40年代中期与家人移民至智利的芝加哥小子多米尼克·阿谢特（Dominique Hachette）回忆说，弗里德曼有力地反驳了凯恩斯主义以及任何与计划和干预有关的理论，让他们为之着迷。[25] 埃内斯托·方丹回忆说，令他们印象极为深刻的是，弗里德曼执着于货币规则的优越性。[26] 阿谢特还曾提到，学生们很快就意识到，"哈伯格并不是弗里德曼那样的货币主义者。在我了解的教授中，他在思想方面是最为中庸的。由于他为各国政府做过很多的咨询工作，他看待经济学的方法更贴近我们这些人和智利经济"。[27]

前几年的学生与芝加哥大学的某些杰出人物失之交臂，比如1958年加入经济学系的乔治·施蒂格勒和1959年来到这里的哈里·约翰逊。但是第一批智利学生与罗伯特·蒙代尔（Robert Mundell）有过交流，他于1956—1957年在这里从事博士后研究。1965年，蒙代尔回到芝加哥大学，加入了教师团队。正如之前提到的，他们还遇到了加里·贝克尔，他当时是一名助理教授。然而令人惊讶的是，贝克尔讲授的是货币银行学，而不是他赖以成

名的微观经济学理论。贝克尔的理论令左派代表人物、法国思想家米歇尔·福柯深深爱上了这种思维方式。㉘

就像德·卡斯特罗、方丹和阿谢特在回忆中承认的那样，在他们就读于芝加哥大学期间，智利学生与弗里德里希·哈耶克不曾有过交流，他当时是社会思想委员会的一名教授。方丹回忆说，他们经常在社会科学大楼的电梯间遇到一位上了年纪的绅士。他看上去有些憔悴，有一双蓝色的小眼睛，胡须打理得很整洁，头发有些稀疏。他手上总是拿着几本书，有时与另外一个人相伴而行，两人用德语交谈。经济学系在四楼，但他并不在这一层下电梯，因此，学生们认为他是一名社会学家或者是一名政治学家。直到最后，他们才意识到他就是那位大名鼎鼎的奥地利经济学家。后来，方丹很遗憾当时没有与哈耶克交流，令他同样遗憾的是，他也未能结识罗纳德·科斯（Ronald Coase），后者当时任教于芝加哥大学法学院。在那场军事政变之后，弗里德里希·哈耶克对智利和智利的这场实验非常感兴趣。他数次访问这个国家，会晤了皮诺切特和其他政府官员，还担任了亲市场智库公共研究中心的名誉主席。㉙ 1982年，哈耶克写信给玛格丽特·撒切尔（Margaret Thatcher）首相，建议英国效仿智利的做法，实施深入的市场取向改革。首相礼貌地给予回复，但是非常明确地指出了英国和智利之间的区别："我相信您也同意，在英国，由于我们的民主制度并且需要达成高度一致的意见，智利采取的某些措施是完全无法接受的。"㉚

在这个项目的早期阶段，大多数智利学生都在芝加哥大学待了两年，并获得了硕士学位。只有少数人再次回到这里，并获得了博士学位，比如塞尔希奥·德·卡斯特罗、埃内斯托·方丹、里卡多·弗伦奇-戴维斯（Ricardo Ffrench-Davis）和罗尔夫·吕德斯。很多芝加哥小子的批评者坚持认为，只在这里待两年，难以得到充分的训练，而且大多数训练是出于意识形态的目的。结构主义经济学家阿尼瓦尔·平托在20世纪五六十年代是芝加哥小子最猛烈的抨击者，他撰文说，这些毕业生秉持"晦涩难懂"和"教条主义"的理念，结论都"来自专家们臆想的前提条件或事实"。㉛哈伯格极不赞同认为获得硕士学位是不够的观点，他争辩说，与其他美国顶尖的大学不同，对于未来将在政府部门或者私人部门工作的职业经济学家来讲，芝加哥大学的硕士学位是物有所值。这不是为没有通过第一学年核心考试的人准备的安慰奖。每名学生都是如此，不管他们是来自美国、拉美还是世界其他地区。哈伯格说："（在芝加哥大学，）我们有点看不上哈佛（大学）和耶鲁（大学），因为它们实际上会确保每名新生都能拿到一个博士学位。我们认为这极为荒唐！另一方面，我认为在进入芝加哥（大学）的学生中，有三分之二有能力获得博士学位，其中又有三分之二确实做到了这一点。"㉜

"艾尔"·哈伯格和格雷格·刘易斯定期为国际合作总署撰写报告，在这些报告中，他们要评价这些智利学生取得的进步。从1956年至1964年，他们一共撰写了14份报告。1957年，刘易斯写道，卡洛斯·马萨德"今天获得的优异成绩可以媲美我们系最优秀的学生。毫无疑问，马萨德是一名能力非凡的学生"。㉝马萨德未来将在智利经济政策实施方面发挥极具影响力的作用。作为一名基督教民主党党员，他反对皮诺切特的独裁统治。1990年，在民主制度恢复之后，他被帕特里西奥·艾尔文总统任命为内阁成员。在某些方面，他是为皮诺切特工作的芝加哥小子与在关键位置上替代芝加哥小子的那些经济学家之间的桥梁。"艾尔"·哈伯格对里卡多·弗伦奇-戴维斯也评价颇高。后者是一名智利天主教大学毕业生，在基督教民主党的极左派（left most）中非常活跃，他在芝加哥大学待得并不开心。五年之后，弗伦奇-戴维斯在纪录片《芝加哥小子》中曾经说过，他从很早的时候就认为这里的训练是高度意识形态化的。2021年，他成为总统候选人加夫列尔·博里奇任命的一个高级顾问委员会的成员之一，协助后者起草发展计划，以取代芝加哥小子的新自由主义模式。

第 2 章
象牙塔中的芝加哥小子

第一批芝加哥小子于 1958 年年中回到了圣地亚哥,并立即对天主教大学的经济学教育进行了彻底改革。① 阅读资料、授课方式和数学要求一夜之间就改变了。截至当时,相关课程仍然以逸事证据为基础,现在替换成了开发批判性和分析性思维的课程。一门有关统计推断的课程成为必修课,并由塞尔希奥·德·卡斯特罗授课。他们创建了习题库,并在几个月内就建立了一座藏书丰富的图书馆,2 000 册书籍涵盖每个现代经济学领域。正如多米尼克·阿谢特在其回忆录中指出的,从方法论的角度看,他们学习的方法是米尔顿·弗里德曼的《价格理论》(*Price Theory*)和阿尔弗雷德·马歇尔的《经济学原理》强烈推崇的,后者也是芝加哥大学经济学 209 课程广泛涉及的专著。阿谢特断言,这无疑属于局部均衡的视角。②

这些年轻教授的要求极为严格,在返回智利之后的前两年,他们淘汰了大批学生,还向校方提出了挑战。在其回忆录中,埃内斯托·方丹回想起第一次与学校高层的冲突。当时招生办公室拒绝了一名合格的申请者,就因为他是犹太人。德·卡斯特罗和方丹提出了抗议,直到这项决定被推翻,而这名颇具潜力的学生也被这个项目录取。③

按照芝加哥大学的传统,每周都要举行学术研讨会。一开始,人们讨论了研讨会应该采用弗里德曼的讲习班模式还是阿诺德·"艾尔"·哈伯格的讲习班模式。前者较为死板,并在弗里德曼的严格指导下进行。论文要逐行讨论,评论必须严格与论文内容相关,绝不允许偏离主题。相比之下,哈伯格的讲习班更为灵活,涵盖广泛的议题。④哈伯格回忆说,他的讲习班参加者远不止拉美学生,讨论的问题也远不止经济发展。其研讨会的一些成员最终在经济学领域留下了自己的印记,比如邹至庄、罗伯特·卢卡斯(Robert Lucas)和理查德·穆斯(Richard Muth)。⑤数年之后,詹姆斯·洛锡安(James Lothian)回想起在当时的研讨会上,总有一些拉美学生迟到10~15分钟,哈伯格试图纠正这种做法,但是最终不了了之。⑥智利天主教大学的这些老师在经过一些争论之后,决定采用哈伯格风格的讲习班,包括推迟15分钟开始上课。

思想之争

突然之间,智利出现了两个泾渭分明的经济学阵营,一场思想之争初次登场,它们对影响力的争夺将逐渐扩展到本地区的其他国家。一个阵营以智利大学秉持结构主义、凯恩斯主义和马克思主义的教师为代表,并且大多数人属于结构主义经济学家;另一个阵营则以天主教大学及其新近到来的芝加哥小子为代表。

新近到来的芝加哥小子在天主教大学教授的所有内容,都挑战了在智利大学占主导地位的"计划方法"的模式和信念。年轻的教授们遵循西奥多·"泰德"·舒尔茨的指导,认为包括智利在内的全世界农民的行为都会对激励做出反应。学生们阅读《一个便士的资本主义》(Penny Capitalism)，这部由索尔·塔克斯(Sol Tax)撰写的著作表明危地马拉的农民是极为理性的，就像在更发达的其他经济体一样，会在约束条件下实现最优化。⑦至于智利长期存在的贸易赤字，他们争辩说，就像哈伯格在《政治经济学杂志》(Journal of Political Economy)上发表的那篇极有影响力的论文证明的那样，如果得到正确度量的话，贸易弹性是相当高的。⑧因此，货币贬值，或者更一般的汇率浮动，是解决贸易失衡问题非常有效的工具。⑨与该地区将通货膨胀归因于供给僵化、缺乏竞争以及其他结构性因素的传统认识不同，天主教大学的年轻经济学家教导学生，通货膨胀是货币过剩的结果，而这通常又是因为大规模的财政赤字。他们指出，弗里德曼和哈伯格提供了大量证据，证明了处于不同发展阶段的各个国家的货币需求都是稳定的。⑩与阿尼瓦尔·平托和劳尔·普雷维什(Raul Prebisch)的进口替代工业化思想不同，芝加哥小子认为保护主义会导致效率极为低下，而以大幅削减进口关税为特征的贸易自由化则会极大地造福较为贫困的国家。他们还指出，有大量证据证明，包括最低工资制度在内的对劳动力市场的管制会导致经济扭曲，通常会对社会状况、收入分配和经济增长产生不利影响。在这方面，格雷格·刘易斯做出了很大的贡献。塞尔希奥·德·卡斯特罗对这个议题特别感兴趣，正是他领导了皮诺切特独裁统治时期的芝加哥小子革命；他花了很长时间撰写了一篇博士论文，讨论智利不同产业之间的工资率差异。在当时的智利，芝加哥小子鼓吹的大部分理念都被认为是"晦涩难懂的"。⑪他们极力推广这些思想，却没有充分考虑当时被广泛接受的观念，这令那些批评者认为这些人都生活在象牙塔中。

两类经济学家的派别之争还受到了个性差异的影响。简而言之，一些参与政策争论的人相互厌弃。塞尔希奥·德·卡斯特罗、埃内斯托·方丹与阿尼瓦尔·平托之间尤其如此。在20世纪90年代初期，针对50年代智利名为"克莱因-萨克斯任务"（Klein-Saks Mission）的稳定化计划中的一个项目，我在平托位于圣地亚哥的家中采访了他。我们最后谈到了智利和拉美经济学的历史。他个人对芝加哥小子的厌恶是显而易见的，并且毫不掩饰这一点。他不喜欢塞尔希奥·德·卡斯特罗，并且发自内心地厌恶西蒙·罗滕伯格。在《经济全貌》（*Panorama económico*）杂志上，平托曾经与后者发生了激烈的论战。另一方也同样如此。埃内斯托·方丹个性鲜明，富有魅力，笑声很有感染力。他经常说，包括阿尼瓦尔·平托和奥斯瓦尔多·桑克尔（Osvaldo Sunkel）在内的结构主义者"愚昧无知"，带有"民粹主义"风格，对经济学一窍不通。

没有人确切地知道是谁造出了"芝加哥小子"这个词。最初使用这个词有些嘲讽意味。"小子"这个词有两层含义：首先，这些人都非常年轻，对现实中的经济学了解甚少；其次，他们都被灌输了国外的意识形态。人们总是用英文中的小子（boys）来称呼他们，而不是用西班牙语的"少年"（niños）一词。更糟糕的是，他们来自芝加哥，那里是米尔顿·弗里德曼和"极端资本主义"卫士的地盘。[12]

1958年4月，芝加哥大学和智利天主教大学之间的协议续签了三年到1961年。现在，天主教大学承诺为研究助手们提供资助，挑选高年级的本科生和有潜力的候选者前往芝加哥。续签后的协议重申，智利天主教大学将提供至少4个名额的全职经济学奖学金，并雇用在这个项目下培养的学生。[13]新智利协议暗示，等到1961年协议到期后，智利天主教大学将利用各种基金会的资金，继续致力于这场思想之争，并将学生派往芝加哥大学。甚至在第一批芝加哥小子回到智利之前，阿尔比恩·帕特森就确保天主教大学能获得足够的资金，以为几个研究项目提供资助。这些年来，阿特拉斯（Atlas）、布莱德利（Bradley）、福特（Ford）、古根汉姆（Guggenheim）、洛克菲勒等基金会和美国外事局（US Foreign Office Administration）提供了资金。美洲国家组织（Organization of American States）和世界银行资助了农业和国际贸易领域的项目。[14]

贬值还是不贬，这是个问题

1962年8月，塞尔希奥·德·卡斯特罗与豪尔赫·亚历山德里产生了重大分歧，前者已经成为芝加哥小子的领袖，后者则是一位因循守旧的总统。在一篇学术论文中，德·卡斯特罗认为政府试图通过固定汇率来控制通货膨胀，注定会失败。[15]他通过基于购买力平价方法的计算比较了本国与贸易伙伴国累计的通货膨胀，表明智利当时使用的货币埃斯库多（escudo）至少要贬值50%才能重新实现外部平衡。德·卡斯特罗指出，汇率高估将引发投机行为，导致外债大规模增加，抑制出口，加剧其他方面的扭曲。他认为，最佳政策就是使埃斯库多贬值，同时降低进口关税，减少其他的贸易控制，以增进效率，改善资源配置。很明显，他的观点受到了芝加哥大学一些教授所做研究的影响，比如米尔顿·弗里德曼、"艾尔"·哈伯格和哈里·约翰逊。德·卡斯特罗的分析被总结为一篇两页的文章，于1962年8月15日发表于《埃尔西利亚》（Ercilla）周刊杂志。记者鲁本·科瓦兰（Rubén Corvalán）写道，根据这位年轻经济学家的观点，"有必要永久性地维持一种现实的汇率政策，并使之贬值"。[16]

政府当局将这种观点视为"友军的误伤"，并大为震怒。毕竟，智利天主教大学原本就偏好亲商政策，而这也正是亚历山德里政府正在努力做的。财政部长找到了天主教大学校长阿尔弗雷德·席尔瓦·圣地亚哥主教（Monsignor Alfredo Silva Santiago），要求他好好管束自己的这些经济学家。左派也对这份报告提出了批评，但是出于不同的原因。阿尼瓦尔·平托再次认为，芝加哥小子不了解智利或者拉美，贸易自由化只会阻碍工业化和进口替代，而正是这两项重要的政策才能使智利摆脱落后状态。在这个问题上，平托遵循了瑞典经济学家纲纳·缪尔达尔（Gunnar Myrdal）和其他进步主义发展问题专家的观点，他们相信，由于进出口的价格弹性极低，即根据"弹性悲观假说"，在绝大多数情况下贬值是无效的。[17]

恰那·卡里奥拉院长也极为愤怒。他已经离开了天主教大学，加入亚历山德里的内阁。他认为这种批评是对其个人的冒犯。在与主教会晤之后，他决定，未来学术论文在向公众传播之前，必须获得他的批准。教授们立即痛斥这种审查行为，声称学术自由是不可或缺的。在经过热烈讨论之后，格雷格·刘易斯、"艾尔"·哈伯格和"泰德"·舒尔茨被招来调解教授和校方的冲突。对舒尔茨而言，这是一个极为严重的问题，因为在1943年，他和一群同事离开了艾奥瓦州立大学，原因就是学校当局试图审查一篇论文，在这篇论文中，他们建议在当时的二战期间，应该用人造奶油来代替黄油。最终，经过几位芝加哥教授的努力调停，天主教大学勉强达成了某项协议。一个内部同行评议委员会将决定论文是否可以向外界传播。然而，双方对此都不完全满意，这场冲突一直延续到1965年，此时取代胡利奥·恰那·卡里奥拉院长一职的不是别人，正是塞尔希奥·德·卡斯特罗。

使1962年这场有关汇率贬值与否的争论特别具有讽刺意味的是，15年之后，塞尔希奥·德·卡斯特罗作为皮诺切特统治时期的财政部长，实行了与亚历山德里1959年的计划极为相似的固定汇率稳定化方案，而他曾经在那篇引发争论的报告中猛烈抨击了这种固定汇率计划。两个方案最后都以严重的危机告终。在某个时候，由汇率高估引发的外部失衡无法维系，货币不得不突然之间暴跌。在亚历山德里执政时期的案例中，美元的价格在一年之内暴涨了75%。在皮诺切特独裁统治时期的案例中，危机爆发之后一年内，美元的价格上涨了92%（有关1982年货币危机的内容，请参见第8章）。

研究与信条

1963年9月，天主教大学的学术期刊《经济学手册》（*Cuadernos de economía*）的第一期出版了。最初的编辑是巴勃罗·巴劳纳，数年之后他被皮诺切特任命为智利中央银行行长和经济部长，以及里卡多·弗伦奇－戴维斯，他是芝加哥大学毕业生，但是对市场、全球化和货币主义持批判态度。创建这本刊物的想法来自刘易斯，他是里卡多·弗伦奇和德·卡斯特罗在芝加哥大学获得学位时学位论文委员会的成员之一。在图2.1中,我们看到的是塞尔希奥·德·卡斯特罗、"艾尔"·哈伯格和卡洛斯·马萨德在2008年的合影,此时距第一批芝加哥小子被芝加哥大学录取已经过去了52年之久。当时的聚会是为了祝贺哈伯格对天主教大学经济学教育所做的贡献。

图2.1 从左到右:塞尔希奥·德·卡斯特罗、"艾尔"·哈伯格和卡洛斯·马萨德,摄于2008年,此时距第一批芝加哥小子被芝加哥大学录取已经过去了52年之久

资料来源:罗尔夫·吕德斯的个人收藏。

在这本刊物的创刊号中,恰那·卡里奥拉院长提到论文刊发的唯一标准就是,这些论文体现了"科学的研究……所有其他目的都不在我们的评审范围之内"。这是对《经济全貌》杂志的含

蓄批评，这本当时占据统治地位的经济学杂志是由著作丰富的阿尼瓦尔·平托及其同事奥斯瓦尔多·桑克尔编辑的。他们是支持以结构主义方法应对通货膨胀的主要力量，也是对芝加哥小子批评最严厉的两位经济学家。

在1963—1970年（1970年就是社会党人萨尔瓦多·阿连德当选为总统的那一年），《经济学手册》刊登了74篇论文。未来皮诺切特执政时期的四位内阁成员，即豪尔赫·考阿斯、塞尔希奥·德·卡斯特罗、塞尔希奥·德·拉·夸德拉和罗尔夫·吕德斯，以及与智利联系紧密的一些芝加哥教授，比如哈伯格、刘易斯、约翰逊和舒尔茨，经常为其撰写论文。这本期刊早期发表的论文大多是关于教学方法的，涵盖的主题包括如何解释回归系数的含义，或者如何建立简单的线性规划模型。然而，随着时间的推移，该杂志发表了几篇有关智利经济的深入细致的实证论文。很多论文讨论了农业部门的问题，展现了舒尔茨在天主教大学教职人员中拥有的巨大影响力。

《经济学手册》第一任编辑巴勃罗·巴劳纳在回忆往事时指出，尽管农业部门在政治和经济方面都非常重要，但智利没有人真正懂得如何从市场导向的视角对其进行缜密的分析。由于他在芝加哥大学时受教于"泰德"·舒尔茨、戴尔·约翰逊（Dale Johnson），以及后来的乔治·托利（George Tolley），学习过一系列农业经济学的课程，所以他被视为这一领域的专家，右翼政客让他领导了大量研究项目。[18]另一方学术阵营中最杰出的农业问题专家是豪尔赫·阿乌马达（Jorge Ahumada），他擅长发展问题研究，曾经在1958年出版过一部极具影响力的著作《摆脱苦难》（*Instead of Misery*）。在这部著作中，他认为如果进行深入的改革，通过剥夺对土地的大规模占有，即所谓的"大农场"，将其分为面积更小的地块，并分配给农民耕种，农业部门的生产率必然提高。天主教大学的专家并不赞同这种方法。尽管他们意识到并非地主所有制阻碍了生产率的提高，但是他们相信快速提高效率的主要障碍在于缺乏对民众的投资，这正是舒尔茨研究的核心议题。在当时，城乡工人受教育程度的差异悬殊，实际上，农业工人中有很大比例都是文盲。[19]他们被称为 inquilinos，特指智利大农庄的佃户。天主教大学的经济学家还认为，持续的币值高估通过抑制出口，对农业产生了不利影响。其他阻碍农业发展的因素还包括缺乏用水权市场以及对关键投入品征收很高的进口关税，比如机械和化肥。在接下来的很多年，农业改革将成为一个重大的政治议题，在弗雷政府和阿连德政府时期，引发了激烈的政治冲突。[20]

《经济学手册》在创刊之后的十年间，发表过几篇深入研究通货膨胀问题的论文，自20世纪40年代以来，这是智利最严重的问题之一。尽管这些研究使用的方法和具体内容有所不同，但都强调了货币因素是通货膨胀的根源，并将它与该国持续的财政失衡联系起来。罗尔夫·吕德斯发表的论文深入细致地分析了自50年代中期以来以失败告终的稳定化政策，并考察了通货膨胀如何对税收收入产生不利影响。里卡多·莫兰（Ricardo Morán）讨论了出人意料的稳定化政策有何优点，埃内斯托·方丹研究了货币贬值与通货膨胀之间的联系，即后来在国际经济学中被称为价格传递效应的问题。[21]

这些研究在天主教大学之外并未被广泛接受。包括私人部门代表人物在内的批评者认为，芝加哥小子忽视了智利的现实情况。弗拉维安·莱文（Flavián Levine）是智利规模最大的钢铁厂太平洋钢铁公司（Pacific Steel Company）的总裁，他与马丁·贝利就通货膨胀的原因和机制展开了激烈的争论。从1953—1957年，智利年均通货膨胀率高达40%。莱文曾经是凯恩斯主义观点的早期支持者，他与右翼和左翼政客均有良好的私人关系。他并不否认货币的增长发挥了一定的作用，但是他认为这种作用是次要的，远不如某些结构性的供给因素重要。[22] 对于通货膨胀，莱文和其他产业领袖支持结构主义的观点，认为芝加哥小子过于强调货币增长的作用，这是完全错误的。

1963—1973年，塞尔希奥·德·卡斯特罗在《经济学手册》上发表了四篇论文。在该杂志1965年1月的这一期中，他发表了题为《汇率政策：自由还是控制？》的文章。在这篇文章中，他运用了米尔顿·弗里德曼在其经典论文《支持浮动汇率的理由》中提出的很多观点，认为智利应该由市场决定汇率。[23] 在当时，多数发展经济学家都主张汇率调整在贫困国家是无法发挥作用的。瑞典经济学家和未来的诺贝尔奖得主纲纳·缪尔达尔极力推广这一观点。他在《亚洲的戏剧》（Asian Drama）一书中写道，"货币贬值无法替代进口控制……应该坦率地承认，贬值这一概念不适用于这些国家"。[24] 这与弗里德曼在其论文中的论断正好相反，根据缪尔达尔在印度进行的一系列演讲整理而成的一部小册子也表达了类似的观点。[25] 令人惊讶的是，塞尔希奥·德·卡斯特罗在其论文中并没有引用弗里德曼有关浮动汇率的研究。

在该杂志1969年4月的这一期中，塞尔希奥·德·卡斯特罗发表了一篇有关"价格政策"的长文。在这篇论文中，他提出的两个观点在当时引发了激烈的争论，并成为1973年政变之后军事政权实施的核心政策,即价格控制不是实现收入再分配的有效工具;允许利率自由决定并使之找到自己的均衡点,总体上会对经济效率和经济增长产生正向作用。在那个时代,这些观点听上去就像是弗里德曼《资本主义与自由》(Capitalism and Freedom)的智利版。1972年12月,德·卡斯特罗作为学者发表了最后一篇期刊论文。他考察了1961年智利的经历,在当时,暂停实施了根据以往通货膨胀自动调整工资的政策。多数分析家相信暂停工资指数化将会导致实际工资和薪水的下降。但是,对数据的细致分析表明,有几个行业的实际工资出现了显著上涨。根据德·卡斯特罗的观点,这清楚地表明,如果没有政府的干预,市场就可以正常运转,相对工资也可以依据供求力量进行调整。这篇论文的主要观点也进入了皮诺切特政府实施的政策清单。

智库和新闻界

1965年,一群商业领袖建立了社会和经济研究中心(Center of Social and Economic Studies,CESEC),这是智利第一批亲自由市场的智库之一。最初在社会学家吉列尔莫·查德威克(Guillermo Chadwick)的领导下,该中心的角色是研究政治学和经济学的交叉问题,并发布研究报告,帮助私人部门的企业做出投资决策。该中心的主要发起人是奥古斯丁·爱德华兹(Agustín Edwards),他是智利最重要的一家报纸《信使报》(El Mercurio)的老板,也是智利规模最大的一笔财富的继承人,产业遍及银行、保险、农业和制造业。爱德华兹在普林斯顿大学接受教育,在美国有一张庞大的交际网络,他相信拉美最大的危险在于古巴

革命的四处传播。㉖

该中心的经济学分部由埃米利奥·圣富恩特斯领导，这位芝加哥小子还拥有社会学学位，并担任爱德华兹集团的顾问。圣富恩特斯雇用芝加哥大学的其他毕业生，与商业团体合作，以促进市场经济的原则。使埃米利奥·圣富恩特斯成为这家机构的关键人物，并由此推动芝加哥小子步入政治权力中心的，是他与退役的智利海军军官有着广泛的交往，比如埃尔南·库维略斯（Hernán Cubillos）和罗伯托·凯利（Roberto Kelly），这两人后来都成为皮诺切特的内阁成员。在阿连德执政时期，一群芝加哥小子正是通过这些人与活跃的海军军官建立了联系，包括作为那场政变领导人之一的海军上将何塞·托里维奥·梅里诺，并为这些人提供了一种经济新模式的蓝图（具体细节请参见第4章）。

1967年，《信使报》创办了一个新的商业和经济学版块，一开始只有一页内容，为一般公众解读经济趋势和理论问题。芝加哥小子阿德里奥·皮皮诺（Adelio Pipino）最初负责这一版块的内容，他后来成为国际货币基金组织的一名高官。为这一版块撰文的大多是芝加哥大学或者天主教大学的毕业生。第一篇文章发表于1967年4月17日，题目是《1957—1966年智利工业产出的周期波动》。这个版块的最后一篇文章发表于1970年10月10日，就在总统大选结束五周之后。在这次大选中，智利社会党候选人萨尔瓦多·阿连德赢得了最多的选票。10月24日，智利国会的联席会议确认他赢得了总统选举。这篇文章的题目就是《人民团结阵线的经济计划》（The Economic Program of Popular Unity），它预见到了社会主义实验时期智利将面临的很多挑战（详细分析请参见第

3章）。总之，1967—1970年，芝加哥小子及其伙伴在《信使报》一共发表了170篇文章。其中一些得到了商业精英的赞扬，另外一些则由于完全脱离实际而遭到了嘲讽和批评，尤其是那些赞同自由贸易、市场决定利率和浮动汇率的文章。[27]

初涉政治失败

在1970年萨尔瓦多·阿连德最终获胜的总统选举期间，实业家皮埃尔·莱曼（Pierre Lehmann）和塞尔希奥·席瓦尔·巴斯库尼安（Sergio Silva Bascuñán）邀请塞尔希奥·德·卡斯特罗、埃内斯托·方丹和巴勃罗·巴劳纳为保守派候选人和前总统豪尔赫·亚历山德里起草一份经济计划。他们的想法是提出一个方案，强调私人投资和私人部门的作用，同时将通货膨胀由大约25%降至个位数的水平。

与之前保守派的纲领相比，这个方案有若干创新之处，包含芝加哥小子已经呼吁了十几年的很多政策，比如降低进口关税、允许大多数价格自由上涨、放松产业规制、创建一个资本市场并由市场决定利率、允许汇率波动以反映供求力量，以及消除财政赤字以抑制通货膨胀。[28]

亚历山德里在竞选中并未完全接受这个方案，这位候选人的高级顾问急不可耐地声称这些建议过于冒险。他们指出，既不可能迅速终结通货膨胀，也不可能让价格自由决定、放松对金融部门的规制、允许资本自由流动或者废除对汇率的管制。但是，争议最大的问题是降低进口关税和终结自20世纪40年代开始的进口替代战略。在这方面，当时智利的商业精英以及其他新兴国家的精英都相信，一个贫困国家如果要取得进步，唯一的途径就是通过工业化创建一个富有活力的制造业部门。这需要政府提供诸多方面的帮助，比如信贷补贴、关键产业的进口保护以及实施各种管制措施，以限制"来自国外的过度且有害的竞争"。

当时的总统候选人亚历山德里曾担任过一家企业的总裁，该企业是智利规模最大的企业之一，同时他也是一位朴实的人。在2015年出品的纪录片《芝加哥小子》中，塞尔希奥·德·卡斯特罗告诉采访者，当亚历山德里听到他们的建议时，他告诉自己的助手："把这群疯子赶走，并且确保他们永远都不会回来！"[29]

事实证明，对芝加哥小子而言，为亚历山德里准备经济纲领并不全是在浪费时间。三年之后，正是以这一纲领为基础，他们为军方准备了一份内容广泛且雄心勃勃的经济计划。这份计划彻底改变了智利的经济政策，极大地影响了其他新兴国家的经济思想。这份资料就是后来俗称的"砖案"，第4章将详细介绍它的起源、内容和背后的故事。

第3章
萨尔瓦多·阿连德的千日社会主义与芝加哥小子：1970—1973年

1970年9月6日，《纽约时报》在头版刊载了一篇文章，报告了智利总统选举的结果。这篇报道的题目是："智利的马克思主义者阿连德赢得了总统选举。"资深记者胡安·德·奥尼斯（Juan de Onis）解释说，赢得多数选票并不会让阿连德自动当选总统。根据智利宪法，如果候选人的得票率都没有超过50%，那么智利国会将举行一次联席会议，从得票率最高的两位候选人中选出一位作为国家元首。内科医师出身的萨尔瓦多·阿连德已经从政几十年，之前三次竞选总统都未成功，这次则获得了36.6%的选票。得到大多数芝加哥小子支持的保守主义者豪尔赫·亚历山德里作为前总统以35.3%的得票率位居第二。这两位排名靠前的候选人只差区区4万张选票。第三名是基督教民主党候选人拉多米罗·托米奇（Radomiro Tomic），他赢得了28%的选民支持。阿连德得到了"人民团结阵线"的支持，这个联盟包括智利两个最大的马克思主义政党，即智利共产党和智利社会党，以及一些较小的团体，比如人民团结运动。后者是一个新政党，由一群前基督教民主党人建立，他们遵循的是天主教会的社会教义。① 在《纽约时报》这篇文章的结尾,作者声称"阿连德乐见智利走上古巴革命的道路"。②

对于这次总统选举的结果,右翼人士极为震惊。大多数保守主义精英坚信亚历山德里将会轻松取胜。实际上,从5月至8月进行了8次大规模的民意调查,没有一次预测人民团结阵线会赢得胜利。③

选举之后仅仅过了两天,豪尔赫·亚历山德里宣布,如果国会选择他当选总统,他将在就职典礼之后立即辞职。这可能是反左翼阵营的弃子战术,即国会选举亚历山德里作为总统,他选择辞职,然后立即开始一场新的选举。基督教民主党即将离任的总统爱德华多·弗雷·蒙塔尔瓦将作为反共产党阵营的唯一候选人参加竞选,他很有可能击败阿连德。④ 基督教民主党中的右翼人士强烈要求执行这一弃子战术,而包括拉多米罗·托米奇在内的该党左翼人士则认为必须支持阿连德,因为后者的进步主义政治纲领和社会主义经济计划与他们自己的主张是一致的。他们声称,该党至多要求人民团结阵线在保护民主制度、宗教信仰和司法独立等方面做出一系列承诺。这些承诺应当通过宪法修正案的形式载入宪法,这就是所谓的"民主保障条款"。该党全国委员会召开了一次吵吵嚷嚷的大规模集会,并在大多数人的支持下通过了以下决议:如果阿连德赞同改革宪法,就支持他。而阿连德确实也这样做了。

接下来的两个月,各国媒体连篇累牍地报道智利的情况。很多文章都注意到,选举之后该国经济立即陷入了低迷。银行出现挤兑,币值降至历史低点,股票市场也随之崩溃。很多富裕家庭担心阿连德真的会效仿古巴,于是他们尽快逃离了智利。⑤ 10月3

日，距离这次大选不到3个月，《世纪报》（*El Siglo*）这份共产党的报纸报道，由于大规模的资本外逃，黑市汇率跌至65埃斯库多兑换1美元，这意味着与18埃斯库多兑换1美元这一官方汇率相比，在黑市上兑换1美元要多花260%的本币。

选举之后的第二天，美国驻智利大使爱德华·科里（Edward Korry）忧心忡忡地向美国国务院发送了一份电报，分析了这次大选的结果：

> 智利平静地通过选举成为一个马克思列宁主义的国家，这是世界上第一个在完全知情的情况下自由地做出这一选择的国家……（阿连德）赢得的优势只有1个百分点，但是这足以使他成为最终的获胜者。没有理由认为智利的武装力量会发动一场内战……令人伤感的是，智利选择了共产主义道路，但是同意这一选项的人只略多于三分之一，即36%，然而结果已经不可更改。这将对拉美以及拉美以外的地区产生极为复杂的影响。⑥

9月15日，美国总统理查德·尼克松在白宫会见了中央情报局（以下简称中情局）局长理查德·赫尔姆斯（Richard Helms）、国家安全顾问亨利·基辛格和司法部长约翰·米歇尔（John Mitchell），讨论智利局势。这次会议决定启动一项由中情局副局长托马斯·卡拉梅辛斯（Thomas Karamessines）负责协调的计划，最终的代号为"FUBELT行动"，以阻止阿连德上台。根据对这次会议的记录，赫尔姆斯写道，这一战略的目标之一就是"使（智利）经济陷入恐慌"。⑦

作为该战略的一部分，中情局考虑支持一场由退役将军罗伯托·维奥（Roberto Viaux）领导的政变。中情局对包括退役和现役军官在内的二十几个智利人进行了访谈，然后得出了结论："仅凭维奥及其控制的武装力量发动一场政变，必将失败。"⑧中情局并没有否决维奥的阴谋，而是为一群平民提供冲锋枪和手枪等武器。这群人在10月23日试图绑架勒内·施奈德（René Schneider）将军，他是智利陆军总司令，也是一名忠诚的军官，坚决维护民主制度的承诺。这次尝试失败了，但是这位将军在用自己的沃尔特手枪击退绑架者时也身受重伤。1970年10月24日，就在施奈德挫败绑架阴谋的第二天，智利国会的联席会议以153票对35票选举萨尔瓦多·阿连德为总统。一天之后，施奈德将军去世，并立刻成为左派的英雄。⑨

《纽约时报》在头版报道了萨尔瓦多·阿连德获任总统的消息，文章标题"马克思主义领袖阿连德当选智利总统"强调了他是一名马克思主义者。记者约瑟夫·诺维茨基（Joseph Novitski）总结了新政府的经济目标，他写道："当选总统及其政治联盟承诺将智利的矿产和基础工业、银行业和保险业以及对外贸易部门国有化。他们还承诺以计划的方式推动该国的经济社会发展；作为内容广泛的农业改革的一部分，将会征收私人拥有的耕地。"⑩

尽管只是在一句话中提到了经济"计划"一词，但是人民团结阵线经济战略的核心思想是从市场经济转变为计划经济。其经济纲领的第一章明确指出，"人民政治力量的首要目标是，改变当前的经济结构，终结本国和国际垄断资本以及大地产的权力，开始社会主义建设。在这一新的经济体系中，计划将发挥基础性作用……国家的经济政策将通过一个全国计划体系和控制机制予以实施"。⑪

在确认当选之后,阿连德告诉记者,他的政府不会实施全面的产业国有化。他向他们保证,他的政府只将关键部门中具有战略意义的大型垄断企业作为目标。他指出,实施国有化的部门包括"所有的银行、硝酸盐企业、电信公司、矿厂……外贸公司、保险公司、液化气生产企业",以及大量被认为拥有垄断势力的制造业企业。⑫

萨尔瓦多·阿连德是一名社会党党员而非共产党党员,这迷惑了很多不了解情况的作者。在20世纪50年代、60年代和70年代初期,智利有两个马克思列宁主义政党。共产党遵循的是苏联提出的政治路线,乐于在选举中与"小资产阶级"政党建立广泛的联盟,这就是所谓的"人民战线"战略,追求以渐进方式实现社会主义。阿连德所在的社会党对左翼人士而言更为重要,该党与古巴和朝鲜关系密切,相信应当迅速实现向社会主义的转变,并以"工人的力量"为基础。这一战略将社会民主党和中左翼政党排除在外。在阿连德当选总统的1970年之前,社会党中占统治地位的派系对选举政治感到失望,并开始考虑采取游击战的战略,但是阿连德并不属于这一派别。在人民团结阵线执政时期,社会党内的温和派和激进派经常爆发激烈的冲突。在那场军事政变之后,偏左翼的评论家批评社会党推动变革操之过急,手段也太过强硬,尤其是其总书记卡洛斯·阿尔塔米拉诺(Carlos Altamirano)。在他们看来,那些政策和暴力语言使中产阶级敬而远之,并且最终促使军方下定决心发动1973年的政变。⑬

1970年11月4日,萨尔瓦多·阿连德就任总统。他的内阁成员包括共产党人、社会党人、工会领袖以及信守天主教会社会教义的人。担任经济部长的佩德罗·沃斯科维奇（Pedro Vuskovic）是一名马克思主义者和计划专家，也曾是智利大学经济学教职人员的首脑人物，而这所大学长期以来就是天主教大学的竞争对手。担任财政部长的阿梅里科·索里利亚（Américo Zorrilla）是印刷行业的工会领袖和共产党员，但是没有上过大学。

1970年11月9日，在阿连德就职五天之后，亨利·基辛格向美国中情局、国防部和国务院高层发送了一条绝密备忘录，指出"美国的公开表态应当是得体的，但是必须保持冷静……（我们将）力求对阿连德政府施加最大压力，以削弱它的力量，限制其实施有悖于美国和西半球利益的政策的能力"。⑭ 在接下来的三年里，智利与美国爆发了一系列外交冲突，其中最严重的一次发生在1971年7月，当时智利政府没收了一些属于美国公司的大型铜矿，却没有给予任何补偿。

表3.1展示了一系列经济社会指标，概括了1970年智利的经济状况，此时阿连德刚刚就任总统。这些数据也有助于正确理解芝加哥小子改革计划的背景，下面几章将会讨论这些问题。为了进行比较，该表还包括了两组拉美国家的数据。正如我们将看到的，从1945年至1970年，智利在每个方面都落后于同类国家。与普通的拉美国家相比，智利经济增长速度更慢，通货膨胀率更高，以基尼系数衡量的不平等更严重，总体生活状况更糟糕。确实，在格兰德河以南地区，智利并非最贫困的国家，毕竟还有玻利维亚、洪都拉斯和尼加拉瓜，但是它远远地落后于这个大陆上的很多国家。⑮

表3.1 智利与其他拉美国家经济社会发展绩效的比较

	智利	拉美六国[a]	拉美各国[b]
GDP年均增速（%，1945—1972）	4.1%	5.6%	5.3%
制造业年均增速（%，1945—1972）	5.2%	6.7%	6.8%
年均通货膨胀率（%，1950—1970）	33%	18%	12%
基尼系数（与1970年最为接近的年份）	0.50	—	0.48
1970年的历史生活水平指数（以1950年为100）	136	147	145

注：[a] 该地区六个国家的平均值，即阿根廷、巴西、智利、哥伦比亚、墨西哥和委内瑞拉。
 [b] 有数据的所有国家的平均值，国家数量通常在13个到19个之间。
资料来源：Thorp（1998）。

附带价格管制的扩张性宏观经济政策：20世纪70年代的现代货币理论

阿连德的短期经济政策基于一次大规模的总需求刺激。这一想法由佩德罗·沃斯科维奇提出，即在一个由垄断者统治的经济中，存在大量未被充分利用的生产能力，这为需求的大幅增长创造了条件。这一战略的核心内容是"同时控制价格、工资上涨和公共部门赤字的增加……并通过货币和信贷创造来弥补政府赤字"。[⑯] 人民团结阵线的经济学家坚信，智利中央银行可以为政府支出的大幅增加提供资金，这不会引发严重的通货膨胀或者外部危机。当然，他们意识到智利的货币是不可兑换的，而外汇的可得性将是一个硬约束条件。但是，在他们看来，通过实施价格和外汇管制可以消除这些潜在障碍。外汇只能用于"生产性用途"，包括进口中间产品、零配件和资本设备。智利人要到国外出差或者度假，按照官方汇率每天只能获得20美元的津贴，如果需要更多的外汇，他们就只能求助于黑市。由于通货膨胀被认为是由垄断行为和结构性瓶颈导致的，在零售端进行价格控制就成为这项短期经济战略的关键内容。从很多方面看，阿连德政府实施的这些政策与现代货币理论的支持者鼓吹的内容极为相似，尽管它在数十年之后才被冠以这一名称。⑰

新政策最初似乎奏效了。在1971年，平均实际工资上涨了21%，实际GDP增速高达8%，通货膨胀被控制在22%。然而，在这些数字背后，严重的失衡日益凸显。机器设备投资几乎完全停止，特别是在实施了国有化的制造业部门，农业产出大幅下降，出现了严重的贸易赤字。由于依靠中央银行印钞支持的财政赤字大幅增加，价格上涨的压力迅速增大，在阿连德执政的第三年，"公开的通货膨胀"接近700%。

征收、国有化和"干预"

人民团结阵线的长期战略基于对铜矿、银行部门、大型贸易公司、保险公司和大量拥有垄断力量的企业进行国有化。此外，数百万英亩的耕地被征收，转型为合作农场或者国有农场。以国有企业为核心，国家将控制生产资料，并由此引导社会转型。在新社会，只有中小企业还掌握在私人部门手中。在图3.1中，前排就座的人从左至右分别是计划部长贡萨洛·马尔特纳（Gonzalo Martner）、经济部长佩德罗·沃斯科维奇、总统萨尔瓦多·阿连德和财政部长阿梅里科·索里利亚，后面是两位军事助手。

图3.1 1971年萨尔瓦多·阿连德总统（左三）与其经济团队和军事助手

资料来源：《三点钟报》(*La Tercera*)图片档案。

1971年7月15日，根据国会一致通过的一项宪法修正案，一些由美国跨国公司所有的大型铜矿被收归国有。这一方案的新奇之处在于，对美国公司的补偿是按照1964年以来的账面价值减去累计的"超额利润"计算的。[18]这项修正案以及相关的法律条文明确规定，适当的账面价值由共和国总审计长办公室（Office of Comptroller General of the Republic）确定，总统办公室（Office of the President）将估算"超额利润"的历史数据。这被界定为任何超过账面价值10%的净收入。由此得到的估算结果表明，这些矿业企业还欠智利大约4亿美元。[19]

银行通过大规模要约回购的方式进行了国有化，这体现了政府作为收购方的优势。在操作中，生产开发公司（Corporation for Production Development）作为一家国有控股企业为银行的股份开出了慷慨的价格，并且没有考虑出售给政府的股份所代表的资产数量。平均而言，报价的溢价率为100%。完成这些收购的资金来自中央银行为政府提供的贷款，或者纯粹来自印钞。结果，如表3.2所示，1971年的货币供给增长了大约135.88%。征收的耕地是用长期政府债券偿付的，这些债券按照本币的名义值发行，其实际价值被飞涨的通货膨胀侵蚀了。[20]

表3.2 智利与人民团结阵线政府

	公共部门赤字（占GDP的比重，%）	合并的公共部门赤字（占GDP的比重，%）	货币供给增长率（基础货币，%）	年通货膨胀率（平均值，%）	经常账户赤字（占GDP的比重，%）	实际GDP年增长率（%）
1968	−2.4	NA	36.80	27.94	−2.16	3.60
1969	−1.5	NA	43.61	29.34	−0.08	3.71
1970	−2.9	−6.69	66.15	34.93	−1.27	2.05
1971	−11.2	−15.28	135.88	22.13	−2.36	8.96
1972	−13.5	−24.53	178.25	163.43	−4.31	−1.21
1973	−24.6	−30.40	365.03	508.05	−8.81	−5.57
1974	−10.5	NA	319.58	375.88	−3.71	0.97

资料来源："公共部门赤字（占GDP的比重，%）"来自Edwards and Edwards（1991）；"合并的公共部门赤字（占GDP的比重，%）"来自Larraín and Meller（1991）；"货币供给增长率（基础货币，%）""年通货膨胀率（平均值，%）""经常账户赤字（占GDP的比重，%）""实际GDP年增长率（%）"来自智利中央银行（2001）。

制造业企业国有化的方式引发了严重的争议，其法律基础源自大萧条时期的一项行政命令。[21]根据这项1932年的行政命令，如果工厂停工造成了某种商品短缺，政府可以进行"干预"，在某段时间接管其设备。原则上讲，这样的干预可以持续数年甚至数十年。[22]至1973年，政府按照这一程序接管了数以百计的企业，其中一些规模很小。工会经常强行接管企业，迫使企业停止经营活动，制造商品短缺的假象。这些企业生产的商品出现了短缺，比如饭锅、水泥、纺织品、服装或者鞋子，这就为"干预"企业并对其实行事实上的国有化提供了合法的理由。在某些情形下，政府与股东会进行谈判，如果双方达成协议，企业就会被政府正式收购，政府将利用中央银行提供的贷款补偿股东。

价格控制与短缺

人民团结阵线的经济计划最具危害性的一项内容，就是不现实的价格管制制度。根据所有这些行业都存在垄断力量并且企业会伤害其客户的假定，工商管理局（Directorate of Industry and Commerce）决定了三千多种商品的最高限价。

对于这个制度有多么糟糕和武断，造成的危害有多么严重，我有切身感受，因为当时我就在智利。作为一名就读于智利大学的19岁大学生，我获得了工商管理局成本与价格主任助理的职位。这个部门负责检查智利所有受管制的价格，并且拥有决定是否允许价格上涨的法定权力。这个职位让我拥有了非同寻常的权力，因为我负责将价格调整的请求分配给在这里办公的不同会计师，还负责保管主任的预约记录。我不止一次地被告知要将某份文件搁置起来，或者将它放到一堆文件的最上面，又或者将它分配给某位工作人员，而他本人赞同某种特定的观点。1973年，随着通货膨胀将要达到创纪录的700%，工商管理局确定的价格在一周左右的时间就会过时。新的请求立即就被提交上来，而工商管理局马上就会予以否决。任何一年级的新生都能预见这一恶性循环的结果：所有商品都处于严重短缺状态，而黑市交易欣欣向荣，这包括糖、大米、咖啡、食用油和厕纸等基本生活用品。但是，当权者认为，为了应对由"革命敌人"推动的价格飞涨，必须予以迎头痛击。一支巡视队伍在城市中游荡，搜查"投机分子"、拒绝按照官方价格出售商品的店主以及叛徒和"卖国贼"。如果他们在仓库中发现了存货，商店就会被关闭，商品就会被没收，并且施以大额罚款，有时店主还会锒铛入狱。

身处政治领导层的一些经济学家意识到，大规模短缺以及通过社区委员会分配商品将会对阿连德总统的支持率产生不利影响，因而试图找到解决方法，以应对日益脆弱和混乱的经济状况。在1973年年中，刚刚上任的财政部长费尔南多·弗洛雷斯（Fernando Flores）说服管理专家和超级数学明星斯塔福德·比尔*（Stafford Beer）访问智利，与政府部门一起研究一套以计算机为基础的技术性的计划体系，以便为该国的大多数商品找到正确的价格。这个秘密项目被称为"Cybersyn"。

我想起与这位著名的英国科学家一起参加过的一次会议，这次会议在位于圣地亚哥提亚提诺斯（Teatinos）大街的财政部举行。参会人员都有很强的参与意识，特别是在政府工作的一批思想进步的青年经济学家。斯塔福德·比尔与费尔南多·弗洛雷斯以及计划部的其他官员一起到达会场。他坐在主席的位置，但是没有发表演说，而是问了参会者一些问题。他想要了解不同部门都在做什么工作，以及在那些从事实际工作的人看来，最为紧迫的问题是什么。他感兴趣的问题还有，在为不同商品确定"合适的"价格时，使用的是哪类模型。工商管理局的一位高官解释了

---

* 英国管理控制论学者。——编者注

我们手工作坊式的做法：当一家公司请求调高价格时，它要提供所有的成本信息，并在此基础上加7%～15%的"利润率"。一旦收到这一请求，一群会计师就会审查这些数字。在多数情况下，他们会大幅削减对成本的估计，将利润率减少一半，并允许价格小幅上涨，上涨幅度要远小于最初的请求。当然，企业高层知道将会发生什么，因而会系统性地夸大成本数字。比尔询问了工商管理局做出的不同决策有何种溢出效应，或者说经济学家所讲的一般均衡结果。得到的答案是，这些影响基本被忽略不计。他笑了，好像在喃喃自语地说："我的老天爷！"接着，听众中有一位同时拥有经济学学位和数学学位的年轻理论家提到，有一个计算机程序可以估计跨部门的供给条件，并产生"真正的核算价格或者影子价格，以实现双重最优化"。比尔回复说，"这有点意思"。这位年轻的数学家继续解释这个模型的某些技术内容。在他讲完之后，比尔询问在这个分析中包括多少部门、产业和商品。这位年轻人犹豫了几秒钟，最后回答说："15个。"比尔似乎有些疑惑，他问翻译这个数字是15还是50。在确定这个模型只考虑了15个产业之后，他马上说："但是，我的朋友，你真的打算用这个只包含15个产业的投入产出矩阵来决定三千多种商品真实的并且相互影响的均衡价格吗？"[23]

我再也没有见到过斯塔福德·比尔。但是我确实记得，随着时间的推移，经济状况不断恶化，我们经常会想他在哪里，也会问自己，他什么时候能够编写出那个神奇的计算机程序，从而解决智利的经济难题，这将有助于避免那场军事政变。在我们看来，这场政变已经迫在眉睫。

经济停滞与通胀失控

1972年,经济增长陷入停滞,官方公布的通货膨胀率攀升至260%,实际工资比1970年的水平还要低。短缺变得更加严重,商品和外汇的黑市交易非常普遍。导致经济崩溃的一个重要原因是出现了大量的劳资冲突,反对党发起了一系列全国罢工,很多工厂停工,并最终被政府接管。破坏性特别强的一次全国罢工是由卡车行业于1972年10月组织的,这次罢工部分得到了中情局的资金支持。[24] 由于这次罢工,汽油断供,公共交通无法维持正常运营,班次变得很少。每家超市和社区杂货店都排起了长队。鉴于出现的这些动向,政府决定通过社区委员会分配食物,这就是所谓的"供应和价格委员会"(Committees on Supplies and Prices)。反对党指出,正如他们曾经警告过的,智利正在效仿古巴,一步步走向配给、独裁和崩溃。

尽管出现了这些危机,政府并没有试图改变财政政策或者货币政策。既幼稚又顽固的政府官员坚持认为,他们的计划可以实现收入扩张、再分配和经济增长,并且构建一个公平平等的社会主义社会。至1972年年末,将国有企业的损失计算在内的合并财政赤字,超过了GDP的20%,如表3.2所示,货币供给继续以越来越快的速度扩张。

一次失败的政变

政治局势严重恶化,到了这个时候,政府与反对党之间进行对话并达成协议的希望非常渺茫。1973年6月29日,第二装甲团的军官发动了一场叛乱，并希望其他的武装力量能够加入其中。那天清晨，六辆坦克和几辆运载着大约150名士兵的卡车开往总统府邸拉莫内达宫。㉕在上午10点左右，一支忠诚的陆军部队制止了这场叛乱。带领这支部队的不是别人，正是奥古斯托·皮诺切特将军，他当时是陆军的第二号人物。这场政变之所以失败有两个关键原因。首先，政变的领导者是一群级别相当低的军官，他们的计划没有得到任何陆军将军或者海军将领的支持。其次，这些坦克几乎无法用于作战，它们无法开炮，燃油也非常少。据传闻，在这次突袭失败之后从市中心撤退时，其中一辆坦克不得不去一个民用加油站加油，并在离开时留下了一笔大额账单。尽管这场政变并没有成功，而且参与人员也都被捕了，但是该事件清楚地表明，政治局势已经迅速恶化。那天以后，人民团结阵线的支持者只能眼睁睁等着另一场政变的出现。很多政府高官都提出了应急计划，包括一旦需要流亡海外，如何到达某个大使馆寻求庇护。

1973年9月，智利经济步履蹒跚，通货膨胀率超过了700%，短缺极为严重。黑市非常普遍，贸易赤字规模巨大，国际储备消耗殆尽。与阿连德执政之前相比，经通胀调整之后的工资下降了35%。根据进步主义经济学家和经济发展领域世界知名专家保罗·罗森斯坦–罗丹（Paul Rosenstein-Rodan）的观点，智利经济在1970—1973年的崩溃是由阿连德的社会主义政策导致的。正如罗森斯坦–罗丹提到的，"在（阿连德）执政之后，他实施了大规模的收入再分配政策，这使得需求显著增加，但是他并没有采取任何措施增加生产，以满足这些需求。相反，他印制了大量钞票。崩溃是不可避免的，由此导致的通货膨胀不仅摧毁了已经实现的

收入再分配，也使实际工资降至1970年的水平之下"。㉖

　　罗森斯坦-罗丹还在自己的私人通信中提出了批评意见。1975年6月26日，他写信给德国计量经济学家格哈德·廷特纳（Gerhard Tintner），后者后来极其严厉地批评了弗里德曼与军政府的交往。在这封信中，罗森斯坦-罗丹写道，"我非常关注那些对社会主义的伟大理念持折中态度的人。阿连德本质上就是如此……他是一名民粹主义者，而非社会主义者，他对这种理念采取了折中的办法"。㉗对人民团结阵线政府及其实施社会主义政策的计划，法国思想家米歇尔·福柯也曾冷语以对。1975年，他在自己巴黎的寓所会见了智利社会学家和左翼活动家安东尼奥·桑切斯（Antonio Sánchez）。福柯告诉后者，"智利的悲剧（那场军事政变及其后续发生的事情）不是由于智利人民的失败，而是由于你们这些马克思主义者犯下了严重的错误，你们需要为此承担巨大的责任"。㉘

　　表3.2归纳了1973年智利的经济状况。不难发现，通货膨胀率如脱缰野马一般，高达500%以上，财政赤字达到GDP的约30%，处于失控的状态，实际GDP年增长率则下跌了5.57%。但是，危害最严重的数字是，在阿连德执政时期，主要由于通货膨胀的飞涨，实际工资下降了将近40%。

阿连德执政时期的芝加哥小子

　　就在阿连德被国会选为总统之后不久，几位芝加哥小子离开智利，加入了国际货币基金组织、美洲国家组织和世界银行等国际机构。塞尔希奥·德·拉·夸德拉、埃内斯托·方丹、罗尔夫·吕德斯、阿德里奥·皮皮诺、马塞洛·西洛斯基（Marcelo

Selowsky）和芝加哥小子的荣誉成员豪尔赫·考阿斯在华盛顿担任了高级职位。

在阿连德当选总统之后仍留在智利的人，包括塞尔希奥·德·卡斯特罗，采取了积极反对政府的行动。他们撰写报告，仔细审查社会党政府的政策，批评每个失误，比如依靠货币创造为急剧膨胀的财政赤字提供资金。他们质疑价格管制、国有化以及大量的规制措施。他们还建议包括前总统爱德华多·弗雷·蒙塔尔瓦在内的反对派政治家协助国会议员驳回阿连德及其团队提出的要求，并且与军队高级官员的联系越来越频繁。在这个过程中，经济学家塞尔希奥·安杜拉加发挥了关键作用，他是塞尔希奥·德·卡斯特罗和埃内斯托·方丹在天主教大学早期的弟子之一，因此，他算是一名"再传的"芝加哥小子。安杜拉加作为一名分析师在私人部门工作，负责维持一个规模庞大的数据库，并与芝加哥小子阿尔瓦罗·巴登（Alvaro Bardón）一起用这一数据库来预测通货膨胀、汇率、失业率和经济活力。在1972年年初，通货膨胀率还被控制在每年35%左右，他们用一个简单的芝加哥学派式的货币主义模型预测当年的通货膨胀率将会达到180%。很多分析家都认为他们有意识地夸大了预测结果，政府官员称之为一场"恐吓行动"，目的在于吓唬民众，从而降低对政府的支持率。结果表明，他们的预测值还不够高：1972年官方报告的通货膨胀率达到了260%。[29]

档案显示，在这段时期，留在智利的芝加哥小子及其弟子在天主教大学所做的研究非常有限。从1971年至1973年，公布的工作论文只有寥寥数篇。其中最令人关注的一篇文章是由塞尔希奥·德·卡斯特罗撰写的，题为《经济社会发展计划》。[30]在这篇论文中，德·卡斯特罗严厉批评了人民团结阵线政府制定的再分配政策。他指出，主要问题在于，控制工资上涨和价格、人为地将汇率固定在某一特定水平、通过"干预"机制进行事实上的没收，这些政策组合在一起，会导致极为严重的扭曲，并将增长速度降至接近于零的水平。他声称，如果将再分配作为政策目标，那么实际上有更好的方法来实现这一目标。具体而言，他建议通过法律创建一家"社会资产基金"（Social Property Fund），使该基金拥有智利所有公共企业和私人企业三分之一（33.33%）的资本金，即资产值减去负债值之后的净额。然后，使这家基金归属于全体智利工人所有，他们将获得这家基金全部资产组合的分红。接着，控制、禁令、配额和许可都将被取消，并允许自由市场为各类企业和消费者提供相关信号。不用说，这个计划无论在人民团结阵线执政时期还是在皮诺切特独裁统治时期，从来没有真正实施过。

在留在智利的芝加哥小子所做的研究中，最令人感兴趣并且影响最为持久的一项就是为经济改革提供了一份广泛的蓝图。这份文件就是俗称的"砖案"，其中列出的一系列政策为皮诺切特经济革命奠定了基础，详细分析请见第4章的内容。随着时间的推移，智利"经济奇迹"逐渐展现在世人面前，这份"砖案"也备受推崇，全世界面临困境并力图改革的财政部长们纷纷求助于这份文件。

通往政变之路以及美国在其中扮演的角色

1973年9月11日，奥古斯托·皮诺切特将军领导的一场军事政变罢免了萨尔瓦多·阿连德总统。在智利人的集体记忆中，

"9/11"永远都与这一事件联系在一起。智利人当然知道美国在2001年遭受的恐怖袭击,但是9月11日仍会让他们直接想起改变命运的那天,正是在那天,该国的民主制度崩溃了。无论是阿连德的支持者还是批评者,对这一事件都感到特别痛苦,因为智利是一个有着悠久宪政传统的国家。在20世纪,智利与大多数拉美国家不同,威权主义政府很少有执政的机会,即使有的话,执政时间也很短。对于这次政变的细节,请参见第4章。

在很多方面,导致这场叛乱的迹象从阿连德当选总统的那一天就已经出现了。如果对这场悲剧进行慢速回放,一些重要的事件包括1970年罗伯托·维奥试图发动政变,几周之后总司令勒内·施奈德遭到暗杀,数名内阁成员被弹劾,中情局资助卡车工人罢工并使智利经济在1972年陷入瘫痪,1973年6月第二装甲团发动了一场失败的叛乱。但最重要的事件是国会下院通过了一项决议,使武装力量于1973年9月11日发动的政变具备了正当性。多数议员指控阿连德政府试图推行极权主义政体,系统性地忽视法院的判决,从而违反了智利宪法。国会的声明最后呼吁武装力量终结"不合法的"阿连德政府。在接下来的几年中,皮诺切特及其同盟反复声称,从法律的角度看,下院的决议为他们罢免依据宪法选举的总统开了绿灯。[31]

从1973年9月11日开始,对于这场使皮诺切特掌握大权的军事政变以及随后实施的芝加哥小子的改革,分析家、学者和新闻媒体都在探究美国在其中扮演了何种角色。毫无疑问,尼克松政府并不愿意见到阿连德当选。亨利·基辛格在其回忆录中写道,"阿连德当选总统对我国的利益提出了挑战……我们确信它将很快……与古巴联合起来,迟早会与苏联建立密切的联系"。[32]根据美国政府已经解密的信息，在阿连德当选后，华盛顿为智利的反对派政党和组织提供了资金支持。比如，1973年3月14日，中情局一份来自圣地亚哥的秘密备忘录表明，基督教民主党有效地利用了美国的资金支持，保守的民族党（National Party）组织涣散，浪费了中情局的援助资金。㉝美国参议院研究政府情报活动的特别委员会，即众所周知的以其主席弗兰克·丘奇（Frank Church）参议员的名字命名的丘奇委员会（Church Committee）得出的结论认为，中情局参与了阻止阿连德担任总统的早期行动，即1970年罗伯托·维奥发动的政变。然而，在审查了数以千计的秘密档案和电报之后，委员会断定没有证据支持中情局是9月11日叛乱的直接幕后黑手的观点：即使对于中情局在多大程度上支持了皮诺切特及其同谋者，也仍然存疑。正如福柯、罗森斯坦－罗丹以及其他人指出的那样，阿连德的经济政策毫无疑问是一次失败的尝试。

第二篇

芝加哥小子与皮诺切特的独裁统治：1973—1990年

第4章
奥古斯托·皮诺切特的军事政变与芝加哥小子的改革计划

1973年9月11日破晓时分,一支海军舰队提前结束海上训练,返回了港口。各艘战列舰缓慢前行,无线电处于静默状态,并将灯光全部关闭。这些战列舰刚一停靠在瓦尔帕莱索(Valparaíso)的码头,海军陆战队立刻登陆,控制了政府大楼和关键的基础设施,比如发电厂、电信公司、电视台和广播电台。人民团结阵线联盟的很多支持者长期担心的政变终于拉开了序幕。①

早上6点,萨尔瓦多·阿连德总统得知在瓦尔帕莱索以及其他主要港口发生的这一事件。②他最初的反应是,智利海军是在单独采取行动,由奥古斯托·皮诺切特将军领导的智利陆军将会捍卫依据宪法成立的政府。总统试图联系皮诺切特,但是无论如何也找不到这位将军。他也无法联系上掌控武装力量其他分支的各位司令官。上午7:35,在"私人朋友卫队"(Group of Personal Friends)③几名保镖的保护下,阿连德抵达拉莫内达宫,在那里他略感欣慰地看到著名的武装警察部队护卫着总统官邸以及圣地亚哥市中心的其他政府建筑。内阁成员和其他助手也来到阿连德身边,包括思想家费尔南多·弗洛雷斯。总统再次试图联系皮诺切特,但是徒劳无功。

他担心叛乱分子已经将这位总司令逮捕入狱,在某个时候,他曾经告诉身边的人,"可怜的皮诺切特,他肯定已经被逮捕了"。与此同时,国防部长奥兰多·莱特列尔被自己的侍从扣押并监禁。④这位温文尔雅、富有魅力的律师三年后在华盛顿被暗杀。

至上午8:20,很明显皮诺切特已经背叛了总统,正是他领导了这次叛乱,尽管这位将军曾经多次宣称自己支持智利宪法。政府处于孤立无援的境地,只得到2 500名强大的武装警察的支持,并且在他们中间,可能并非所有人都站在阿连德这一边。8:25,总统决定动员"人民"保卫政府。在一篇简短的电台演讲中,他要求工人聚集到他们的工作场所,特别是那些已经被政府接管的工厂,然后准备向总统官邸进发。他还告诉他们要小心谨慎,面对挑衅行为要保持冷静,不要让自己陷入不必要的危险之中。⑤

8:42,大多数电台都转发了一份声明,告诉民众军队已经接管了政府。军政府强迫总统放弃自己的职位。一架飞机供他使用,他和他的家人可以流亡到一个自己选择的国家。这份声明还加上了一句,"工人们可以放心,他们的社会和经济要求不受这次政变的影响"。十分钟之后,阿连德在共产党的麦哲伦电台(Radio Magallanes)发表讲话,声称他已"做出最后的决定",将会留在总统官邸,并捍卫宪法。⑥

武警部队突然倒戈,加入了叛乱的队伍。保卫总统官邸的绿白色莫洛瓦格反骚乱轻型坦克转身而去,离开了拉莫内达宫北侧的宪法广场。总统的孤立无援昭然若揭。只有30人左右的支持者还伴随在他左右,包括他的保镖以及一些内阁成员和医护人员。他戴上了一顶头盔,手持一支AK47自动步枪,在各个房间之间来回移动。这支步枪是菲德尔·卡斯特罗为庆祝阿连德生日而送给他的礼物。

9：15，海军上将帕特里西奥·卡瓦哈尔（Patricio Carvajal）——政变领导人之一，也是未来军政府的外交部长——发出了最后通牒，要求拉莫内达宫交出阿连德，如果总统不辞职，战斗机将准时轰炸总统官邸。阿连德没有动摇，拒绝投降，在10：37，他发表了最后一次电台演讲。他在结尾时说道，"祖国的工人们，我坚信智利拥有光明的未来。其他人将会熬过这段灰暗而艰辛的时光，叛国者必将作茧自缚。你们应该知道，我们需要尽早开辟出康庄大道，让自由的人们走向一个更美好、更公正的社会"。⑦

11：52，两架霍克猎人战斗机轰炸了总统官邸，而在此之前，这里已经遭受了部署在宪法广场的坦克的重火力攻击。拉莫内达宫建于19世纪的厚墙抵抗住了一轮又一轮猛烈的炮火。这栋建筑的大多数房间都被熊熊大火吞没了，到处滚滚浓烟，人们几近窒息，一些墙壁最终开始倒塌。总统知道抵抗是毫无希望的，于是同意投降。听到这一消息，他的首席媒体顾问，也是他的老战友，奥古斯托·奥利瓦雷斯（Augusto Olivares）用一把乌兹冲锋枪瞄准自己的头部自杀了。⑧阿连德感到绝望，但是没有时间为此悲痛。他把那些仍然陪伴着他的人召集在一起，告诉他们必须离开这里。他们应该站成两排，女人站在第一排，男人跟在后面。他说，应该有人拿上1810年《独立宣言》的原稿，这份神圣的文稿当时正在拉莫内达宫展览。他不希望这份文稿在这栋建筑中被烧毁。

嘈杂的枪炮声使得这些忠于阿连德的人很难相互交流，呼吸都很困难。阿连德让一位私人朋友卫队的保镖将一条医护人员的长衫作为白旗，引导着这群人走向这栋建筑通往莫兰德大街的东侧出口。他与其中一些人握手并拥抱，还亲吻了人群中几位女士的额头。在最后一名助手走向通往东侧门的楼梯之后，阿连德总统坐在一张沙发上,然后用他的AK47步枪自杀了。枪托的铭牌上写着,"献给萨尔瓦多·阿连德,您的战友菲德尔·卡斯特罗"。

这一刻,时间定格在1973年9月11日下午2：34。

下午3：15,消防员被允许进入这栋建筑,扑灭熊熊大火。我的朋友亚力杭德罗·阿蒂加斯（Alejandro Artigas）是第一消防站的一名中尉,他与其他人一起,首先爬上楼梯,来到总统办公室所在的第二层。阿蒂加斯拿着手电筒一个房间一个房间搜寻,以确保没有人被倒塌的墙壁困住。由于浓烟和大火,他小心翼翼地挪动步伐。当他进入这栋建筑东侧一间装饰华美的小办公室白屋（White Room）时,看到死去的总统躺在沙发上。那支AK47步枪滑落在地板上,就在总统的脚边。这幅场景让亚力杭德罗·阿蒂加斯终生难忘。他不愿意提及这段往事,在他不得不讲述时,总是语速缓慢,语调轻柔。

芝加哥小子加入军政府

军事政变爆发三天之后,作为军政府领导人之一的海军上将何塞·托里维奥·梅里诺召见了芝加哥小子中资历最深的塞尔希奥·德·卡斯特罗。这位将军与他握手,然后告诉德·卡斯特罗,他被任命为新任经济部长鲁道夫·冈萨雷斯（Rodolfo González）将军的高级顾问。德·卡斯特罗立即明白,这不是为他提供了一份工作,而是一项军事命令。他的第一项任务是设计一个方案,使经济正常运行起来。将军解释说,1972年的经济衰退达到创纪录的水平,民众需要重新回到工作岗位。德·卡斯特罗还要想方设法降低通货膨胀,当时的通胀率已经将近700%。他头脑中立刻浮现出一个想法。这个想法简单直接,但是对完全不了解神秘的经济学的人而言,是违反直觉的。德·卡斯特罗认为,为了抑制通货膨胀,首先必须放开数以千计的价格,之前人民团结阵线联盟以强硬的手段严格管控这些价格。在达到均衡水平之前,这些价格确实会猛涨,但是,要想让精妙而强大的信号体系重新发挥作用,就必须这样做。只有这样,才能通过控制公共部门的赤字和货币供给来解决通货膨胀问题。⑨

几乎所有人都会对眼前的任务望而生畏,但是德·卡斯特罗并不畏惧。这是因为在过去几个月中,他和几位同事,其中多数是芝加哥小子,已经为智利的未来准备好了一份蓝图。这是一份改革智利经济的计划,将引入市场力量,降低进口关税,平衡政府预算,将国有企业私有化,消除通货膨胀以及加强制度和法治。在某些方面,这份报告与1970年为保守派总统候选人豪尔赫·亚历山德里准备的文件非常相似。然而,这份新建议的改革措施更为深入,因为芝加哥小子们相信,阿连德执政时期的经济崩溃需要一场大手术来应对。

这份报告的正式标题简单平实,甚至有些平淡无奇,即《经济发展计划》(A Program for Economic Development)。它没有注明作者是谁,也没有说明出自哪个机构。但是,几位读过这份报告的人都猜测,它出自与天主教大学有关联的一群芝加哥小子之手。这份用宽8.5英寸*、长11英寸的纸张打印的报告只印制了有限的几份。报告涵盖的内容很多,有几英寸厚,正是由于它的厚度,看过这份报告的人戏称它为"砖案"。人们已经不记得它的正式名称,但是自此之后这个绰号被流传下来。在塞尔希

---

* 1英寸≈2.54厘米。——编者注

奥·德·卡斯特罗的传记中，作者引用了德·卡斯特罗的话，说他第一次见到新任经济部长冈萨雷斯将军时，对方手上就拿着这份报告。[10] 此时这位将军还不知道，他的这位新顾问就是这份文稿的主要作者。随着时间的推移，这份报告指引了发展中国家一场最为深刻的经济革命，也是一场新自由主义革命。[11]

在早些年间，围绕着砖案有很多传闻，比如它接受了美国中情局的资助，或者米尔顿·弗里德曼和阿诺德·"艾尔"·哈伯格在撰写过程中提供了帮助。1992年，在砖案被提交给军政府将近二十年之后，作为一家与天主教大学和芝加哥小子联系紧密的亲市场智库，智利公共研究中心（Centro de Estudios Públicos）将这份报告以专著的形式出版，塞尔希奥·德·卡斯特罗为其撰写了序言，并在其中讲述了报告诞生的经历，说明它是如何以及何时被撰写的，还有哪些人撰写了不同的章节。[12]

1972年12月，退役海军军官罗伯托·凯利在瓦尔帕莱索见到了海军上将何塞·托里维奥·梅里诺，后者当时是智利海军的第二号人物，也是这场政变的早期策划者之一，而凯利是爱德华兹集团（Edwards Group）的总裁。凯利问自己的这位朋友，鉴于当前的危机如此严重，海军是否正在考虑推翻阿连德政府。梅里诺同样认为经济形势一片混乱，通货膨胀率已经高达500%，实际工资大幅下降，罢工此起彼伏，黑市猖獗。但是他说，正是由于经济状况非常糟糕，军队不愿意发动政变。陆军将领和海军将领担心，政变会使经济进一步下滑，他们会因此遭到谴责。凯利立刻想到了埃米利奥·圣富恩特斯以及公共研究中心这家智库，他告诉梅里诺将军，他可以请一组经济学家秘密准备一份经济复苏和改革计划。不仅如此，他还可以在90天之内完成这份报告。

凯利说，共和国已经时不我待，这艘船正在下沉。

在接下来的几个月内，在塞尔希奥·德·卡斯特罗和埃米利奥·圣富恩特斯的领导下，一个由11名经济学家组成的小组致力于为智利的未来拟定一份计划。他们的日常工作非常简单，几乎每个夜晚都在新闻周刊《此时此刻》（*What's Happening*）的办公室开会，讨论相关的策略和政策。每个人负责特定的一章。德·卡斯特罗将这些素材收集起来，按照统一风格撰写一份政策建议。初稿是在信息技术（Informatec）咨询公司的办公室打印的，这家公司的领导者是经济学家塞尔希奥·安杜拉加。他是天主教大学的一名毕业生，交际广泛，为制造业发展协会工作，后者是一家私人部门的贸易协会。

表4.1提供了直接参与砖案写作的11名经济学家的名单。其中9位获得了芝加哥大学的硕士学位，7位获得了天主教大学的学士学位，4位来自智利大学。他们中有8人在独裁统治期间身居高位，包括两位内阁成员，即巴勃罗·巴劳纳和塞尔希奥·德·卡斯特罗。就其政治观点来看，有7人绝对属于政治光谱的右翼，4人的立场接近于更温和的基督教民主党，但是强烈反对人民团结阵线组成的政府。后者包括阿尔瓦罗·巴登、安德斯·圣富恩特斯（Andrés Sanfuentes）、胡安·韦尔纳扎（Juan Villarzú）和何塞·路易斯·萨瓦拉（José Luis Zabala）。这些信仰天主教会社会信条的中间派经济学家的加入，可以解释为何砖案中有关产业组织的一章提到了创建南斯拉夫式企业的可能性，在这样的企业中，工人拥有所有权并积极参与企业的管理。正如塞尔希奥·德·卡斯特罗在其官方传记中提到的，将这种所有权形式包含在内，是让基督教民主党人积极参与这项计划的唯一方法。[13]

表 4.1 参与砖案撰写的经济学家

姓名	研究领域/教育背景	在砖案中负责的内容	在皮诺切特执政时期的职位
巴勃罗·巴劳纳	天主教大学经济学家/芝加哥大学经济学硕士	农业部门	中央银行行长、经济部长
阿尔瓦罗·巴登	智利大学经济学家/芝加哥大学经济学硕士	总论、贸易	中央银行行长、经济部副部长
胡安·布劳恩（Juan Braun）	天主教大学经济学家/哈佛大学经济学硕士	资本市场	未担任公职，在私人部门工作
曼努尔·克鲁扎特（Manuel Cruzat）	天主教大学经济学家/芝加哥大学经济学硕士	资本市场	未担任公职，一家大型企业集团的主席
塞尔希奥·德·卡斯特罗	天主教大学经济学家/芝加哥大学经济学博士	总负责、思想方法、稳定化政策、价格、贸易	经济部长、财政部长
胡安·卡洛斯·门德斯（Juan Carols Méndez）	天主教大学经济学家/芝加哥大学经济学硕士	税收、财政政策	预算办公室主任
安德烈斯·圣富恩特斯	智利大学经济学家/芝加哥大学经济学硕士	宏观经济学、社会部门	未担任公职，学者，迅速成为一名军方的批评者
埃米利奥·圣富恩特斯	天主教大学社会学家/芝加哥大学经济学硕士	总协调、养老金、社会服务	计划部长罗托·凯利的顾问

塞尔希奥·安杜拉加	天主教大学经济学家	资本市场、养老金	计划部研究主任,智利生产促进会(Corporación de Fomento de la Producción)纽约办公室主任
胡安·韦尔纳扎	智利大学经济学家/芝加哥大学经济学硕士	国有企业、私有化、财政政策、税收	预算办公室主任
何塞·路易斯·萨瓦拉	智利大学经济学家/芝加哥大学经济学硕士	货币政策和财政政策	中央银行研究部主任

芝加哥小子知道砖案是为军方撰写的吗？

大多数参与砖案撰写的人都曾经说过，在形成这份文稿时，他们并不知道这是应一群海军高级军官的要求而准备的，而这些军官正在密谋废除萨尔瓦多·阿连德总统。他们认为，这是为下一届政府准备的方案，尽管他们并不知道什么时候新政府会上台，也不知道上台的方式是通过选举还是其他非民主的方式。在当时，各种流言四处传播，包括阿连德要求通过公民投票的方式决定这一届政府未来的命运。这则流言还提到，如果阿连德在这次公投中失利，他将下台，并举行一场新的总统选举。在这种情况下，最有可能的结果就是前总统爱德华多·弗雷·蒙塔尔瓦当选，在未来六年领导一届新政府。1992年出版的砖案在其序言中提到，"需要指出的是，在这个学术群体中仅有一位（埃米利奥·圣富恩特斯）与我国海军的高层有联系，我们其他人都不明就里。因此，在1973年9月，当得知军政府拥有这份文稿并考虑实施我们的政策建议时，我们极为震惊"。[14]

在2015年的纪录片《芝加哥小子》中，塞尔希奥·德·卡斯特罗坚持这一观点，并且声称他并不知道这份文稿是为谁准备的。他还提到，一些参与者认为军方的高级官员可能会阅读这份报告，但是他们并不知道是否确实如此。[15] 2021年6月，我采访了塞尔希奥·安杜拉加，1973年砖案正是在他的办公室打印的。安杜拉加做了类似的陈述，并且指出在1972年晚些时候，他和阿尔瓦罗·巴登一直在撰写报告，还为国会中的反对派议员提供建议，包括基督教民主党参议员何塞·穆萨莱姆（José Musalem）和前总统爱德华多·弗雷·蒙塔尔瓦。他告诉我，"在某种程度上，我们将砖案视为这些报告的扩展版，一份范围更广泛的报告，也是一份包含了多个部门、内容前后一致且篇幅更长的文件"。他还告诉我，没有人因为这份工作而获得报酬，相关的成本微不足道，差不多就是印制最初25份文稿所用的纸张。⑯

然而，这个故事还有另外一个版本。在1988年关于皮诺切特和这些改革的一本专著中，记者阿图罗·方丹·阿尔杜纳特（Arturo Fontaine Aldunate）提到，在1973年5月的一个周末，参与砖案写作的多数经济学家见到了退役海军军官和爱德华兹集团的总裁罗伯托·凯利，讨论这个方案的进展情况。凯利告诉他们，这是一项紧急任务。他强调，政治局势随时都可能发生重大变化。方丹写道，

> 完成初稿所用的时间比预计的更长。当埃米利奥·圣富恩特斯讲到这份计划是军方干预智利政治前途的必要条件时，其中一些经济学家并不相信他所讲的话。海军军官对凯利施加压力，后者决定在度假胜地比尼亚德尔马召集这些经济学家开会。他们在圣马丁旅馆住了一晚。就是在这里，这份计划最终成形……埃米利奥·圣富恩特斯根据这些讨论形成了一份有五页纸内容的备忘录，并交给凯利。然后，后者将它交给了（现役）司令官阿图罗·特龙科索（Arturo Troncoso）。⑰

这份报告的作者以及埃米利奥·圣富恩特斯是否知道罗伯托·凯利仅仅是海军高级军官的中间人，这是一个永远都无法彻底弄清楚的谜题。⑱ 我自己的猜测是，圣富恩特斯向其他人披露

过这条信息，即使并非所有人，也至少有一些参与者明白这份文件最后的使用者是军方的活跃分子，后者正在认真考虑将萨尔瓦多·阿连德总统赶下台。[19]

芝加哥小子的改革蓝图：解构

从今天来看，砖案中的政策建议看上去中规中矩，相当温和。其中没有任何激进的内容，大多数建议的改革措施读起来就像是社会民主党政策的组合，只有养老金改革可能是一个例外。文稿中列出了这项计划的八个目标：（1）在一个民主政治体制内加快经济增长速度；（2）消除极端贫困；（3）为穷人提供社会保障，特别是为儿童和老人；（4）确保每个人都可以获得平等的机会；（5）努力利用生产性岗位而非臃肿的政府官僚机构实现充分就业；（6）实现价格和政治的稳定；（7）借助于一个能够产生足够外汇的体制，将对外国援助的依赖降至最低水平；（8）下放行政管理权。

仔细考察这份文件就会发现，它并不能作为所谓的新自由主义革命的基础。后来，芝加哥小子意识到皮诺切特赋予了他们大量权力，这些权力使他们能够推动更为深入的改革，在很多领域扩大市场的作用，而此前市场在这些领域毫无用武之地。独裁统治持续了很长时间，接近17年，这让他们可以进行实验和试错，尝试一项又一项政策，在越来越多的领域让市场发挥作用。

砖案包含了14个特定的政策领域，包括价格体系、贸易政策、私有化、放松管制、提供医疗服务、老年人的养老金、农业、工业化和教育等。表4.2归纳了这份文件的内容，并提供了很多细节。第一列代表的是14个政策领域，第二列描述了1973年初稿给出的具体建议，第三列提供了一些信息，以说明在皮诺切特独裁时期每项政策实际上是如何实施的。比较第二列和第三列的内容就可以发现，随着时间的推移，芝加哥小子有胆量实施更勇敢、更深入的政策。至于在整个独裁时期实际政策是如何演变的，请参见第5—9章的内容。

在说明这项计划背后的一般原则时，德·卡斯特罗、圣富恩特斯及其同事建议创建一个将市场与少量分权化的计划相结合的经济体系，这与美洲进步同盟倡导的风格有很多相似之处，进步同盟由约翰·肯尼迪政府在1961年创立，旨在消除古巴革命造成的影响。以下引文有助于理解砖案最初的精神："（我们推荐的）分权化计划体制必须确保市场的正常运行。这意味着本国有必要通过致力于实现有效资源配置的全局政策，发挥积极的作用……这类体制无疑完全不同于上世纪的古典资本主义，后者的特征是被动的政府政策。"[20]

这里提到了19世纪不受约束的古典资本主义，并对它予以摒弃，这与沃尔特·李普曼在《良好社会》中表达的观点和米尔顿·弗里德曼在《新自由主义及其前景展望》中发表的评述是一致的。弗里德曼在这篇文章中写道，有必要纠正"19世纪个人主义思想的一个基本错误"，这种思想"认为国家几乎完全没有作用"。[21]与莫里哀笔下夸夸其谈但实际上一知半解的平民贵族一样，芝加哥小子进入了真正的传统新自由主义的领地却毫不知情，他们丝毫没有意识到，他们极力推行的模式在未来将被贴上"新自由主义"的标签，并引发极大的争议，有些人对此赞誉有加，有些人则恨之入骨。

表 4.2 1973 年砖案中的政策建议与 1973—1990 年军政府时期政策实施的比较

政策领域	1973 年砖案中的政策建议	1973—1990 年军政府时期实施的政策
分权政策	以"分权化的"计划代替严格管控的计划 依靠市场配置资源 由"中间组织"提供社会服务 减少繁文缛节 缩小政府控制的范围	在几乎每个层次上都引入了市场机制 放弃中央计划,以支持政策协调 "中间组织"成为社会政策的关键支柱,这被写入了 1980 年的智利宪法
贸易政策和汇率	以关税代替数量限制和许可证 降低进口关税至约 30% 的统一关税税率 重新评估智利在管制贸易区域协定中发挥的成员资格作用 认识到汇率在国际贸易中发挥关键作用 实行"符合现实的"实际汇率,以鼓励出口 智利比索频繁贬值 短期内维持汇率双轨制	数量限制被取消 进口关税迅速统一降至 10%, 1989 年为 15% 智利退出了《安第斯条约》(Andean Pact) 实行小幅贬值的汇率制度(1973—1978 年) 固定汇率制度(1978—1982 年) 爬行钉住汇率制度(1982—1990 年)
资本管制	短期内维持对资本外流的管制 鼓励外商直接投资 中央银行应该对汇率市场进行监管 短期内实行汇率双机制:一个汇率适用于资本流动,一个汇率适用于商品贸易	管制资本流入与流出(1973—1982 年) 1982 年解除了对资本流入的管制 资本流出管制逐步地、有选择性地放松(1982—1990 年)

政策类别	措施	实施情况
价格政策	如果存在国外竞争，则取消价格控制 只对垄断行业实行价格控制 建立促进竞争的政府机构 严厉惩罚合谋和垄断行为	除了30种"基本品"以外，取消了所有的价格管制（1973年） 受管制的价格减少到18个（1976年） 所有商品价格自由定价（1978年） 公共服务价格根据特定的资本回报率来确定 就促进进口商品价格降低的自由贸易协议进行谈判
反通胀的货币政策和财政政策	支持经济活动的货币政策，确保价格稳定和充分就业 应当避免由财政政策主导的宏观经济政策 协调货币政策和财政政策 减少公共部门的雇员数量 建立全国薪酬委员会，对工资上涨进行指导，特别是公共部门的工资	财政政策占主导地位，中央银行为财政赤字提供资金（1973—1975年） 与"休克疗法"相一致的货币增速（1973—1978年） 半被动的货币政策，钉住汇率制度（1978—1982年） 致力于斯式反通货膨胀和支现经济快速增长的货币政策（1982年之后）
税收政策	以现代增值税取代销售税 堵住大多数的税收漏洞，取消税收减免 建立以所得税为主的机制，实现收入再分配 通过税法鼓励储蓄和投资 提高遗产税，以分期付款的方式支付	增值税率为20%，而后降至18% 税收体系与通货膨胀挂钩 将企业所得税与个人所得税整合在一起 对留存利润征收的企业所得税率从40%至零（1989年）

第4章　奥古斯托·皮诺切特的军事政变与芝加哥小子的改革计划

（续表）

政策领域	1973年草案中的政策建议	1973—1990年军政府时期实施的政策
资本市场	允许贷款与通货膨胀挂钩 允许运用短期资金的实际利率为正 鼓励新型金融机构，比如贷款公司 创建一个现代化的监管机构 允许国内机构从事国际业务 政府在全球市场上发行债券	鼓励资本市场发展，放松管制；允许成立新的金融机构 允许个人储蓄账户投资于国内企业发行的证券 1980—1982年金融危机和银行业危机之后，加强了金融监管 对中低收入的投资者实行税收减免
社会政策	以消除极端贫困为目标 确保收入低于极端贫困线的家庭获得一定的收入 社会服务的目标应服务于赊贫推债务人 一旦消除了贫困，收入分配就不再是主要的关注对象	定向社会政策 为了瞄准贫困家庭，对家庭的主要生活设施进行社会登记 确保贫困家庭获得一定收入的政策没有得到实施 个人所得税实行累进税制，最高边际税率为40%
养老金	创建统一体系，取代之前的多种体系 将这一体系分为两部分：（1）由一般税收提供资金的基本养老金；（2）个人退休储蓄账户 基本养老金要求有工人代表 养老金基金董事会中要有工人代表 养老金基金投资于新发展起来的资本市场 养老金基金管理公司相互竞争并受到严格监管	创建个人储蓄账户 现有退休人员养老金，即转轨成本，由一般预算支付 养老金缴费人员不进入养老基金管理公司的董事会 在缴费25年之后，领取最低基本养老金有一个等待期 个人储蓄没有等待期 自由职业者和非正规就业者向基本养老体系缴纳养老金，因而也没有养老金储蓄 鼓励自愿的养老金储蓄

医疗服务	对现有低效的国家医疗体系进行分权化改革 国家医疗体系覆盖低收入家庭 高收入家庭可以加入这一体系，并由保险公司支付相应的费用 家庭可以自由选择国家体系还是付费体系（医疗券）	建立了一个双层体系 公共医疗体系覆盖了80%的人口 个人可以使用"医疗保障费/税"作为医疗券，购买私人保险计划
教育	重视"人力资本" 分权：由本地社区负责学校的运转 将高等教育的资金重新分配给基础教育 增加对幼儿园和小学的资金投入 对大学生收取学费 为那些支付不起学费的人提供助学贷款	建立了教育券制度 三层体系：（1）公立学校；（2）得到补贴的私立学校；（3）私立学校 允许建立新的私立大学（1981年） 大学必须是非营利机构 基于高等教育成绩的奖学金制度 用于支付学费的贷款利率很低，并且可以获得补贴
农业部门	征收土地，然后分配给个体农户；国有农场不复存在 取消对农业不利的"有效保护" 小农户极为贫困，优化农户拥有土地的数量 启动现代化的土地市场 为农民提供长期贷款 启动水权市场	结束土地改革，将征收的土地分割成小地块，然后分配给农民 发展土地市场，允许农民出售他们新获得的土地 发展水权市场，水权与土地所有权分离 为植树造林提供补贴，这大多发生在阿劳卡尼亚地区

(续表)

政策领域	1973年砖案中的政策建议	1973—1990年军政府时期实施的政策
私有化与国有企业	资产类型分为四类：（1）国有；（2）联合经营；（3）传统的私人所有；（4）消费者合作社 极少数战略性企业保留在国家手中 联合经营可以涵盖阿连德式的企业 企业被国有化并且资产没有返还的，对企业的所有者予以补偿	对银行、保险公司和制造业企业实施了大规模的私有化 数家大企业仍然保留为国有企业，比如铜矿公司和一些港口 银行首先实施私有化 在1982年银行危机之后，"人民资本主义"允许公众个人参与再私有化
工业部门	进口替代政策走到了尽头 鼓励技术进步和创新 产业政策应该有助于创造就业机会 一些行业蓬勃发展，比如建筑材料和食品行业 发展农业企业、渔业和采矿业以及前景良好的出口部门的产业链	没有特定的政策 成立了出口促进办公室 不救助因国外竞争而无法生存下去的企业 主要通过汇率和税收政策提供支持

注：资料来自德·卡斯特罗（de Castro，1992，第11页）。在军方发动政变时，砖案中有三章内容还没有完成，分别是住房、公共工程和采矿业。胡安·安德烈斯·方丹在2002年为作者提供了富有洞见的评论意见。

贸易自由主义可能是砖案中间道路性质的最佳例证。塞尔希奥·德·卡斯特罗及其同事呼吁取消数量管制，包括进口许可证和配额，按照30%的税率统一征收进口关税。尽管相对于阿尼瓦尔·平托和奥斯瓦尔多·桑克尔等结构主义者推行的进口替代战略，上述举措是一项重大的改变，但是这与自由贸易仍相距甚远。[22]正如表4.2所示，进口关税的削减伴随着实际汇率的大幅贬值，并且采用了基于频繁小幅贬值的汇率制度。米尔顿·弗里德曼在1975年第一次访问智利时，完全赞同这些政策。实施这些政策的目的是避免币值高估，并鼓励非传统商品的出口。鼓励外商直接投资，但是智利是否要继续参与某些区域贸易协定，比如高度倾向于保护主义的《安第斯条约》，则需要重新考虑。根据砖案，资本流动必须受到监管和限制，以避免"资本外逃"和投机行为。在这一点上，芝加哥小子与米尔顿·弗里德曼有明显的分歧，后者自20世纪40年代以来就认为在一个利率自由决定和资本自由流动的世界中，投机者对稳定金融市场发挥关键且积极的作用。

最终的结果表明，实现贸易自由化这一举措的意义极为深远，并且证明了双边自由化就能带来很多的益处，无须等待《关贸总协定》和世界贸易组织推动的一轮又一轮多边协商。至1978年，智利已经取消了所有的进口禁令，废除了对2 872种商品的许可证、配额和预缴保证金的要求。1978年，在芝加哥小子加入政府仅仅五年之后，在自由化方面的举措已经远远超出了砖案建议的范围。进口关税大幅下降，统一执行10%的税率，这只相当于他们初始目标的三分之一，原本的计划是将平均关税率降至30%。从这个角度看，智利有力地验证了国际贸易理

论家贾格迪什·巴格瓦蒂的观点，即实现自由化的最佳策略就是"独自前行"。㉓

　　尽管这份方案中规中矩，很多商界领袖还是对他们读到的内容感到震惊。私人部门的企业已经在一个受控制的体系之下运营了如此之长的时间，以至于它们的决策者对经济自由的理念无所适从，在一个机器设备、要素投入和零部件都可以自由进口的世界中，他们不知道应该如何经营。令他们震惊的还有以下观念：企业可以自主决定生产产品的价格。在自传中，塞尔希奥·德·卡斯特罗讲述了一个早期会见食用油行业代表时发生的故事。企业家们（businessmen）向他提交了一份研究成果，说明价格上涨到某一特定水平的正当性。这里插一句，这些企业家实至名归，他们确实都是男性（men）。德·卡斯特罗说，他不需要这份厚重的报告，然后将它推还给了桌子对面的企业家们。他们脸色铁青。经过长时间的沉默之后，其中一位说，每项投入的成本都增加了，如果军政府否决了他们的提价请求，他会感到非常惊讶。德·卡斯特罗微笑着告诉他们，他并没有否决这项请求，他们可以将价格随意设定在任何想要的水平。然而，他警告他们，如果他们决定设定一个极高的价格，有人就会以较低的价格进口食用油，并以低价与他们竞争。这些人认为他在开玩笑，并一脸茫然地离开了。一周之后，他们带着一份新的并且更为厚重的研究报告回到这里，请求更小幅度的涨价。他们来了三次才意识到德·卡斯特罗是认真的，明白政府将不会再干预价格设定的过程。㉔

不平等、教育和养老金

砖案有一项内容与众不同,即强调通过定向社会保障计划来降低"极端贫困"。降低不平等并非这一方案的目标之一。芝加哥小子们相信,只要生活在贫困线以下的人数减少,收入分配状况如何实际上无关紧要。直到最近一段时期,这一观点仍然得到大多数芝加哥小子的支持。比如,在2015年的纪录片《芝加哥小子》中,曾经被皮诺切特任命为财政部长和经济部长的罗尔夫·吕德斯告诉采访者:"我真的不在意不平等……收入分配问题就是一个关于嫉妒的问题……你能明白我的意思吧?"埃内斯托·方丹曾经在1955年去圣地亚哥的洛斯塞里约斯机场接待由西奥多·舒尔茨领导的最早一批芝加哥大学的来访者。同样在这部纪录片中,他表达了类似的观点:"是的,确实存在不平等,但是底层民众有巨大的改善,他们做得超级棒。"[25] 有关持续的不平等如何成为这一模式的阿喀琉斯之踵,请参见第13章的讨论。

强调定向而非普及或全民社会保障计划,也体现在对教育改革的建议中,即呼吁提供普及性的学龄前与小学阶段的免费公共教育,同时在大学阶段收取全额学费,即使公立大学也是如此,相关内容参见表4.2中"教育"一行的内容。那些负担不起学费的学生有资格按照市场利率申请一部分贷款,并由政府担保。与其他政策领域一样,由于军政府长期执政并压制了不同意见,芝加哥小子得以实施比砖案中的内容更为深入的教育政策。最终,在基础教育和中等教育中,创建了教育券制度,家庭可以利用公共资金支付营利性私立学校的学费。到了20世纪80年代后期,教育体系被分为三部分：（1）纯粹的公立学校；（2）使用教育券和家长"共同付费"相结合的私立学校，其中既有营利性学校，也有非营利性学校，很多与天主教会有关联；（3）纯粹的私立学校。

有关养老金改革的建议无疑是所有推荐的政策中最为大胆的。芝加哥小子建议，用基于个人储蓄账户的养老金体系代替当时极为低效、资金不足和不公平的现收现付体系。工人们每月向他们的个人账户缴费，私人养老金管理公司将这些资金投入分散化的资产组合。在退休之后，个人利用积累的资金购买一份年金，以覆盖他们退休之后的生活费。改革的目标之一是停止对蓝领工人的歧视，与白领相比，他们不得不忍受长得多的等待期方可领取养老金。砖案还强调，基于储蓄的养老金体系将为一个有效率、有深度的资本市场的兴起提供重要激励。企业可以发行股票和债券，这些都将被加入工人的储蓄账户中，帮助他们积累一笔退休后的金融储备金。为了明确这一新体制的"所有权"，芝加哥小子建议工人代表要在养老金管理公司的董事会中占有一席之地。

按照这些思路，养老金改革在1981年晚些时候启动，更具体的细节将在第7章讨论。随着时间的推移，这一体系得到了很多国际分析家和政治家的赞扬，包括小布什（George W. Bush）总统，他们称这一改革为巨大的成功，是利用市场方法处理退休和社会保障等复杂政治议题的典范。但是，事态发展与计划并不一致。养老金最终明显低于这些改革的设计师预期和承诺的水平，我在第14章将对此进行更详细的讨论。到了2015年，以公共管理的养老金体系来代替个人账户，已经成为这一模式的批评者的战斗口号。实际上，在2019年的叛乱以及紧随其后的示威中，终结私人养老金体系是示威民众提出的最重要的要求之一。

2021年，在加夫列尔·博里奇的竞选纲领中，第一项内容就是以结合了现收现付制和集体储蓄并由一个公共机构管理的混合体制，代替现有的个人储蓄体系。

土地分配和土地市场

芝加哥小子在砖案中建议结束土地改革。这项政策是在美洲进步同盟的请求下，于1962年由豪尔赫·亚历山德里的保守主义政府执政时期启动的，但力度并不大。在基督教民主党执政时期（1964—1970年），土地再分配政策加快实施，并在萨尔瓦多·阿连德执政时期力度显著增强。

对于塞尔希奥·德·卡斯特罗及其同事而言，问题并不在于有太多规模极大的农场或者大庄园，它们的所有者基本在外地，经营状况糟糕。对他们来讲，需要解决的主要问题是缺乏运转良好的市场，以及由结构主义者推动的进口替代战略要求实行保护主义政策，从而导致了价格扭曲。芝加哥小子假定大多数的地块都太小了，因此从长期看是无法盈利的，有必要将地块合并在一起，而这只有在拥有一个有效率的土地市场、水权市场和农产品市场的情况下才能实现。他们主张，应该允许农民找到自身天生的比较优势，这是极为重要的。这意味着补贴不应被用于不切实际地鼓励种植某种特定的作物，而这种作物是由坐在首都办公室的官僚选择的。

芝加哥小子进一步论证，如果对化肥和农业设备征收低进口关税，同时将汇率确定在"有竞争力的"水平，很多农民将会放弃耕种传统作物，转而生产价值更高的出口产品，并将它们出售给发达国家。他们断言，智利能够生产高品质的桃子和梨以及其他农产品，这些农产品在欧洲和美国处于供给淡季时可以卖出高价。随着时间的推移，这成为现实，到21世纪初，智利成为世界上最成功的水果生产国之一，比如浆果、车厘子和鳄梨。然而，这一模式的批评者认为，出口战略有几个局限。首先，他们断定农产品出口的增加值较低，智利无法通过出口农产品创造一个坚实可靠的制造业阶层。当然，这与20世纪四五十年代的观点非常相似，正是这些观点促进了以高度保护主义为基础的进口替代战略的兴起。其次，批评者认为水果出口，更具体地说，也就是车厘子和鳄梨出口，与水资源出口无异，由于气候变化，这种资源会变得越来越稀缺。

通货膨胀和宏观经济政策

砖案中对货币政策和财政政策的建议密切相关。第一步是承认通货膨胀会扭曲价格体系，产生代价高昂的恶性循环：财政赤字引发通货膨胀，这反过来通过侵蚀税收，使财政赤字进一步增加，进而导致更严重的通货膨胀。根据砖案，解决这个问题的两个重要工具是征收增值税和税收体系的指数化。一旦财政赤字得到控制，中央银行就不必为政府提供资金，从而能够实施基于规则的货币政策，就像米尔顿·弗里德曼所提倡的那样。

关键是终结了智利财政政策占主导地位的历史。1963年，阿尔伯特·赫希曼（Albert Hirschman）发表了一篇论文，详细分析了智利从19世纪后期至1962年的通货膨胀。赫希曼使用的数据清楚地表明，智利历史上的通货膨胀是螺旋式上升的。从1880年至1900年，平均每年的通胀率为5%，在20世纪五六十年代，升至36%。赫希曼并非特别赞同弗里德曼和芝加哥经济学派的观点，他承认印钞发挥了关键作用，但是他话锋一转，认为如果要使中央银行停止印制过多的货币，必须解决有关分配的斗争。赫希曼在其分析中，考察了智利反复出现的货币危机和失败的稳定化政策，进而得出结论，每次失败的尝试都涉及精英之间就政府预算分配发生的斗争。在这些斗争中，地主对抗实业家，重工业对抗轻工业，出口商对抗进口商。㉖

"艾尔"·哈伯格有关通货膨胀的研究影响了砖案对通货膨胀和货币与财政等宏观经济政策的讨论。1963年，他发表了一篇重要的论文，题目是《智利通货膨胀的机制》。论文一开始就写道，"（智利）通货膨胀的历史很悠久，实际上一直都是如此。在不同时期，它的通胀率有很大差异，因此，这可以用来验证各种理论，根据这些理论，发挥作用的不仅有价格水平，还包括价格的变化速度"。在这项研究中，最引人注目的一点就是，它明确地分析了哈伯格提出的"两个极端的假说……一个否认工资变化有任何真正的解释力，另一个否认货币供给的变化有任何真正的解释力"。哈伯格的研究结果表明，两个极端的假说都没有得到数据的完全支持。他发现在所研究的时期内（1939—1958年），智利的货币变化和工资水平对推动通货膨胀并使之持续下去都发挥了一定的作用。哈伯格在其结论性评述中写道："这些结果表明，工资变量的重要作用之一实际上是作为通货膨胀从一个时期传到下一个时期的'传送器'，它反映了之前货币供给的扩张，并导致下一时期的货币扩张。"㉗

———

  1973年12月13日,芝加哥小子被召集到政府,此时,他们并不知道如何将砖案中的计划付诸实施。他们中只有几个人曾经在公共部门工作,而且没有人担任过决策者或者高级官员。他们很快就会明白,在象牙塔中夸夸其谈与在实践中使数十年来已有的政策改弦易辙,有多么不同。

第5章
1975年米尔顿·弗里德曼的访问与休克疗法

1975年3月21日,世界上最有名也最好争辩的经济学家米尔顿·弗里德曼与奥古斯托·皮诺切特将军在圣地亚哥会晤了一个小时。在这次会见中,弗里德曼告诉皮诺切特,智利根除通货膨胀的唯一方法就是采取"休克疗法",其方式是"将每个单独的(预算)项目都大幅减少25%"。① 当时智利的年通货膨胀率已经接近350%。弗里德曼指出,智利的通货膨胀是由货币超发导致的,这是一个教科书般典型的案例。财政赤字达到了GDP的10%,其资金完全来自印钞,公共部门持有的货币存量接近总收入的3%。粗略的计算表明,为如此庞大的赤字提供资金,"通货膨胀税"几乎达到每年330%,这个数字与实际的通货膨胀率非常接近。② 弗里德曼警告这位将军,休克疗法在短期内将会以高失业的形式付出巨大的代价。然而,他预期"极为困难的过渡时期将是短暂的,也就是几个月的时间,接下来的复苏将非常迅速"。③

弗里德曼还告诉皮诺切特,为了实现持续的增长、减贫以及最终的全面繁荣,采用自由市场体制是唯一的出路。④ 他断言,全面改革计划应当包括使智利经济参与国际竞争、大规模地放松管制、利率和所有价格自由决定、将国有企业私有化、改革劳动法规以便使雇用和解雇更为迅捷，以及取消对所谓战略性部门中特定行业的补贴。其中很多建议已经体现在砖案中，尽管弗里德曼并没有读过这份文件，甚至可能并不知道有这样一份文件。

弗里德曼为精英做报告

在会见皮诺切特两天后，弗里德曼面对数百名商界人士做了一次公开演讲。这次讲座由芝加哥小子罗尔夫·吕德斯组织，他当时是智利一家最具活力和进取精神的企业集团的执行副总裁，即智利抵押银行。[5]在演讲中，弗里德曼大致重复了曾经告诉过皮诺切特将军的那些话：智利的业界巨头对他们听到的内容极为担忧，他们拒绝放弃渐进主义的方法。在经历了数十年严重的政府干预之后，他们极力逃避政策的突变。将要实施的休克疗法以及贸易和金融的快速改革让他们大惊失色。他们担忧快速变革可能带来的后果，军方高级军官中少数强悍的骨干分子同样如此。相反，弗里德曼的演讲让芝加哥小子欢欣鼓舞。一位世界知名权威最终公开支持了他们的想法，并向精英们解释了尽快实施这项改革将会带来就业、增长和繁荣。芝加哥小子希望，弗里德曼能够促使军方内部的权力平衡向有利于他们的方向倾斜，并且皮诺切特最终会选择自由市场而非政府干预，后者得到了一些陆军和空军将领的支持，而海军在初期是支持市场化改革的。

弗里德曼演讲之后的问答环节反映了商界领袖的情绪。一位听众表示，对财政政策实施休克疗法会导致失业大幅增加，这是一场智利无法承受的真正的"地震"。弗里德曼的回答简单明了，他着重指出了生产性就业和非生产性就业的区别:"让我们假定公共部门有20%~25%的公务员被解雇了。在这种情况下,有谁能够给我解释一下这为何导致皮鞋的产量会降低25%,或者生产的面包会少一片,衬衣会少一件?正如你看到的,问题是这些受雇于国家机构的人是非生产性的,他们对智利可以获得的商品和服务的数量没有任何贡献。"⑥

另一个问题与金融部门改革、高利贷和投机行为有关。弗里德曼回答说,投机在市场经济中发挥着重要而积极的作用:"投机只是一个词语而已,这并不意味着它对应于某种糟糕的东西。"然后又有人问他,资本市场是否应该完全自由化,还是应该受到管制。弗里德曼的回答是,金融市场应该"完全自由化",让民众可以自由地签订合约。政府唯一的作用是确保不存在欺诈行为。另一位与会者问弗里德曼,怎么看待每个月15%的利率,他回答道,真正的问题是通货膨胀;如果价格以每个月15%的速度上涨,那么15%的利率并不高。⑦图5.1摄于1978年,即弗里德曼会见皮诺切特并向他推荐休克疗法三年之后,大多数年长些的芝加哥小子都出现在了这张照片中。

至于他建议的调整和改革计划总体上需要付出多大的成本,弗里德曼说,"智利的基本问题有两个,即通货膨胀和形成一个自由市场(体制)。这是两个不同的问题,但是它们之间是有关联的,因为你使自由市场的力量强大起来的速度越快,转型也就越容易……不要误会:你不可能不付出任何代价就终结通货膨胀……实际情况简单明了,即智利'身患重症'。一个病人无法轻而易举地就恢复健康……我必须强调一个极为重要的事实:毫无疑问,智利的问题具有'智利制造'的特点"。⑧

图5.1 从左至右：芝加哥小子塞尔希奥·德·卡斯特罗、塞尔希奥·德·拉·夸德拉、巴勃罗·巴劳纳和阿尔瓦罗·巴登，照片摄于1978年左右

资料来源：《三点钟报》图片档案。

还有一些关于贸易改革的问题。一位与会者问道，一个穷国的制造业企业能否在国际上与其他国家的企业竞争。弗里德曼的回答反映了他对自由贸易带来的益处拥有坚定的信仰，他极力强调，自由贸易改革必须辅之以适当的汇率政策（有关这一议题的详细讨论，请参见第9章）：

> 如果汇率是恰当的，智利的企业当然能够在世界上占有一席之地……（人民团结阵线执政时期）资本遭到了破坏，这意味着你是一个穷国。但是穷国也能参与竞争……尽管在1948年一切从头开始时，日本大多数工厂的损毁要比智利严

重得多，但是它后来确立了令人难以置信的国际地位，难道不是这样吗……我不得不说，这个问题背后的想法有一个根本性的错误：它没有认识到，不管相对技术水平和生产状况如何，在使一个国家能够与其他国家展开竞争方面，汇率扮演着至关重要的角色。⑨

问答环节持续的时间超过了一个小时。总共提出了22个问题，一些人惊讶于弗里德曼的言论，也有一些人公开反对。弗里德曼以其久负盛名的教导能力解释了为何在他看来，成本高昂的调整期将是短暂的。最后，他重申，智利将会成为一个更好的国家，并以稳定的方式不断壮大。他列举了大量其他国家的经验作为例证，大多数来自德国、日本和二战之后的美国。在某个时候，弗里德曼有些恼火，他说自己明白为何听众中有这么多人反对改革计划："很少有商人真的相信自由企业，他们自己常常就是自由企业最恶劣的敌人之一。每个商人都喜欢让其他人自由竞争，却不喜欢自己身处其中。"⑩

弗里德曼还为来自军方所有分部的一群军官做了一次讲座。大约200人聚集在埃迪菲西奥·迭戈·波塔莱斯（Edificio Diego Portales）的圆形露天剧场。这栋建筑当时是军政府的所在地，作为总统官邸的拉莫内达宫由于在政变期间遭到了炮轰而正在重修。弗里德曼注意到，他们的座位完全按照军衔排列，海陆军上将坐在前排，然后是准将、上校和少校。他在自己未出版的回忆录中写道，他费了很大的力气才让这些军人发出了一些笑声。他好奇这是由于他们的英语水平较为有限，还是由于智利军人全都缺乏幽默感，或者说可能智利人普遍如此。⑪

弗里德曼的访问标志着智利经济史上的一个分界点，即可以分为弗里德曼之前的时期和弗里德曼之后的时期。直到这时，皮诺切特还没有决定是支持芝加哥小子的改革方案，还是支持一群民族主义官员和有影响力的商人珍视的国家资本主义模式，这些商人由于保护主义而发财致富。在他的多次谈话、演讲和会见中，弗里德曼热情洋溢，表述清晰，从而使皮诺切特确信最佳策略就是实施一次重大的财政休克疗法，辅之以市场化改革。然而，皮诺切特对芝加哥小子的支持是有条件的，因为他仍然对普通民众心怀戒备，特别是对经济学家。为了制衡他自己的经济团队，皮诺切特决定创建一个与之平行的经济顾问委员会，成员都是军方高级官员，这些官员从国家安全的角度审视所有事务。这个委员会简称为"顾问委员会"，在私有化、劳动市场和养老金改革、工会的作用和汇率政策等相关议题上，委员会成员经常与芝加哥小子发生冲突。

弗里德曼和1975年的休克疗法

1975年4月12日，在弗里德曼来访之后大约一个月，政府宣布将重新致力于降低通胀，并增强私人部门在经济中的作用。这项经济复苏计划在各个方面都遵循了弗里德曼的反通胀建议。本币支出大幅下降了15%，外币支出减少了25%。皮诺切特要求自己的财政部长豪尔赫·考阿斯负责落实力度极大的稳定计划。考阿斯毕业于哥伦比亚大学，曾经担任天主教大学经济学系主任。尽管他没有在芝加哥大学接受过培训，却是最重要的"芝加哥小子荣誉成员"之一，并全心全意地接受弗里德曼和芝加哥学派的教导。⑫在复苏计划公布八天之后，皮诺切特改组了内阁，任命塞尔希奥·德·卡斯特罗为经济部长。属于芝加哥小子的时刻到来了，他们实施自己计划的可能性显著提高。

在接下来的几个月中，越来越多的芝加哥小子加入了不同层级的政府，担任各种职务。塞尔希奥·德·拉·夸德拉在芝加哥大学时是哈里·约翰逊的学生，他从美国返回智利，领导了贸易自由化改革。胡安·韦尔纳扎成为预算办公室主任，此后又被胡安·卡洛斯·门德斯取代。1975年，巴勃罗·巴劳纳成为中央银行行长，1976年他接替了塞尔希奥·德·卡斯特罗经济部长的职务，而德·卡斯特罗到财政部就职。1976年，阿尔瓦罗·巴登掌管中央银行，何塞·路易斯·萨瓦拉和塞尔希奥·安杜拉加在中央银行和计划办公室（Office of Planning）主导金融改革。埃内斯托·方丹以顾问的身份创建了一个雄心勃勃的公共投资评价体系，非公共部门的投资无论规模大小都获得了批准，除非难以满足严格的社会回报率要求。在设计这一体系时，方丹主要依靠芝加哥大学阿诺德·"艾尔"·哈伯格开发的分析框架。⑬一群更年轻的芝加哥大学毕业生在政变时刚刚回到智利，他们在改革社会服务体系时发挥了根本性的作用。这群人包括华金·科尔特斯（Joaquín Cortez）、阿尔瓦罗·多诺索（Álvaro Donoso）、恩里克·戈德法布（Enrique Goldfarb）、玛莉亚·特蕾莎·因凡特（María Teresa Infante）、米格尔·卡斯特、华金·拉温、豪尔赫·萨鲁姆（Jorge Selume）和埃内斯托·席尔瓦（Ernesto Silva）。

在这次访问期间，弗里德曼对米格尔·卡斯特的印象特别深刻，后者未来将领导反贫困计划的实施以及数年之后劳动法规和医疗法规的改革。尽管卡斯特在弗里德曼两门价格理论课程上都获得了最高的分数，但是弗里德曼并不记得求学时的这名学生。弗里德曼在关于这次访问的未出版札记中写道，"米格尔·卡斯特曾经在芝加哥大学学习，他是一个非常聪明能干的家伙，刚刚返回智利不久，在新政府中明显扮演了极为重要的角色"。[14]

这些当时参与政策制定的人普遍认为，弗里德曼对1975年4月休克式稳定方案的准备和启动并没有发挥太大的作用。比如，在其官方自传中，塞尔希奥·德·卡斯特罗没有提到弗里德曼与复苏计划的联系，实际上，他根本就没有提及弗里德曼1975年的这次旅行。阿图罗·方丹·阿尔杜纳特在其著作中完全忽略了弗里德曼的访问对芝加哥小子和皮诺切特的影响。在菲尼斯·泰雷大学的口述历史项目中，对芝加哥小子的任何访谈也都没有提及这次访问和谈话，这些资料目前保存在调查档案中心（Center of Investigation and Documentation）。[15]而且，在1975年5月16日回复弗里德曼有关休克疗法的信件中，皮诺切特暗示该政府提出严厉的调整政策与前者的建议无关："根据对您信件内容的分析而得出的极有价值的方法和评价，大部分内容与财政部长豪尔赫·考阿斯提出的《国家复苏计划》是一致的。这项计划完全适用于当前的情形。"[16]再后来，布鲁斯·考德维尔（Bruce Caldwell）和利奥尼达斯·蒙特斯（Leonidas Montes）断言，复苏计划与弗里德曼的访问无关。[17]

然而，如果根据新闻媒体的报道以及对很多政策制定参与者的采访，仔细地逐日考察1975年2月至5月发生的事件，就会发现事实真相并非如此。有证据表明，在3月21日弗里德曼会见皮诺切特时，复苏计划还没有形成初稿，甚至连大纲都没有。[18]当然，政府里有很多人，包括每位芝加哥小子，都很担忧未来通货膨胀的变化。他们很清楚，大多数还没有私有化的国有企业经常出现的亏损由中央银行提供的资金弥补。问题在于这些企业当时由军方经营，陆海军将领拒绝进行调整，解雇冗员，减少企业的亏损。而且，很多军方的高级官员反对私有化。对他们来讲，"出于国家安全考虑"，有必要维持强大和多样化的公共企业。

直到4月4日才开始撰写详细的新调整计划，此时计划部长罗伯托·凯利才从秘鲁返回智利。这时弗里德曼已于3月27日离开智利前往斐济，皮诺切特与其内阁成员、军方、那些出席了弗里德曼公开演讲的人以及所有读过对他的采访的人都知道了他的建议。有关新稳定计划的一份极为粗略的草案在4月6日被提交给皮诺切特。这份草案包括大规模解雇公共部门的工人和显著减少预算。4月9日，皮诺切特与其亲近的军方和经济顾问在位于比尼亚德尔马的夏季总统官邸开会，讨论这份草案的修改稿。在出席者中，有一位神色阴郁的上校，在整整一天的会议中一言不发。他的名字叫曼努埃尔·孔特雷拉斯，担任国家情报委员会（Dirección de Inteligencia Nacional，DINA）的主席，该机构是智利的秘密警察，后来发现，它对大量的侵犯人权案件负有责任，包括暗杀、酷刑和失踪。[19]当时，经济团队的成员并没有仔细考虑，为何安全部门的首脑会参加这次会议。他们并不知道，曼努埃尔·孔特雷拉斯及其国家情报委员会的特工将监视他们，并尽可能地说服皮诺切特，芝加哥小子不是真的爱国者，他们唯一的兴趣就是以低价将国有企业私有化，以便让包括他们的朋友和同伙在内的私人投资者拥有这些企业，掌控重要的战略性行业。[20]

最终，皮诺切特听取了各方的意见，包括受人尊敬的思想家劳尔·赛斯（Raúl Sáez），后者更喜欢渐进式的、带有保护主义倾向的中间道路。然后，皮诺切特批准了由豪尔赫·考阿斯和塞尔希奥·德·卡斯特罗提出的受到弗里德曼启发的计划。这份计划的最终版本于4月12日向公众公布。同一天公布的一项行政命令授予财政部长豪尔赫·考阿斯极大的权力，以对政府预算进行必要的调整，并推行重大的经济改革。

当然，即使没有受到弗里德曼的影响，也有可能形成一份相似的甚至完全相同的计划。但是现实情况是，他确实访问了圣地亚哥，会见了皮诺切特，向十几名陆海军将领发表了讲话，并极力鼓吹一项激进的计划，而这份计划与1975年4月中旬实施的休克疗法非常相似。

毫不夸张地说，在1975年3月，弗里德曼扮演了一名仲裁员的角色。他被皮诺切特视为权衡两个备选方案和两种行动路径的仲裁人，即芝加哥小子赞同的被称为"冷火鸡式"的激进的稳定化计划，以及得到空军和一些陆军将领拥护，并在思想上得到声名显赫的"灰衣主教"（éminence）劳尔·赛斯支持的渐进式路线。不出意料，弗里德曼支持自己的弟子，也就是这群芝加哥小子。由于他在思想方面的赞同与背书，激进措施和某些改革的实施才成为可能。有趣的是，弗里德曼并非第一个在决定将要采取何种类型的调整政策时扮演仲裁人角色的外国专家。阿尔伯特·赫希曼在其关于智利通货膨胀的论文中写道，朱利叶斯·克莱因（Julius Klein）和朱利安·萨克斯（Julian Saks）在1955年就扮演了完全相同的角色。当时，卡洛斯·伊瓦涅斯·德尔·坎波（Carlos Ibañez del Campo）总统着手制订一项雄心勃勃的计划，旨在将50%的年通货膨胀率降至个位数的水平。根据赫希曼的说法，"（克莱因-萨克斯建议）在（稳定化）方面并无任何重要的创新……因此，结论必然是（外国顾问的）任务主要是扮演仲裁人的角色"。[21]

汇率：跌还是不跌，这是个问题

在那些年，几乎每个拉美国家都出现了严重的外汇短缺，并形成一个活跃的美元黑市或者平行市场。经济运行状况和对未来的预期经常可以用黑市溢价有多高来估计。在1973年9月初，智利有十个官方汇率，相对于美元官方价格的最低水平，黑市的溢价超过了750%。政变发生几天之后，海军上将洛伦佐·戈图索（Lorenzo Gotuzzo）作为军政府的第一任财政部长，决定统一汇率，并将其设定在280埃斯库多兑换1美元，这意味着该国货币的官方汇率贬值了90%。[22]一个重要的问题是，贬值之后该怎么做。由于通货膨胀率几乎达到了1 000%，再次尝试将比索的汇率固定下来显然是不明智的。如果这样做的话，本币将迅速被高估。遵循芝加哥小子的建议，智利采用了一种小幅贬值或者说"爬行钉住"的汇率制度。美元的币值每天都在升高，以便让汇率能够跟得上通货膨胀的速度。

长期以来，弗里德曼一直严厉批评1944年的布雷顿森林会议上创建的固定但可调整的汇率制度。1953年，他发表了一篇著名的论文，题目是《保持汇率灵活性的理由》。在这篇论文中，他论证了为何由市场决定的浮动汇率更为有利。[23]这些年来，他努力说服很多国家的政府改革汇率制度，使汇率变得更为灵活，但是收效甚微。到了1975年，他改变了对穷国的观点。现在，他推荐两种可能的安排，或者是浮动汇率，或者是不可更改的固定汇率。后一个选项意味着这个国家必须放弃自己的中央银行（有关细节请参见第8章）。

弗里德曼在1975年访问智利期间，企业家和银行家问了他几个有关汇率制度的问题。在回复有关经济最优开放度的问题时，他重申了自己之前讲过很多次的一个观点：在一个高通货膨胀率的国家，固定汇率是无法维持的，更不用说像智利这样通货膨胀率每年超过了300%。然后他又补充了一句，在他看来，爬行钉住汇率对当时的智利来说就已经足够了。[24]在一个有关指数化的问题中，汇率再次被提及。[25]弗里德曼坚持认为，智利通货膨胀率极高的根源在于借助大规模印钞为财政赤字融资，而财政赤字已经高达GDP的10%。他声称通货膨胀与指数化无关。第三个与汇率相关的问题涉及小幅贬值对成本和利润的影响。弗里德曼回答道：

> 小幅贬值……并不会导致更高的实际成本。这只是对价格上涨的反应……如果智利的价格水平每个月上涨10%，那么就有必要使本币贬值10%，以保持外币实际价值的稳定……你们很清楚这一点：如果你试图使外币保持低价（使比索高估），你就只能对外币实行配给制。然后会怎样？每个人都想买它（外币）。你该如何决定允许谁能买（美元）？[26]

在接下来的两年中，芝加哥小子维持了爬行钉住汇率，即根据国内和国际通货膨胀率的差距大致决定小幅贬值的速度。1978

年年初，这一政策发生了改变，小幅贬值的步伐被有意识地设定在低于当前通货膨胀率的水平，并预先宣布未来六个月的贬值速度。1979年年中，政策再次发生了改变，正如我们将在第8章详细讨论的，这是一次严重的政策失误，导致1982年爆发了一场规模极大的危机，险些使芝加哥小子的政策毁于一旦。

休克疗法的失业代价和经济成本

弗里德曼预期休克疗法会导致失业率飙升，事实证明这是正确的。然而，他错误地认为这种痛苦是短暂的。1976年智利的失业率达到了22%，堪比大萧条的那些年，并且这一极高的失业率一直保持到20世纪80年代中期。[27]军方明白，失业率居高不下将影响民众对他们的支持，于是决定推出由地方政府运作的"应急就业计划"，即最低就业计划（Program of Minimal Employment）。参与者做一些简单的粗活，比如公园和花园的养护、为围墙粉刷油漆，以及其他诸如此类的工作，并且只获得微薄的收入，不到最低工资的一半。至1978年，公开失业率为14.2%，而应急就业计划覆盖了4.4%的劳动力，两者相加接近19%。实际平均工资比1971年萨尔瓦多·阿连德执政第一年时的峰值低了23%。图5.2显示了1970—2000年总失业率的演变，这包括公开失业和应急就业计划创造的就业机会。如图所示，峰值出现在1982—1983年，当时爆发了严重的货币危机和银行危机。按照包括诺贝尔经济学奖得主约瑟夫·斯蒂格利茨（Joseph Stiglitz）在内的一些观察家的观点，这是由米尔顿·弗里德曼的建议导致的。对这场危机的详细阐释，请参见第8章。

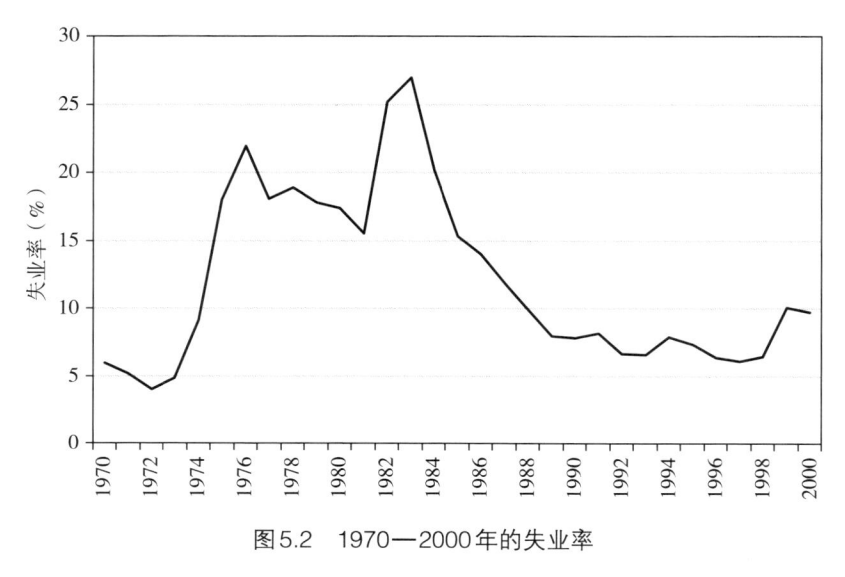

图5.2　1970—2000年的失业率

资料来源：Díaz、Lüders 和 Wagner（2016）。

由于受到严厉的审查，本地媒体很少报道失业者的窘境。然而，国际媒体对智利正在发生的故事始终保持着浓厚的兴趣。在弗里德曼访问五个月之后，《纽约时报》发表了一篇严厉批评军政府及其政策的社论，指出"在将米尔顿·弗里德曼教授的货币理论付诸实践并执行严厉的紧缩政策五个月后，失业率攀升至20%左右，工业产值在今年上半年急剧下降，外国投资微不足道，高到令人难以置信的通货膨胀率直到最近才显示出下降的迹象"。[28]

十天之后，安东尼·刘易斯（Anthony Lewis）撰写了一篇有关智利酷刑和镇压的专栏文章，将这些现象与弗里德曼的建议联系起来。[29]在接下来的几个月内，《纽约时报》的记者们继续报道智利的情况，并强调了调整政策付出的代价。1975年11月4日，一篇头版文章指出，由于实施了根据"米尔顿·弗里德曼教授的理论"制定的"休克"政策，智利陷入了"一片苦海"。这篇报道强调,"甚至军政府总统奥古斯托·皮诺切特将军也承认,他的休克疗法的'社会成本'比自己预想的更高"。[30] 1975年11月28日,《华盛顿邮报》沿着类似的思路刊发了一篇文章。根据这位记者的观点,尽管受弗里德曼启发而形成的方案显著降低了通胀率,但穷人的生活状况"仍然非常艰辛"。[31] 1975年11月底,《纽约时报》驻外记者苏兹贝格(C. L. Sulzberger)写道,皮诺切特否认他的经济政策是基于弗里德曼的说教而形成的。这位将军告诉苏兹贝格,"弗里德曼的思想无法有效地应用到这里,尽管他给我们提的很多建议都很有意思"。[32]

对弗里德曼和哈伯格的批评甚嚣尘上,1957年从芝加哥大学获得博士学位的马克思主义经济学家安德烈·冈德·弗兰克(André Gunder Frank)在其中发挥了重要的作用。[33] 弗兰克是依附理论学派的重要人物,在阿连德执政的那些年,他在智利大学的社会经济研究中心(Center of Socioeconomic Studies)执教,是阿连德政府的忠诚拥护者。[34] 他关于"不发达的发展"(underdevelopment of development)的研究在20世纪六七十年代的激进左翼学派中享有盛誉。1974年8月,弗兰克发表了一封很长的公开信,谴责哈伯格与军政府的关联。1976年4月,他发表了第二封公开信,但是这次的主要目标转向了弗里德曼。弗兰克声称,"皮诺切特施行的新政策就像在刀尖上求平衡",并且他还让芝加哥小子全权掌控经济政策。[35]

奥兰多·莱特列尔暗杀事件

1976年9月21日,智利军政府的特工在华盛顿特区暗杀了律师奥兰多·莱特列尔。莱特列尔曾经是阿连德任命的驻美大使,在人民团结阵线政府的最后四个月担任过三个不同的内阁职务。在他去世时，他是全球致力于反抗军政府统治的最得力的积极分子之一。一枚安置在他车上的炸弹将他与罗妮·莫菲特（Ronni Moffitt）一同炸死。后者是他在政策研究所（Institute for Policy Studies）的同事，罗妮的丈夫迈克尔也身负重伤。特别是人们怀疑作为皮诺切特秘密警察的国家情报委员会插手其中，这一罪行遭到全世界的谴责。在被暗杀三周之前的1976年8月28日，莱特列尔在《国家》（Nation）杂志上发表了一篇文章，题目是《智利的"芝加哥小子"：经济自由可怕的丧钟》。在这次暗杀之后，这篇文章被广泛复制和讨论。文章严厉批评了皮诺切特的经济政策，并指称弗里德曼是"一队智利经济学家的思想导师和私人顾问，现在正是这个团队控制着智利的经济"。[36]

没过多久，美国联邦调查局就发现曼努埃尔·孔特雷拉斯上校参与了这次暗杀的策划，他是智利国家情报委员会的首脑，也是芝加哥小子在皮诺切特政府内部最强大的敌人之一。他的两名特工利用假护照来到美国，雇用了一群古巴的异议分子和爆炸专家，在莱特列尔的雪佛兰舍韦勒（Chevelle）轿车上安装了一枚炸弹。当这辆轿车行驶到距离智利大使馆不远处的谢里登环行路时，炸弹爆炸了。美国政府没有轻易放过这件事，他们立刻告知智利政府，美国决心一查到底，无论情报将会指向何处。在很长时间以来，这是美国首都第一次发生政治暗杀事件。芝加哥小子对这则新闻和这次暴行感到震惊，他们极为担忧这次谋杀将会对智利的对外经济关系产生影响。在付出了极大的努力之后，他们刚刚成功地减弱了国际社会的制裁力度，现在这些努力的成果可能毁于一旦。[37]塞尔希奥·德·卡斯特罗及其同事已经与国家情报委员会发生过龃龉。1975年，孔特雷拉斯上校曾要求大幅提高自己部门的预算，结果被德·卡斯特罗拒绝了。从这一刻开始，芝加哥小子与秘密警察之间原本已经紧张的关系变得更加敌对。[38]

弗里德曼获得诺贝尔奖

后来事态的发展表明，会见皮诺切特让弗里德曼付出了沉重的代价。不管去哪里，他都会遇到抗议者，甚至还要用上警戒线。他被指控为智利军政府提供建议，对系统性地侵犯人权犯下了同谋罪。根据《纽约时报》1976年3月刊发的一篇文章，"弗里德曼先生受到了攻击……因为他认同一个由于侵犯人权而臭名昭著的政府，并且该政府实施的经济政策将最沉重的代价转嫁给了最贫困的智利人。在针对马克思主义政府的军事政变爆发两年后，智利齐心协力将弗里德曼的理论付诸实践，但是并没有扭转步履蹒跚的经济。这种糟糕的经济状况是军政府从已故总统萨尔瓦多·阿连德那里继承的"。[39]

在他于1976年10月获得诺贝尔经济学奖之后，批评之声愈演愈烈。之前的几位诺贝尔奖得主在报刊发文谴责弗里德曼和诺贝尔奖委员会。在举行颁奖仪式时，就在弗里德曼被介绍给国王卡尔十六世·古斯塔夫（Carl XVI Gustaf）的那一刻，一位坐在二层看台，身穿晚礼服的抗议者吹了一声口哨并用瑞典语高呼："智利自由万岁！弗里德曼滚回去！智利人民万岁！打倒资本主义！"[40]

接下来的那些年，对于会见皮诺切特，弗里德曼摆出一副无视公共舆论的态度。他强调那次会见的目的是搜集信息，否认自己为军方提供咨询，他还在几篇专栏文章中指责批评他的人虚伪：这些

人质疑他对智利的访问，却对他在1980年和1988年访问中国只字不提。㊶

但是在弗里德曼内心深处，智利这段往事一直困扰着他。

多少年来，每次和米尔顿·弗里德曼谈起智利和皮诺切特，我都注意到他有些局促不安。2004年，加州州长阿诺德·施瓦辛格任命我为经济顾问委员会委员。这让我大吃一惊，因为我不是一名共和党人，也从来没有见过这位州长。这个没有任何报酬的职位之所以吸引我，原因之一就是加里·贝克尔和米尔顿·弗里德曼也是委员会成员，于是我立刻接受了这项任命。委员会定期在萨克拉门托召开会议，大约每月一次。会议由前国务卿乔治·舒尔茨主持，效率极高。我们在上午9点半开会，施瓦辛格通常一开始并不出席，舒尔茨让我们就最近的事态和上次会议提出的具体议题发表意见。我们依次发言，每人有两分钟的时间做简短评论。最后一位发言的是米尔顿·弗里德曼，他坐在舒尔茨的右手边。等到弗里德曼发言时，州长就已经加入了会议。他仔细倾听弗里德曼的发言，并在一个黄色笔记本上详细记录。多数时候，弗里德曼发言的时间都很长，超出对其他人的两分钟限制。在公共场合露面时以及在美国公共广播公司（PBS）的纪录片《自由选择》（*Free to Choose*）中，他的观点富有逻辑性和说服力。㊷无论眼前的问题是什么，弗里德曼都会仔细剖析，追本溯源，让每件事看起来都简单明了，甚至一目了然。

在中间休息时，我会和弗里德曼谈论几个问题，包括他在智利的经历。尽管我并不是他在芝加哥大学的学生，在我被录取时他已经在一年前去了胡佛研究所，我们只是偶尔见过几次，但是他知道我来自智利，曾与"艾尔"·哈伯格这位公认的芝加哥小子的教父一起工作过。每次我提到皮诺切特、休克疗法或者智利经济任何其他方面的话题，我都注意到弗里德曼有些勉强。这并不是说他回避这些议题，而是说他有些犹豫，这对他来说有些非同寻常。他重复着曾经在专栏、访谈、演讲和自己的回忆录中讲过很多遍的观点。确实，他曾经会见过皮诺切特，这与他会见过很多其他国家和政府的首脑没有什么不同。但是，会见一位政客与做他的顾问是两回事。他并没有为皮诺切特提供咨询，这是重点所在。他还告诉我，他与芝加哥小子没什么个人关系。在1975年访问圣地亚哥之前，他甚至不知道他们的名字，只有一个明显的例外，即罗尔夫·吕德斯。他说，随着时间的推移，他与塞尔希奥·德·卡斯特罗和埃内斯托·方丹建立了友好的私人关系。

在某个场合，我问弗里德曼是否后悔给皮诺切特写信，并在信中向他推荐休克疗法。他说，他的很多朋友都曾经告诉过他，这是一个错误。然而，他并不这样认为。毕竟，他曾经在很多公开讲座中都提到过休克疗法的必要性，包括1975年在圣地亚哥的那次讲座。在讨论二战之后德国和日本的重建时，他经常谈起突然之间果断地实施某些政策。他很多次提到德国1948年在一夜之间实行的价格自由化，并以此作为一个范例，说明突然的休克疗法为何是解决经济危机的最佳方法。他提到了康拉德·阿登纳和路德维希·艾哈德，解释说西德的价格在一个周末就自由化了，因此占领军无法拒绝或者制止这项动议。有一次在谈到德国的经历之后，弗里德曼注视着我，用一种在我看来有些不耐烦的语气对我说了一些话，大致意思是："我曾经公开谈论过休克疗法的好处，在写给皮诺切特的信中提到这一点并没有什么坏处。毕竟，我写这封信是出于好意。"[43]

第6章
1975—1981年的市场化改革和权力斗争

1976年12月下旬，在奥兰多·莱特列尔于华盛顿特区被暗杀之后三个月，豪尔赫·考阿斯从财政部长的位置上退了下来，取而代之的是塞尔希奥·德·卡斯特罗，后者成为这次经济改革毫无争议的领导者。经济部长由芝加哥小子巴勃罗·巴劳纳担任，中央银行则由芝加哥大学毕业生阿尔瓦罗·巴登掌控。芝加哥小子取得了完美的三连胜。在三年多一点的时间里，米尔顿·弗里德曼的弟子从政治体系的边缘走到了权力核心。①

然而，芝加哥小子扩大和深化改革的计划面临一个巨大的阻碍：并非所有军方的人都对1975年弗里德曼来访之后智利的转变感到高兴。对芝加哥小子持批评态度的最有权势的人物是空军将军古斯塔沃·利，他是最早的政变共谋者之一，并在军政府中任职。随着时间的推移，利与皮诺切特的关系变得极为紧张，这既是因为他们对经济政策的分歧，也是由于对本国的政治前途有不同的看法。利领导着一群具有强烈民族主义情绪的军官，他们相信国家应该通过拥有和经营大量所谓的战略性企业并主导投资决策，在经济发展中发挥核心作用。利还认为权力应该尽快归还给民众。1974年10月，皮诺切特自任共和国总统，与军政府主席相比，明显又上了一个台阶，这让利这位空军将军大为震怒。令他不悦的还有私有化、放开对所有价格的管制，以及经济向外国企业开放。他特别反对比索在军政府早期阶段的急剧贬值。利是一位民族主义者、保护主义者和渐进主义者。

两位手握强权的将军之间的冲突在1978年7月24日得到了解决，当时皮诺切特发动了一场"政变碟中谍"，他声称利"不适合"指挥军事行动，从而说服军政府其他成员将其免职。利被空军将军费尔南多·马太（Fernando Matthei）取而代之，后者是一位有德国血统的军官，支持市场化改革，曾经担任过卫生部长。随着利将军的出局，芝加哥小子可以放开手脚，推行更为深入和广泛的改革措施。

在将利赶出军政府的几个月前，皮诺切特决心全力配合美国对前大使奥兰多·莱特列尔及其同事罗妮·莫菲特被暗杀一事的调查。1978年3月上旬，军政府承认被控策划和实施暗杀的两位美国公民米歇尔·汤利（Michel Townley）和阿尔曼多·费尔南德斯·拉里奥斯（Armando Fernández Larios）上校在入境美国时持有的是智利官方的外交护照。一个月之后，在吉米·卡特（Jimmy Carter）政府的强大压力之下，米歇尔·汤利从智利被引渡到美国。刚被拘留，汤利就承认自己参与了这起事件，并指控退役上校曼努埃尔·孔特雷拉斯是莱特列尔谋杀案的幕后主使。孔特雷拉斯是秘密警察组织国家情报委员会的前任主管，也是芝加哥小子公开的死敌。[②]经过漫长而复杂的司法程序，智利最高法院在1979年11月拒绝了美国引渡孔特雷拉斯的请求。然而，这时他已经被迫引退，并且权力尽失。

利将军的出局以及孔特雷拉斯上校被解职，巩固了皮诺切特的地位及其对政府机构的控制。尽管在通过重大的法律事项时，他仍需参考军事将领的意见，但是在军队内部，反对派力量薄弱，难以发出不同的声音。这使得芝加哥小子获得了更广阔的空间以实施改革计划，并将市场机制扩展到之前从未涉足的领域，比如教育、医疗和养老体系，我们将在第7章讨论相关内容。

1979年初，尽管失业率处于13%的极高水平，顽固的通货膨胀率也达到了40%，塞尔希奥·德·卡斯特罗及其同事仍对自己取得的成就感到满意。萨尔瓦多·阿连德人民团结阵线政府时期的巨额财政赤字已经转变为少量的盈余，经济也从1975年休克疗法的冲击中逐步复苏。[③] 1977年GDP的增速达到了9.8%，1978年为8.5%。在改革的最前沿，事情也取得了进展，特别是在芝加哥小子认为至关重要的三个领域：所有的价格可以自由决定；进口许可和配额已经被取消，进口关税大幅降低；允许利率自由浮动，这反映了一个尚在起步阶段的资本市场已经诞生。除此之外，大多数被人民团结阵线国有化的企业又被私有化了，或者正在向公众出售。其他很多政策领域也取得了进展，包括税收（创立了增值税）、农业、放松管制和基础设施，具体内容请参见第4章表4.2。在下面几节中，我将概述在贸易开放、私有化和资本市场这三个最具代表性的改革领域的进展，这些改革措施对智利的自由市场革命做出了重要的贡献。

经济开放：独自前行

在发动军事政变时，智利的对外经济部门一片混乱。所有进口都需要事先获得许可，关税税率从零至250%不等。有十种官方汇率，范围涵盖从针对出口的极低汇率到针对旅游业和奢侈品的极高汇率。还存在一个活跃的美元黑市，溢价率超过了700%。此外，当商品还在运输途中时，进口商就必须缴纳保证金，令人震惊的是，其金额相当于进口商品价值的100倍。广泛存在的进口关税、许可制度、多重汇率和预缴保证金导致了一种有组织的保护体系，从而产生了各种各样的逆向激励。农业部门受到的伤害尤为严重，因为进口的机械和化肥要缴纳高额关税，而汇率则被人为地控制在很低的水平，从而抑制了农产品的出口。在另一端，制成品增加值很低但其进口的中间产品却享受低关税，从而或明或暗地得到极高水平的保护。其中一个例证是汽车整装工厂，它们从国外进口制成的零部件。这些企业创造的增加值几乎为零，但是由于存在这种保护主义体系，向公众出售的汽车价格高出国际市场3～4倍。然而，这种情形并非局限于汽车生产，作为当时工人阶级主要交通工具的自行车，还有电冰箱、纺织品、炊事用具以及所有的制成品均是如此。

芝加哥小子对待保护主义的态度简单明了，这是基于芝加哥学派长期以来拥护自由贸易的传统，这一传统是由芝加哥大学经济学系首任系主任劳伦斯·劳克林（J. Laurence Laughlin）创立的，并为雅各布·维纳、米尔顿·弗里德曼、哈里·约翰逊、罗伯特·蒙代尔以及其他一些人所继承。然而，贸易自由化面临两个障碍。首先，智利是《安第斯条约》的成员国之一，这一当时新成立的关税同盟将南美西部的所有国家都包含在内。这一条约的架构基于如下理念：为了获得规模经济的益处，具体的制造业必须由本地区的计划机构指派给每个国家。此外，这一条约还对世界其他地区征收很高的进口关税。据说，这能够使条约成员国得到必要的保护,从而创建并维持一个充满活力的产业部门。这两个原则均有悖于芝加哥学派的教义,包括雅各布·维纳有关关税同盟中贸易创造和贸易转移效应的研究。1976年4月,皮诺切特决定让智利退出《安第斯条约》,从而使芝加哥小子放开手脚,实现贸易自由化。几位高级军官对这一举动感到不满,因为他们相信出于国家安全的考虑,拥有一个强大的产业部门对智利至关重要。致力于改革的经济学家与军方的国家统制论者之间的拉锯战仍将继续,并在皮诺切特独裁时期时而激烈,时而缓和。尽管双方都有得势的时候,但最终还是这些经济学家赢得了这场战争。在1990年恢复民主制度时,智利的整体面貌已经与1973年军政府废除萨尔瓦多·阿连德时大不相同了。

图6.1展现了进口关税从1973年至1982年的变化,进口许可、配额和预缴保证金在1974年都被取消了。如图所示,1976年之后关税的下降尤为明显。1976年,关税最高为65%,大多数进口

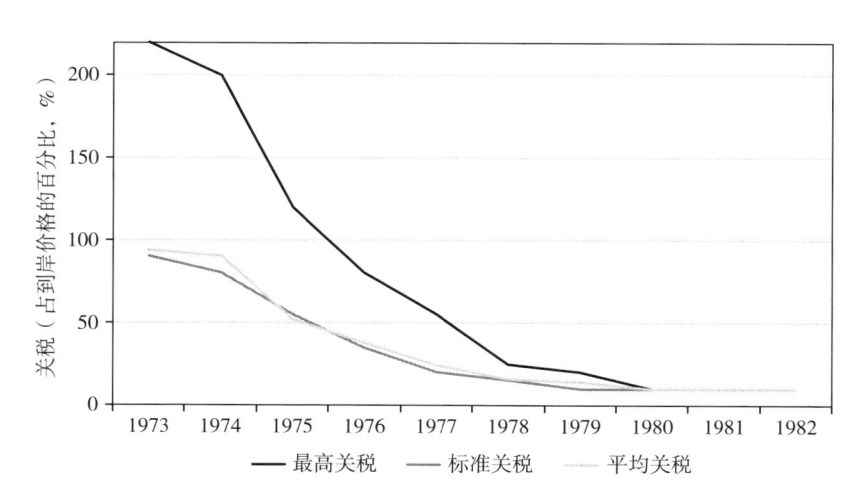

图6.1 进口关税和贸易自由化:1973—1982年

资料来源:Edwards and Lederman(2002)。

关税处于30%的水平，这与砖案设定的目标大致相当。受到退出《安第斯条约》的鼓励并在皮诺切特的支持下，芝加哥小子高歌猛进，至1980年，他们已经实现了将关税统一降至10%的新目标。

就像米尔顿·弗里德曼在1975年访问智利时建议的那样，这一迅速的单边贸易改革辅之以进一步的本币贬值，这与阿诺德·哈伯格、哈里·约翰逊和劳埃德·梅茨勒在芝加哥大学课堂上的教导是一致的。对芝加哥小子而言，新的关税结构简单明了，对所有进口商品统一征收10%的关税，这一点特别重要，因为这使人们没有兴趣再去从事游说活动，将某种进口商品从高关税类别重新归类于低关税类别。

快速的贸易改革产生了两个重要后果，一个是正面的，另一个则代价高昂。非传统的出口商品开始迅速扩张，其中大多数是除铜制品以外的商品，这有助于减少国际收支赤字。这些生机勃勃的部门还有助于创造新的就业机会，并提高了新兴部门的工资水平。数十年以来，出口部门第一次成为增长的发动机。从消极的方面看，原来受到保护的传统部门的产出和就业都大幅下降，这也助长了对这次实验造成"社会成本"的批评。1978年7月，将在民主制度恢复后出任财政部长的亚力杭德罗·福克斯莱在 Hoy 周刊上撰文指出，"急剧削减进口关税……是导致失业率居高不下（的原因之一）"。④ 政府驳斥了这些批评意见，声称失业率大幅上升是暂时的，为了改善资源配置状况，提高效率，这是必须付出的小额代价。豪尔赫·考阿斯指出，"失业率确实很高……然而，这绝不是这些（改革措施）导致的……在长期，随着资源配置过程得到巩固，并且对高生产率部门的大量投资得以实施，失业的顽疾将会一劳永逸地得到解决"。⑤

金融改革与外债飙升

创建一个功能完善的资本市场，是芝加哥小子的首要目标之一。他们预期，金融自由化改革将导致金融中介的显著增加，信贷配置效率将得到改善；这还会使充满活力的新兴出口导向型企业提升为其新项目筹集资金的能力。1974年，银行的法定准备金率下降了，1975年5月，政府允许非银行金融中介投入运营。在一个信贷受到严格控制长达三十多年，并且实际利率或者说经通货膨胀调整后的利率为负值的国家，利率自由化意味着一场重大变革。按照砖案谋划的蓝图，国际资本流动将受到严格监管。禁止到期日不足24个月的外国贷款，到期日在24个月至66个月之间的外国贷款则要缴纳不付利息的准备金。只有满足严苛的条件并且得到中央银行的许可，资本外流才被允许。

到20世纪70年代后期，政府宣布金融改革已经取得了巨大成功。从1975年至1979年，为私人部门提供的信贷增加了12倍，由1.56亿美元提高至190亿美元。股票价格指数上涨了40倍。但是，取得这些进展的同时也并非全无缺憾。实际利率，特别是贷款利率，处于极高的水平，银行以外币形式从国外借款，到期日为25个月或者更长的时间，然后以本币形式放贷出去，从而承受了巨大的风险。这种极为冒险的行为在1979年显著增加，当时为了将通货膨胀率降至个位数，政府将汇率固定为39比索兑换1美元。由于国内通货膨胀率接近25%，国内外出现了巨额利差。银行在国际上按照伦敦同业拆借利率再上浮4%~5%借款，然后以超过40%的利率发放比索贷款。结果，银行的资产负债表出现了严重的货币错配。银行的大多数资产和收入是以比索标价的，但是负债以美元标价。1982年，这一错配被证明是一个致命的缺陷，当时由于货币危机和本币贬值，这些贷款的比索价值在数周之内翻了一番还要多，因而银行客户无力偿还这些贷款。

1979年，塞尔希奥·德·卡斯特罗反驳了对外债日益增长的担忧。他指出，外国银行向智利银行发放了数额可观的贷款，这没什么不好。在他看来，只要公共部门不牵涉其中，交易都发生在私人机构之间，就可以万事大吉。数年之后，英国财政大臣尼格尔·劳森（Nigel Lawson）也持类似的观点。只要政府预算是平衡的，大规模的经常账户赤字无关紧要，这一观点被称为"劳森原理"（Lawson Doctrine）。在1981年年末，经常账户赤字已经高达GDP的12%，德·卡斯特罗仍然坚持认为，"毫无疑问，大规模的经常账户赤字……对本国极为有利，我们应当努力将它维持在最高水平，并且尽可能维持更长的时间"。⑥ 结果表明，他的观点是错误的。交易确实是在私人之间发生的，但是当比索在1982年贬值了40%时，借入了大量美元的企业无力偿还贷款，从而走向破产。这对银行部门产生了重要的影响，最终这一体系中的所有银行都是由政府拯救的，而纳税人则付出了沉重的代价（具体细节请参见第8章）。

私有化与智利国家铜业公司争夺战

1973年，就在军事政变爆发之前，如表6.1所示，国家对596家制造业企业和银行拥有所有权。正如第3章讨论的那样，其中大多数企业是被人民团结阵线政府没收的，或者通过要约收购计划按照夸张的价格以"干预"名义获得的。至1974年后期，202家企业已经被物归原主或者实施了私有化，到1978年初，除了7家接受"干预"的企业以外，所有企业已经归还给了原来的股东。从1974年开始，之前实施了国有化的商业银行向公众出售，并对个人和投资公司能获得的股份施加明确的限制，前者不得超过全部股份的3%，后者不得超过5%。私人部门很快就找到了绕过这些监管措施的方法，结果，围绕着新近私有化的银行形成了一些规模极大的综合企业，它们被称为企业集团，其运作方式在很多方面类似于韩国的财团。这些综合企业获得了极大的经济权力，军队中一些更具民族主义情绪的高级将领对此非常反感。在1978年下台之前，凶神恶煞般的国家情报委员会主席曼努埃尔·孔特雷拉斯上校对这些集团的高管实施了监控，并以厚厚的档案记录了他们从事的各种活动。[⑦]

表6.1 智利的国有企业：1970—2019年

	1970	1973	1983	1989	1998	2019
由国家生产开发公司控制的企业	46	571	24	24	22	21
附属企业	(46)	(228)	(23)	24	22	21
接受"干预"的企业	—	(325)	(0)	0	0	0
银行	(0)	(18)	(1)	0	0	0
其他国有企业	20	22	21	18	13	10
其他金融机构	2	2	2	2	2	1
智利国家铜业公司	0[a]	1	1	1	1	1
合计	68	596	48	45	38	33

注：a. 由于1970年在"智利化"过程中对外国企业进行了收购，因此国家拥有"大型铜矿企业"50%的股份；1970年之前智利国家铜业公司还不存在。

资料来源：根据Hachette A. de la F.（2000）、Sistema de Empresas（未注明出版日期）、Dirección de Presupuestos（未注明出版日期）的数据整理而得。

芝加哥小子并不担心经济权力的日益集中。他们对这一问题的态度深受自己在芝加哥大学学到的一个简单观点的影响，即开放的国际贸易将引入来自国外的竞争，这将对本国企业施以更严格的市场纪律，并且无论企业规模大小，都是如此。政府经济顾问反复重申，根据"一价定律"，商品在国内出售的价格不会超过国际价格再加上运输成本及低至10%的统一关税。他们断言，这意味着实际的进入门槛是极低的，所有的可贸易品部门都将面临来自国外的激烈竞争。令他们没有想到的是，很多大型企业建立了从事国际贸易的分支机构，这些机构与外国品牌签订了在智利销售其产品的专营合同。结果，智利白色家电的主要或者唯一的生产商成为产自亚洲、欧洲或者美国的电冰箱和洗衣机的主要进口商。认为不用担心集中度日益提高的第二个论据来自乔治·施蒂格勒，该论据基于如下观点：即便存在垄断势力，它也并非不可抗拒的，假定存在某种程度的需求弹性，采用成本加成的定价方法是一种合理的选择。同样遵循施蒂格勒的思路，芝加哥小子进一步认为监管和控制是不可能奏效的，因为私人企业会"俘获"监管者。

在私有化过程中，为了鼓励竞买人出价，政府为合格的投资者提供贷款补贴。到1982年，394家企业被私有化。其中大多数企业的售价是其账面价值的35%~45%。唯一的例外是那些拥有极大出口潜力的企业，因为投资者明白新的经济模式必须维持拥有高度竞争力的实际汇率。在接下来的那些年，这种经济模式的批评者声称低价贱卖宝贵资产是一种腐败行为，这便宜了那些实际上与军方有各种勾连的商人。加夫列尔·博里奇就是批评者之一，这位学生运动的积极分子于2021年当选智利总统。

军方支持尽快将那些接受"干预"的企业移交给其所有者。毕竟，阿连德政府依靠一项过时且在当时已经被遗忘的行政命令，在没有提供任何补偿的情况下控制了大量企业，其中很多都是由普通家庭拥有和经营的中等规模企业。然而，将国家合法收购的企业私有化就不同了。一些军官认为，在私有化之前需要分析这些企业在一个宏大的"国家安全"战略中扮演的角色，这一点至关重要。智利拥有一些具有象征意义的传统国有企业，它们创建于20世纪40年代至60年代，包括国有的智利航空（Línea Aerea Nacional）、规模最大的钢铁生产企业太平洋钢铁公司、国有的智利国家石油公司（Empresa Nacional del Petróleo）以及国有的国家电力股份公司（Empresa Nacional de Electricidad S.A.）。很多军官认为这些企业是不能被私有化的，应该保留在政府手中。芝加哥小子理解这种情绪，决定继续由公共部门掌控这些企业，至少暂时如此。2022年5月，我到塞尔希奥·德·卡斯特罗的家中拜访他，并和他讨论了很多与改革相关的议题，包括私有化过程以及引发了1982年货币危机的固定汇率政策（图6.2）。

智利国家铜业公司是当时也是现在世界上规模最大的产铜企业，它自成一类。对于芝加哥小子而言，智利国家铜业公司是一头能量巨大的"怪兽"，拥有一些规模极大又颇为好斗的工会。这家公司是一个缩影，它体现了芝加哥小子发现的智利传统经济战略的每一次失误。塞尔希奥·德·卡斯特罗及其同事决心将这家公司拆分为更小的企业，每家企业拥有和经营一座矿山。他们认为，最终有可能至少将其中一些规模较小的企业私有化。然而，这一计划立即招致军方的抵制。加斯顿·弗雷斯（Gastón

图6.2 2022年塞尔希奥·德·卡斯特罗（右）与作者（左）的合影，此时德·卡斯特罗卸任财政部长已经超过了40年

资料来源：作者的个人收藏。

Frez）上校作为智利军方最有才干的将领之一，领导了捍卫国家铜业公司所有的斗争，他能够说服皮诺切特，令其相信将智利国家铜业公司作为一家大企业控制在国家手中极为重要。他提醒皮诺切特将军，每年该公司总销售收入的10%会自动转交给军方，用于购买各种装备，如果将它拆分成很多规模较小的企业，就很难筹集到同样数量的资金。一旦弗雷斯说服了皮诺切特，塞尔希奥·德·卡斯特罗就意识到他对智利国家铜业公司已经无能为力了。

―

　　1979年，随着经济以每年接近8%的速度高歌猛进，皮诺切特决定将自己的改革计划推进到一个新的阶段。这次的目标超越了基本的经济领域，使公民相互之间的联系及其与国家的关系发生了深刻的变革。新的改革措施涉及劳资关系和工会、医疗、教育、养老金、分权、农业部门包括水权在内的产权制度以及行政部门等领域。在军事政变五周年时发表的一次演讲中，这些措施被公之于众并得到了极力宣扬。皮诺切特还宣布，1980年将举行一次全民公决，以通过一部新宪法。这些举措标志着智利历史的一个转折点，就是从这一刻起，芝加哥小子的计划从雄心勃勃的亲市场改革转向了一个植根于新自由主义理念的无所不包的宏大工程。

第7章
新自由主义体制的诞生：
七个现代化与新宪法

1978年年中时，芝加哥小子的队伍由于30岁的何塞·皮涅拉的加入而壮大。他毕业于智利天主教大学并从哈佛大学获得了博士学位，后来成为皮诺切特最喜欢的公务人员之一。他的父亲是一名在知识分子中极受尊敬的大使，也是诗人巴勃罗·聂鲁达（Pablo Neruda）的好友。皮涅拉认为自己让这帮技术官僚更有文化和教养，在他看来，这些人相当枯燥乏味。在谈话中，他表现得生动有趣，经常闪现灵光。他说话喜欢引经据典，不经意间就会提到自己在各种旅行中遇到或者通过他那位大使父亲见过的各类名人。他酷爱阅读诗集，其写作风格不仅文笔清晰，而且感情充沛。皮涅拉自视为一名人文主义者，他曾经告诉我，很遗憾我去了芝加哥大学这么一所无趣的大学读书，虽然它的经济学实力很强，但是就文化和艺术而言，只能算作一片荒漠。他补充说，我应该像他那样，去一所常青藤高校。他的弟弟塞巴斯蒂安·皮涅拉也毕业于哈佛大学，曾经两次当选智利总统，2019年10月的叛乱爆发于他的第二个任期。在这次叛乱之后，圣地亚哥和其他一些城市街头最为常见的涂鸦之一就是"皮涅拉去死吧"。

何塞·皮涅拉和芝加哥小子米格尔·卡斯特相信，为了巩固市场化改革的成果并确保子孙后代的自由，有必要在文化领域和宪法方面实施更为激进的措施。减税和降低关税、放开价格和利率、放松管制和将企业私有化，这一切还不够。为了真正改变智利，避免它再次落入共产主义者的手中，必须推动政治制度和国家文化的深刻变革。根据卡斯特、皮涅拉及其追随者的观点，智利还没有准备好采取西式民主制度，这个国家需要的是一段长时间的威权统治，然后最终实现"保护之下的民主"。海梅·古斯曼也持相同观点，他是一名极端保守的法学家，崇拜西班牙的弗朗西斯科·佛朗哥（Francisco Franco），后者当时对皮诺切特有巨大的影响力。

1979年9月11日，在政变六周年的一次演讲中，皮诺切特声称鉴于经济复苏计划和前期改革措施取得了成功，并且马克思主义政治家已经被禁止从事政治活动或者被流放到了海外，现在是时候进军社会政策领域了。他宣布了一项计划，并高调地称之为"七个现代化"。① 这是指在智利的劳动法、养老金、教育、医疗服务、农业（特别是包括水权在内）、司法体系和行政组织领域推行改革。这份演讲稿是由何塞·皮涅拉撰写的，名字取自毛泽东的四个现代化，无论是皮诺切特还是他身边的军事顾问当时都没有意识到这一点。② 在这次演讲列出的七个领域中，皮涅拉和皮诺切特认为最重要的是劳资关系（包括工会在新时期的智利扮演的角色）、社会保障、教育和医疗服务。这些"现代化"目标意味着要通过一次全民公决来颁布一部新宪法，尽管皮诺切特在这次演讲中并没有明确提到这一点。

何塞·皮涅拉进入权力的最高层，这在经济团队中引发了严重的冲突。塞尔希奥·德·卡斯特罗与何塞·皮涅拉就是合不来。他们对一些关键的经济议题有着截然不同的观点，包括汇率应该是固定的还是浮动的，将工资上涨与以往的通胀完全挂钩是利是弊。他们的性格脾气也完全不同。德·卡斯特罗个性强硬，直来直去，经常口吐脏话，他曾经就读于圣地亚哥的格兰奇学校，这是一所英式预备学校，他在那里成为学校的英式橄榄球运动员。皮涅拉则正好相反，他拥有深厚的天主教背景，曾经得到德国牧师的教导，他的叔叔是一名红衣主教。他说话喜欢使用隐喻，热爱古典音乐，正如前面提到的，他还酷爱诗集。在接下来的那些年，当他们为皮诺切特提供建议时，两人总会发生冲突。

七个现代化

发布七个现代化标志着皮诺切特政权的一个转折点。它的目标不再是经济改革，以便引入更多的竞争并提升效率，现在的目标是将市场关系扩展到所有领域，以改变智利人的价值观和行事风格。毫不夸张地说，就是在这个时候，智利接受了某种有所改变的新自由主义观点。

军政府于1979年后期颁布了新的劳动法，这使得劳资关系发生了革命性的变化。军政府对创建工会实施监管，为集体谈判建立新规则，并决定了劳动合同的法律性质。与以前相比，这部法律极大地削弱了工会的权力。工人自愿决定是否加入工会，工会不得跨企业联合，从而在产业或者全国层面进行谈判。企业可以关闭工厂，并暂时解雇工人。[③]对于民主派和皮诺切特的反对者而言，改变这一法律是最重要的目标之一。1990年，在独裁统治结束之后，帕特里西奥·艾尔文总统的第一届民主政府上台刚刚几个月，这部法律就被修改了。

皮诺切特劳动法的关键特征之一，就是设定了工会与企业谈判过程中工资上涨的下限，这一创意来自何塞·皮涅拉。根据这部劳动法的第26条，在合同谈判期间，企业有义务使工资上涨到至少与过去通货膨胀累积的涨幅相当。当时，皮涅拉认为劳动法的这一条款在政治上是精明的，因为它能确保得到军方的支持，包括权力日益膨胀的顾问委员会的支持。皮诺切特创建这一机构的目的就是审查他的经济团队提出的法律条文。塞尔希奥·德·卡斯特罗在其官方自传中声称，这一法律对智利经济的正常运行造成了极大的危害。④ 由于阻碍了实际工资的向下调整，在国际经济环境恶化，特别是在全球市场的铜价和其他关键出口品价格下跌时，这部新劳动法使智利无法实现充分就业。

1979年，在讨论这部法律时，德·卡斯特罗当面敦促皮涅拉做出修改，删掉有关工资指数化的条款。皮涅拉拒绝了，并请求皮诺切特就此事做出裁决。这位将军转而咨询顾问委员会的意见。在经过一番考虑之后，将军们站在了皮涅拉一边，新的劳动法就像草案中规定的那样通过了。这件事极大地增强了两位经济学家之间的敌意。数年之后，在一次开诚布公的访谈中，德·卡斯特罗回忆起这段往事，并坚称自己是正确的，而皮涅拉是错误的："嗯，就像我当时预测的那样，最后（在1982年危机期间），事情变得一团糟。"⑤

毫无疑问，1981年的社会保障改革是独裁统治时期最重要、最具革命性，也是引发争议最多的一项政策。传统的现收现付体系，即工人的缴费用于支付退休工人的养老金，被基于个人退休账户的体系取而代之。工人按要求将其工资的10%存入这一账户，账户中的资金由获得许可的企业来管理，而这些企业也会由此收取费用。在达到退休年龄时，即男性65岁，女性60岁，这些资金可用于购买某种年金。

如第4章所述，砖案描述了这一方案的某些细节，其创意来自埃米利奥·圣富恩特斯和塞尔希奥·安杜拉加，并在何塞·皮涅拉的监督下予以实施。这一方案的独特之处在于，政府不为老年人的养老金提供资金，也不负责支付养老金。正如我将在第14章中讨论的那样，结果表明，新的养老金体系存在严重缺陷，养老金很少超过退休之前工资的25%。当然，由于这是一项长期改革，人们需要用几十年的时间才能发现养老金水平有多低，新体系下第一批领取养老金的人是在2010—2011年退休的。一旦人们发觉这一体系能提供的养老金数量很少，就立即掀起了一场抗议"可怜的养老金"的运动，声势浩大，主题鲜明。在2019年爆发叛乱时，结束私人养老金体系的想法得到了大多数民众的支持，而在芝加哥小子推行的改革措施中，这一体系曾经被视为"皇冠上的明珠"。

从1979年至1982年，教育和医疗领域也取得了巨大进展。学校被转交给市政当局，以促使学校管理者更加尽职尽责，全国教师工会的作用也被弱化，针对小学和中学的教育券制度也建立了起来。1981年通过了高等教育法案，允许创建新的私立大学。与砖案的建议一样，高等教育不享受任何补贴，每所大学或者技术学院，无论公立还是私立，都要收取由市场决定的学费。

这些政策的核心思想是法学家海梅·古斯曼鼓吹的"辅助性

原则"，这一点也被载入1980年的智利宪法。根据这一原则，对于基金会、宗教团体、非营利组织或者追求利润的企业等"中间组织"能够真正有效提供的任何服务，国家都不应再直接涉足其中。⑥对古斯曼而言，这意味着国家没有必要去控制、拥有或者运作大学、学院或中等职业学校。出于政治因素的考虑，比如很多军队将领都是共济会（Freemasons）的成员，而这一团体传统上就与教育有关联，仍然允许公立大学继续运转。但是，这些学校的经费被大幅削减，并且不允许它们继续扩张。

在高等教育改革中曾经出现一件怪事。军方决定，尽管允许存在以营利为目的的中小学，但大学是不允许营利的。然而，没过多长时间，私人部门就找到了绕过这条法规的方法。大学本身是非营利机构，但是它几乎就是一个空壳，一个存在于纸面上的组织。它聘用教授，收取学费，颁发学位，却不拥有任何设备、建筑、图书馆、体育馆或者实物资产。所有这些都是从营利性企业那里租来的或者通过与企业签订合约获得的，而这些企业的所有者与控制这所大学或职业教育机构的是同一批人。正如我将要在第12章讨论的那样，这种模式在21世纪初期引发了极大的争议，这也是开始于2006年的大学生抗议活动的核心议题，这场运动直至2019年10月的暴乱方才结束。

1981年的医疗改革允许工人使用占工资7%的医疗税来购买私人保险。这实际上是一种代金券制度，专业人员和管理阶层能够避开公共医疗体系。因此，一种二元医疗服务体系得以建立。富人获得的医疗服务接近于第一世界国家，而穷人获得的医疗服务水平一般，而且要想做手术的话需要等待很长时间。在第11章，我将讨论民主制度恢复之后中左翼政府实施的各种医疗改革。公共医疗体系的预算大幅增加，覆盖面也相应扩大。但是，导致医疗体系分割的代金券制度依然存在。在2019年暴乱期间，质量可疑的医疗服务成为抗议者关注的另一个焦点。

新自由主义宪法和1980年的全民公决

军政府很早就想到要编写一部新宪法。[7] 根据目前保存在智利国家图书馆的"军政府秘密备忘录"（Secret Minutes of the Junta）的记载，第一次讨论这一想法是在1973年9月13日，也就是在军事政变发生两天之后。[8] 1973年12月21日，在法学家海梅·古斯曼的领导下，四名律师组成了一个委员会，负责起草新宪法的文本。海梅·古斯曼的政治理念受到19世纪西班牙正统派运动和1891年教皇利奥十三世颁布的《新事通谕》（Rerum Novarum）的影响。尽管教皇教谕的主旨是反映工人阶级悲惨的生活状况，然而皮诺切特指派的这些律师却做出了狭义的解释，并以此为基础支持一种天赋人权的宪法观点，其核心理念在于财产权的出现先于国家的建立，因而是不可剥夺的。除了海梅·古斯曼，该委员会的成员还包括塞尔希奥·迭斯（Sergio Diez），他是一位信仰虔诚的保守主义政治家，作为皮诺切特时期的驻美大使，否认军政府曾经侵犯人权；恩里克·奥图萨尔（Enrique Ortúzar）是一位经验丰富的律师，在豪尔赫·亚历山德里总统的保守主义政府时期（1958—1964年）曾经担任司法部长；豪尔赫·奥瓦耶（Jorge Ovalle）是一名律师和共济会会员，曾经做过空军将军古斯塔沃·利的顾问，在军政府初期，他是芝加哥小子的重要对手。

军队中的民族主义分子从国家安全的角度，令皮诺切特相信宪法应该宣布所有矿藏资源都归属于国家，并且不可剥夺。[9] 塞尔希奥·德·卡斯特罗强烈反对这种意见，他请求杰出的法学家向皮诺切特将军解释这一条款可能对外国投资和智利的经济前景产生何种影响。德·卡斯特罗指出，像智利这样一个穷国从来没有足够的资本来开采自己丰富的铜矿资源。在恰当的条件下，使用外国资本是必须的。然而，如果宪法宣布所有的矿山和矿藏资源都归属于国家，那就没有人愿意投资。另一方面，军方人士则声称，上帝赋予智利以宝贵的矿藏，无论是把它交给国内还是国外的私人部门，都是一种政治自杀。他们提醒皮诺切特，在不提供任何补偿的情况下将美国人拥有的矿山国有化，是萨尔瓦多·阿连德的社会党政府执政时期智利国会一致通过的唯一动议。在经过反复讨论之后，"矿藏由国家所有"被写入宪法草案。

由时任矿业部长何塞·皮涅拉领导的一个团队，花了一年多时间编写了一部有关开采特许权的新法案。1981年的《开采特许权组织基本法》明确规定，尽管矿藏资源归国家所有并且禁止出售，但是国家可以与私人企业签订合约，允许它们开采。从法律角度看，这些合约受到的保护与通常的财产权相同，任何取消合约或者征用相关财产的行动都要按照市场价值对所有者提供补偿，并在剥夺开采权之前以现金形式支付相关的款项。在1984—1985年智利经济起飞时期，跨国企业纷纷投资于智利的采矿业，这一条款对此发挥了至关重要的作用。

1980年9月11日，军政府举行了一次全民公投，以决定是否通过新宪法。这次投票是在极为可疑的状况下举行的：没有进行选民注册，不允许新宪法的反对者发动相关的运动，选票印在非常薄的纸张上，几乎呈半透明状，这让组织选举的官员可以看到人们是如何投票的。有67%的投票选择了"同意"选项，新宪法于1981年3月11日正式通过。

宪法学者弗里德里克·肖尔（Frederick Schauer）曾经指出，世界上有两类宪法，即"基于希望的宪法"和"基于恐惧的宪法"。[⑩]前者基于如下信念：法律条文应当反映社会共同的志向与梦想，以及对未来的共同愿景。志向远大的宪法会将大量社会权利列入其中，比如医疗、教育、住房、老年人的养老金以及接触文化艺术的机会，即使财力有限，一国很难让每个人都享有所有的权利。相反，"基于恐惧的宪法"则根植于如下观点：如果令政府自行其是，它就会倾向于滥用权力，并限制民众的自由，哪怕是民选政府也会如此。正是由于这个原因，宪法应该明确列出合宪的政治权利，并且做出准确的界定，比如言论自由、人身权利、集会自由，以便在政府攫取了某种潜在的权力时，能够保护民众免受其影响。

显然，皮诺切特的宪法是一部基于恐惧的宪法，也是冷战的产物：撰写相关条款是为了保护该国免受共产主义的影响。当然，吊诡之处在于，它是通过限制政治权利来提供这种保护的。一些参议员不是经过选举产生的，他们是从一些拥有某种地位的人中任命的，包括武装部队的前任总司令和共和国的前任总统。最后一项规定意味着，当皮诺切特从总统位置上卸任时，他将自动成为一名参议员，因此不会因为渎职、腐败或者侵犯人权而被起诉。1980年宪法还加入了几项条款，使得像萨尔瓦多·阿连德这样的政府几乎不可能上台执政，也不可能使智利迈入社会主义国家的行列。理论上，1980年宪法以"辅助性原则"为基础，或者说在组织经济社会活动时，国家或中央政府应该承认私人部门和民间社会的优先地位，包括提供各种社会服务。国家将为这些服务提供资金，但是实际提供这些服务的通常是私人实体。

皮诺切特宪法施加的限制至少在两个方面奏效了。首先，宪法文本本身有具体的规定，既反映了军方的意见，也为芝加哥小子的经济改革提供了保护，比如禁止公共部门的工人罢工。其次，一些"具有宪法地位的法律"明确了几项规则和规定，要求60%~66%的绝对多数才能修改宪法。在要求更高法定人数才能修改的法律中，最重要的是包括教育法和授予中央银行独立地位的法案，前者在2019年的暴乱中成为焦点。此外，与宪法具有同等地位的选举法明确了选举智利国会议员的制度，根据这一制度，每个选区选举两名众议员和两名参议员。这意味着在某个特定选区获得三分之一选票的政治联盟与获得三分之二选票的政治联盟在国会中的代表人数是相同的。这种选举制度被称为"双席位制"。

2005年，经过长期艰苦的政治谈判，对宪法做出了重大修改。不再允许有未经选举的由任命产生的参议员，皮诺切特也曾经是其中的一员，由民选官员控制军队也得到了再次确认。一个具有象征意义的结果是，由于宪法修正案的数量总计达到了58条，现在在宪法文本上签名的是里卡多·拉戈斯总统与其内阁成员，而不再是皮诺切特及其合作者。2015年，选举法也得到了修改，双席位制被基于多代表选区的制度所代替，议员是按照得票比例选举产生的。这一改变立即发挥了作用，几个小型政党获得了生机，由此导致了一种零碎的政治马赛克或者政治群岛。

寻求尊重：哈耶克与朝圣山学社

在1976年奥兰多·莱特列尔遭到暗杀之后，针对智利的国际制裁越来越严厉。民主国家的领导人对皮诺切特避而不见，智利官员在很多多国会议上也遭到冷遇。1980年初，为了获得某种程度的国际认可，皮诺切特启程访问菲律宾，他将在那里会见政治强人费迪南德·马科斯（Ferdinand Marcos），并讨论签订经济和文化双边协议的可能性。当皮诺切特的飞机飞越太平洋中部地区时，他被告知马科斯收回了邀请。在斐济加油之后，智利代表团不得不掉头回到圣地亚哥。将军与其夫人暴怒不已。在智利独立以来将近两百年的历史上，从来没有一位国家元首遭受过如此严重的羞辱。外交部长埃尔南·库维略斯成为替罪羊，并且被立即开除。在国内，政治镇压进一步加剧，对持不同政见者的迫害达到了新的高度。

政府遭到了国际社会的遗弃，这令芝加哥小子深受困扰。他们的发展计划基于出口的快速扩张，这需要与尽可能多的国家建立良好的外交关系和商贸关系。尽管每个人的感受有所不同，但是他们大多数人都不愿意被看作为残暴的独裁政权提供服务的没心没肺的技术官僚。为了消除这一恶名，并获得全球古典自由主义知识分子的尊重，一群高级别的芝加哥小子决定创建一个跨学科智库，以为他们的经济社会理念提供支持。在从实业家和银行家那里筹集了数量可观的资金之后，公共研究中心于1980年成立。这家研究中心有一个由七人组成的执行委员会，成员包括巴勃罗·巴劳纳、豪尔赫·考阿斯和塞尔希奥·德·卡斯特罗。奥地利经济学家和诺奖得主弗里德里希·哈耶克被提名为荣誉主席，其他一些超级学术明星和自由市场派经济学家成为中心顾问委员会的成员，如阿门·阿尔奇安（Armen Alchian）、卡尔·布鲁纳（Karl Brunner）和西奥多·舒尔茨。塞尔希奥·德·卡斯特罗邀请米尔顿·弗里德曼也加入其中，但是弗里德曼在一封信中回绝了。弗里德曼表示如果自己没有足够的时间投入，就不会担任任何委员会或顾问团的成员。他还补充说，"我明白你所处的环境是极为困难的，我将在这里尽我个人最大的能力，（为智利的改革和芝加哥小子）提供尽可能多的支持"。⑪

有几年的时间，公共研究中心成为自由市场信仰者关注的焦点。中心曾经招待过几位访问智利的芝加哥大学教授，他们亲眼见到了该校经济学系的毕业生如何创造了某种"奇迹"。这些访问者包括加里·贝克尔、詹姆斯·赫克曼（James Heckman）、罗伯特·卢卡斯和迪尔德丽·麦克洛斯基（Deirdre McCloskey）。然而，随着时间的推移，中心的执行主任阿图罗·方丹·塔拉韦拉（Arturo Fontaine Talavera）使得该机构关注的焦点转向人文领域，越来越多的访问者变成了作家和哲学家，包括小说家和诺贝尔奖得主马里奥·巴尔加斯·略萨（Mario Vargas Llosa），他也是一位坚定的自由市场支持者。

很多智利实验的评论者由于孤陋寡闻而对弗里德里希·哈耶克担任中心名誉主席一事大惊小怪。哈耶克创建了朝圣山学社，也是1938年开启了新自由主义运动的那场巴黎会议的参与者。这些评论者曾经断言很多芝加哥小子都是朝圣山学社的成员，该学社在一个又一个国家强行灌输极端自由市场理念，而智利是其中的一个关键环节。⑫这些都是错误的。在2021年11月的一次访谈中，卡洛斯·卡塞雷斯告诉我，在皮诺切特的内阁中，他是唯一一名朝圣山学社的成员。他从1983年开始担任财政部长，并在独裁统治后期担任内政部长。在政府任职时，其他经济领导人都不是该学社的成员，这一点与我所能查阅的该学社成员名单是一致的。[13] 然而，卡塞雷斯和朝圣山学社的第一位智利成员、前参议员佩德罗·伊瓦涅斯（Pedro Ibáñez）确实曾经在1981年非常努力地组织了该学社在智利的会议。弗里德曼和哈耶克以及其他一些人参加了这次会议，从而使这次会议成为自由市场派的一次盛会。当时的经济已经显露出收缩的迹象，对塞尔希奥·德·卡斯特罗的固定汇率政策能否维持的质疑也日渐增多。正如第8章将要讨论的，米尔顿·弗里德曼刚一到圣地亚哥参加会议，记者们就问他是否可能爆发一场货币贬值危机。他试图回避这个问题，但是在临近离开时，他承认从货币的角度看，情况似乎并不太好。

作为朝圣山学社的创始人之一以及该学社1947—1961年的主席，弗里德里希·哈耶克曾经在皮诺切特独裁统治期间两次访问智利。1977年11月，邀请他访问智利的是前保守派参议员佩德罗·伊瓦涅斯，后者当时担任一家亲市场的基金会主席，即阿道夫·伊瓦涅斯基金会。这家基金会资助了本国最早的一所商学院。在访问期间，哈耶克曾会见过皮诺切特，并与他讨论了"有限民主"的优点，他还做过一系列的讲座和访谈。布鲁斯·考德维尔和利奥尼达斯·蒙特斯曾经令人信服地论证过，当时尽管哈耶克已经在几年前获得了诺贝尔奖（1975年），但是智利人对他或者他的著作几乎一无所知。年长一些的芝加哥小子在海德公园时也没有遇到过他，只有几位知识分子读过他的书，最多不过三四个人。而且，按照考德维尔和蒙特斯的说法，那些读过他书的人也不过是读了《通往奴役之路》这本畅销书。对于这本书，乔治·施蒂格勒曾经说过一句话："我就是搞不懂为什么它会畅销。"⑭

2021年，在有关芝加哥学派的访谈中，我曾经就哈耶克和芝加哥大学经济学系问过阿诺德·哈伯格一些问题：

> 我：您作为学生的最后一年正好是弗里德里希·哈耶克来芝加哥的第一年。他是社会思想委员会的委员，因此他与（弗兰克·）奈特、（约翰·）内夫（Nef）以及其他人不在同一层楼。当您于1953年作为一名教师回到这里时，哈耶克还在这里工作。哈耶克于1964年离开了芝加哥，所以你们做了十年的同事。您与哈耶克有交往吗？
>
> 哈伯格：没有。
>
> 我：一点都没有？他没有参加过这里的研讨会？
>
> 哈伯格：没有。他有自己的团队，在我的记忆中，他与经济学系的人几乎没有任何交流。他从来没有参加过这里定期举行的研讨会。
>
> 我：您没有和他交谈过？
>
> 哈伯格：没有真正交谈过。⑮

风雨欲来

1982年1月，《华尔街日报》在头版刊发了一篇文章，声称智利的自由市场实验似乎遭遇了某些难题。主要困难在于负债率很高的私人部门无法承受之前六个月出现的出口价格猛跌。最严重的障碍是汇率缺乏弹性，但是工资由于何塞·皮涅拉的劳动法而自动上涨。这篇文章断言，"（智利）投入自由市场的怀抱，现在遇到了严重的困难，这是自八年前这项实验开始以来最严重的一次……过去四年，通货膨胀率下降了，而每年的经济增长达到8%，这在拉美地区首屈一指。智利在取得这些成就的同时还实现了政府预算平衡，并且减少了政府干预，这一事实经常被引用，以证明里根政府的经济政策是完全正确的"。⑯

这篇文章还注意到，经济团队内部存在重大分歧，形成了两个派别，分别被称为"灵活派"和"教条派"。它引用了一位前内阁成员的话，这很可能就是何塞·皮涅拉，他已经于1981年12月下台。这位受访者声称塞尔希奥·德·卡斯特罗的固定汇率教条"真的会摧毁这场自由市场实验"。⑰

第8章
弗里德曼与1982年货币危机

1978年初，由于年通货膨胀率已经高达57%，塞尔希奥·德·卡斯特罗及其同事决心改变反通胀策略。芝加哥小子并没有像米尔顿·弗里德曼在很多论著中坚持认为的那样控制货币供给，而是决定采用一种以汇率为基础的稳定化政策。在接下来的四年中，操控比索兑美元的汇率成为将通货膨胀率降至个位数的主要工具。这一策略基于如下想法：美元价格变化与国内价格变化之间的关系非常密切，几乎是一比一的关系。如果中央银行放缓比索贬值的步伐，通货膨胀也会相应下降。一开始，政府于1978年2月宣布了接下来四个月本币贬值的幅度，并且有意识地使贬值幅度低于当时的通货膨胀率。塞尔希奥·德·卡斯特罗在一次演讲中解释了这种策略："事先宣布至1978年底的货币贬值速度（21.4%），对于那些国内市场价格超出合理水平的国内商品，这将迅速导致有竞争力的外国商品的进口……这一机制还使我们可以显著提高国内的流动性，但是没有产生更大通货膨胀压力的风险。"[①]

1979年6月，由于通货膨胀率仍然在30%以上，政府进一步押注于新策略，决定将汇率完全固定在39比索兑换1美元。原本预期这一机制发挥作用的方式与金本位是一样的，即当不同的货币都与黄金挂钩时,各国的通货膨胀率也将非常相似。简而言之,芝加哥小子相信固定汇率将会施加价格纪律,迫使国内通货膨胀稳定地向国际水平收敛。②

结果表明,芝加哥小子的固定汇率实验犯下了严重的错误,最后以一场严重的货币危机收场,并且付出了惨重的代价。从1979年6月至1982年6月的每个月,智利国内的通货膨胀都显著超出国际通货膨胀的水平,这使得对比索的高估越来越严重,智利的国际竞争力迅速下降:国内成本按照通货膨胀率在上涨,而以比索计价的出口商品的价格则按照美国通货膨胀率上涨,其增速要慢得多。结果,出现了大规模的经常账户赤字,且数额还在不断增加,1980年接近GDP的6%,1981年攀升到8%,1982年则令人吃惊地达到GDP的14%。为这些赤字提供资金的是以美元标价的银行短期借款和其他形式的投机资本。到1982年年中时,当局已经无法再坚持原有的汇率水平,比索贬值了13%。这仅仅是开始,接着就是一个动荡不断加剧和货币不断贬值的过程,在接下来的30个月中,比索的价值损失了70%。图8.1展示了1975年

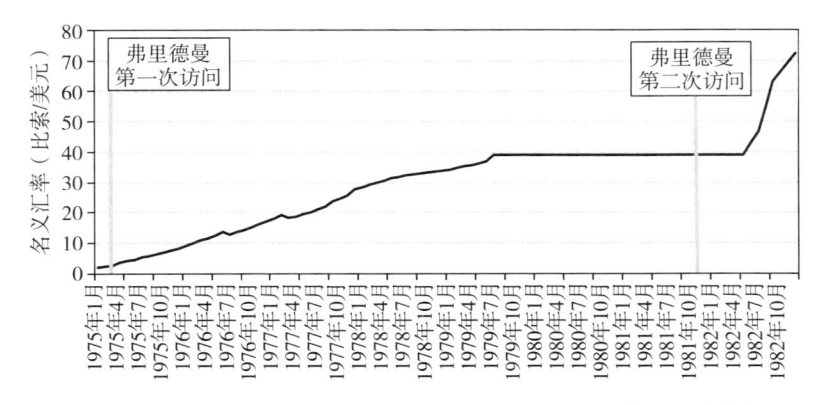

图8.1 1975—1982年智利比索与美元之间的名义汇率,月度数据
资料来源:Edwards and Edwards(1991)。

至1982年比索与美元之间汇率的变化。

从产出损失和失业的角度衡量，这次危机付出了惨重的代价。政府花费了纳税人数十亿美元来拯救银行部门，使它们免于破产，并为失业者提供帮助。公开失业率达到了令人震惊的22%。约瑟夫·斯蒂格利茨声称芝加哥学派的理念和教导应为这场灾难负责，并认为这场危机的根本原因就是在银行快速私有化的过程中，并没有建立起恰当的监管和规制体系。在美国公共电视网系列纪录片《制高点》(*The Commanding Heights*)一次深入的访谈中，斯蒂格利茨指出："他们遵照弗里德曼开出的药方行事，然后智利爆发了一场危机，放松银行业管制的实验将自由市场假说奉为圭臬。这种银行业的繁荣与崩溃，在世界各地都曾经出现过。"斯蒂格利茨还声称，1985年之后智利经济表现甚佳，但是这"并非一个自由市场的典范，而是将市场与恰当的监管成功结合在一起的典范"。③

然而，事情要比斯蒂格利茨所讲的复杂得多。固定汇率的想法不是来自弗里德曼。实际上，他完全明白1981年年中时策略发生的变化，当时他正要启程，第二次前往智利，参加朝圣山学社在比尼亚德尔马市举行的区域性会议。在1975年的访问结束之后，弗里德曼并不了解智利政策变化的细节。阿诺德·"艾尔"·哈伯格偶尔会告诉他一些具体情况，但是弗里德曼对日常决策的细节或者详细的政策选项不是特别感兴趣。就智利而言，他的主要精力都用在了如何应付示威者对他的指控上，他们指责他成为军政府侵犯人权的同谋，他还极力否认自己是奥古斯托·皮诺切特总统的顾问。

在1975年第一次访问智利时，弗里德曼就曾经指出，拥有高通胀的国家无法维持固定汇率。与到访其他新兴国家时一样，他还批评布雷顿森林体系固定但可调整的汇率制度。对于像智利这样一个在1975年通货膨胀率高达360%的国家，他更倾向于采取一种外汇价格每天都会小幅调整的汇率制度，也就是所谓的爬行钉住制度。他认为，从长期看，欠发达国家应该采取由市场决定的浮动汇率，或者是不可更改的固定汇率并取消中央银行。④

危机的代价

至1981年6月，智利经济的运行明显出现了问题。利率继续攀升，资产价格继续下跌。7月，一家中等规模的企业集团比尼亚德尔马制糖公司无法偿还债务，从而走向破产。尽管巴勃罗·巴劳纳和塞尔希奥·德·卡斯特罗两位部长都让大家不用担心，但是很多分析家仍然开始质疑大规模的外部失衡能否继续维持下去。新成立的企业集团越来越难以将其债务展期或者获得新的外国资金。为了挽救自己的投资，一些企业高管绝望地往返于圣地亚哥和纽约城，试图从跨国银行那里获得额外的贷款。1981年后期，企业破产的数量增加了一倍，两家大型银行塔尔卡银行（Banco de Talca）和西班牙银行（Banco Español）不得不请求政府的救助。塔尔卡银行总裁名叫塞巴斯蒂安·皮涅拉，是一名年轻的天主教大学毕业生，并且拥有哈佛大学博士学位，差不多在30年之后，就是他在2019年叛乱和暴动时当选为智利总统。

1981年后期，米尔顿·弗里德曼第二次访问智利大约也在这个时候，塞尔希奥·德·卡斯特罗声称在一个竞争激烈的市场经济中，破产是健康的，能够起到除旧迎新的作用。尽管他并没有引用约瑟夫·熊彼特（Joseph Schumpeter）的"创造性破坏"一词，但是在他不同的表述中隐含这种思想。德·卡斯特罗写道，"重要的是不要忘记，破产是一个适当的途径，使经济清除一些没有效率的投资"。"如果政府干预这个过程，无效率的状态就会持续更长时间。"⑤

1982年初，形势急转直下，外国银行突然认定智利不再是一个安全的贷款对象，该国成为经济学家所谓的"资本流入急停"的牺牲品。在这一年的上半年，与1981年下半年相比，资本净流入几乎下降了60%。商业银行受到的打击尤为严重，来自国外的资金下降了75%。突然之间，找不到资金来支付极为庞大的外部赤字。基本的经济学理论表明，经济调整需要"实际汇率的贬值"，米尔顿·弗里德曼、"艾尔"·哈伯格、哈里·约翰逊、罗伯特·蒙代尔以及芝加哥大学的其他教授都是这样教导学生的。如果汇率是灵活的，这一过程通过名义汇率的变动就可以完成。然而，正如米尔顿·弗里德曼早在1953年就在其著作中提到过的那样，在固定汇率的条件下，这一过程是无法实现的，他在芝加哥大学的老师劳埃德·明茨（Lloyd Mints）甚至在更早之前就指出过这一点。如果采取钉住汇率制度，实现均衡的方法就是降低国内工资或者实现"本币贬值"。但是，由于劳动法使工资的下降极为困难，这个机制也无法奏效。这意味着大幅降低外部赤字的唯一方法就是制造一场经济衰退，并由此引发大规模失业。

在一篇富有洞察力的头版文章中，《华尔街日报》注意到这次金融困境使得服务于皮诺切特的经济学家之间出现了严重的分歧。⑥年长的芝加哥小子，比如阿尔瓦罗·巴登、巴勃罗·巴劳纳和塞尔希奥·德·拉·夸德拉，他们团结在塞尔希奥·德·卡斯特罗周围，极力捍卫固定汇率策略。他们认为国内的通货膨胀向国际水平收敛只是时间问题。年轻一代，包括胡安·安德烈斯·方丹、克里斯蒂安·拉罗乌莱特（Cristián Larroulet）和何塞·皮涅拉，认为汇率浮动至关重要，为了促进出口，避免比索太过坚挺是非常关键的。豪尔赫·考阿斯曾在1975年负责实施休克疗法，他现在是一名银行家，这次站在了"灵活派"一边。根据《华尔街日报》的这篇文章，"'批评者们'的主要目标是躲了起来的财政部长塞尔希奥·德·卡斯特罗……尽管德·卡斯特罗先生与智利其他自由派经济学家之间的分歧越来越严重，但他仍然得到了奥古斯托·皮诺切特总统的完全支持……双方争论的是一项偏离了严格的自由市场理论的政策，即德·卡斯特罗先生坚持将汇率固定在39比索兑换1美元，尽管自两年半之前汇率被固定下来以后，智利的价格上涨了60%，而美国的价格上涨了不到30%"。

1982年4月22日，德·卡斯特罗从财政部长的位置上卸任。从技术上讲，他并没有被辞退，但是每个人都知道皮诺切特已经受够了，他需要一张新面孔来掌控经济计划。这位新人将带领这个国家走出危机。这场危机是钉住汇率制度和外资流入减少共同作用的结果。德·卡斯特罗被他的朋友和以前的学生塞尔希奥·德·拉·夸德拉取而代之，这位芝加哥小子自1981年以来负责贸易改革并掌管中央银行。

芝加哥小子被皮诺切特罢免

1982年6月上旬，外国资金的流入显然已完全停止，智利别无选择，只有放弃固定汇率实验。1982年6月14日，比索贬值了

13%，同时宣布在接下来的6个月，比索兑美元的汇率每个月将上升0.8%。尽管塞尔希奥·德·拉·夸德拉是掌管经济事务的主要官员和财政部长，但在6月14日宣布比索贬值并且停止固定汇率政策的并不是他。皮诺切特决定，如果这则消息由一位军方高级将领宣布将会更具象征意义，他让刚刚上任的经济部长恩里克·塞格尔（Enrique Seguel）将军向全国通告比索兑换美元的新汇率制度。

市场并没有对这则消息做出积极的反应。人们认为汇率调整的幅度不够大，并预期汇率会进一步调整，这给国内利率带来了更大的压力。在这种情况下，与之前宣布的不会采取任何偏向某些特殊群体的政策相反，政府决定建立一种二元汇率制度，大规模外币贷款的债务人可以享受更低的汇率。

对一些企业集团来讲，这次贬值尤其是一场灾难。所有这些集团都采取了激进的借款策略进行扩张，购买了一些被私有化的企业。这些集团和监管者都忽视了距离型关系的理念。1982年6月，智利银行和圣地亚哥银行这两家规模最大的银行几乎将所有贷款的一半都投向了由银行控股股东持有的"关联企业"。让事情变得更复杂的是，这些贷款中有接近40%都是以外币计价的。比索一旦贬值，这些贷款以本币表示的价值就会猛涨，很多企业和银行都破产了。

1982年8月，在货币崩溃之后两个月，罗尔夫·吕德斯取代了塞尔希奥·德·拉·夸德拉。吕德斯这位芝加哥小子曾经负责安排米尔顿·弗里德曼1975年对智利的访问。1983年2月，吕德斯被免职，取代他的是卡洛斯·卡塞雷斯，后者当时是朝圣山学社两名智利成员之一，对加里·贝克尔、米尔顿·弗里德曼和弗里德里希·哈耶克极为崇拜。尽管卡塞雷斯没有去过芝加哥大学，但是他显然被芝加哥小子认为是自己这一派的人。

1984年4月，皮诺切特对芝加哥小子失去了耐心，决定由路易斯·埃斯科巴尔·塞尔达来掌控经济大权。这位经济学家在1955年担任智利大学经济学系主任时，曾经拒绝了阿尔比恩·"帕特"·帕特森发出的邀请——设立与芝加哥大学联合培养学生的项目。他应该为芝加哥小子在作为智利大学对手的智利天主教大学的成功崛起负有间接责任。埃斯科巴尔·塞尔达迅速采取了一项产业政策，旨在培育国内的制造业部门。他的第一项措施就是通过提高关税来增强保护。关税达到原来水平的3倍以上，即实施35%的统一税率。在宏观经济方面，他试图通过激进的财政刺激政策使经济重新焕发生机，这导致应对外债危机和重建外部均衡的努力严重受挫。外部失衡的状况不仅没有得到缓解，反而进一步加剧了。

芝加哥小子与汇率崩溃

芝加哥小子为何选择钉住汇率这种反通胀策略？他们肯定知道弗里德曼对这类制度有过严厉的批评。[⑦]一种解释是智利当局受到罗伯特·蒙代尔的影响，长期以来，他认为对于世界上几乎所有国家而言，固定汇率是一种最好的制度安排。蒙代尔开创性的《最优货币区》一文深刻地体现了他的这一观点，在他获得诺贝尔经济学奖时，评奖委员会也提到了这篇研究成果。但是，蒙代尔对芝加哥小子的影响是间接的。在蒙代尔加入芝加哥大学的教师队伍之前，塞尔希奥·德·卡斯特罗和其他一些年长的智利经济学家已经离开了海德公园，而年轻一代通常没有上过蒙代尔的课，他们也没有与蒙代尔一起做过研究或者由他指导过论文。⑧

蒙代尔的影响是通过拉里·肖斯塔（Larry Sjaastad）传播的，他是芝加哥大学的一名教师，与拉美学生的关系非常密切，在1973年军事政变之后成为智利军政府的一名顾问。肖斯塔相信，购买力平价在短期内就可以实现，这是指两个国家的价格水平被汇率紧密地联系在一起。因此，可信的固定汇率制度几乎立刻就会发挥作用，从而迅速实现经济稳定，并且付出的代价很小。⑨他在解释智利1979年基于汇率的稳定化政策时指出，"这一政策的合理性在于……一旦经济主体明白或者猜测可贸易商品的价格与不可贸易的国内商品价格之间的均衡不是随机的或者任意的，可贸易商品的价格变化就会促使人们修改对国内商品均衡价格的预期。在这种情况下，降低通货膨胀并不需要过度供给，可以说，这种变化会自动发生"。⑩

哈里·约翰逊在1959年加入芝加哥大学经济学系的教师队伍，并在20世纪70年代倡导"实现国际收支平衡的货币方法"。他还影响了政策的变化。约翰逊与几位智利经济学家关系密切，包括塞尔希奥·德·拉·夸德拉，后者在20世纪80年代初期担任中央银行行长，并在1982年初被任命为财政部长。约翰逊认为，尽管发达国家应当采取浮动汇率，但是在贫困国家"专业化生产的领域很少"，出口主要由少数几种大宗商品构成，浮动汇率无法发挥作用。约翰逊论证说，在这种情况下，"刚性货币可兑换（rigid convertibility）的好处……超过了由于浮动汇率带来的相对较少的好处"。⑪约翰逊在1972年的一篇文章中指出，新的货币模型认为，在固定汇率下，"一个（小型）国家的价格水平将会钉住世界价格水平,并且必然严格地与世界价格水平一起变化"。⑫1977年,就在智利开始实施基于汇率的稳定化政策之前,约翰逊写道,"(在)固定汇率制度下,通货膨胀是一个世界性的货币现象,一国的货币政策……或者一国的'工资-价格政策'无法阻碍它的变化……如果各国汇率政策的目标是相对于外币来讲,将本币维持在某种传统的固定价值或者价值范围之内,那么,(通货膨胀就是)由全世界或者外部因素决定的"。⑬

与肖斯塔一样,约翰逊相信在大多数小国,"相对意义"上的购买力平价理论在短期内是成立的,即在固定汇率下,国内通货膨胀会与国际通货膨胀趋向一致。这一观点的经验基础来自20世纪70年代后期国际研究学院(Graduate Institute of International Studies)、伦敦经济学院、芝加哥大学和曼彻斯特大学的研究。如果财政赤字得到控制,并且固定汇率是可信的,那么国内通货膨胀将会迅速向世界通货膨胀收敛,或者用肖斯塔使用的术语来讲,将会"自动"收敛。⑭

然而,智利的情形有所不同。在比索与美元的汇率被固定以后,通货膨胀的下降非常缓慢。从汇率相对于美元完全固定下来的1979年6月至1982年6月,智利国内的通货膨胀明显高于国际通货膨胀。这主要是预期的原因,也是由于如第7章所述的,由何塞·皮涅拉推动的劳动改革引入了后顾式的指数化制度,使通货膨胀难以根除。除此之外,美元在全球市场的坚挺意味着比索相对于贸易伙伴的一揽子相关货币有所升值。正如我们将会看到的,在很多年之后,当米尔顿·弗里德曼比较智利固定汇率的失败教训和以色列基于钉住汇率的成功政策时,他也强调了最后这一点。

弗里德曼1981年对智利的访问与货币危机

当弗里德曼于1981年晚些时候第二次访问智利时，钉住汇率的实验已经进入第三个年头。当时智利大规模的经常账户赤字不断增加，只能依靠短期银团贷款和其他短期外国资本流入来融资。从1978年第一季度至1982年第二季度，相对于由十种货币构成的一揽子货币，经贸易加权的实际汇率升值了将近40%。[15]塞尔希奥·德·卡斯特罗驳斥了对外部失衡日益严重的担忧，他认为公共财政并未失控，经常账户赤字是由自愿流入该国的资金来融资的。他在1981年指出，"毫无疑问，由私人提供融资的经常账户赤字对本国是有益的，我们应当尽可能将它保持在最高水平，并且尽可能维持更长的时间"。[16]

1981年11月17日，记者们在圣地亚哥的阿图罗·梅里诺·贝尼特斯（Arturo Merino Benítez）机场等候米尔顿·弗里德曼的到来。弗里德曼立即告诉他们，他来这个国家是为了参加朝圣山学社的会议，不是为了"提建议的，也不会分析智利的政策"。[17]第二天，他对新闻媒体稍微合作了一些，但是仅限于一些泛泛的评论，"我认为这个国家在过去几年没有我的建议也取得了极大的成功，相信它未来仍会如此"。[18]

弗里德曼向本次朝圣山学社会议提交的论文题目是《自由社会中的货币体系》，聚焦于后布雷顿森林时期的国际货币体系。该论文最后一节涉及发展中国家可以选择的货币制度，还讨论了智利的情况。弗里德曼解释说，尽管他始终支持发达国家采取由市场决定的浮动汇率，但是对于更为贫穷的国家，他认为浮动并非最佳选择。在他看来，对于一个欠发达国家而言，他更喜欢的一种货币和汇率制度是废除中央银行，并将与主要贸易伙伴之间的汇率永远固定下来。他称之为"统一货币制度"（unified currency regime），并认为这种体制在中国香港运行得极好。[19] 在更早的著作中，他曾经强调废除或者没有中央银行是这种制度安排的核心要素之一，汇率必须是固定且不可更改的，这一体系必须是真正完全可信的。1972年，他在以色列的霍罗威茨讲座（Horowitz Lecture）中谈道，"我的结论是，禁止将通货膨胀作为一种税收工具，唯一的方法就是避免拥有一家中央银行……一种统一的货币能够确保该国最大程度地与世界其他地区整合在一起"。[20]

弗里德曼在1981年朝圣山学社的发言中指出：

> 最近这几年，只有智利将其货币与一个重要的发达国家的货币有效地统为一体……自我在以色列做了那次讲座以来（他在那次讲座中第一次建议实施一种"统一货币制度"），经验并没有让我改变自己对这个经济学议题的观点（统一货币制度的优越性），尽管它让我在判断这种制度的政治可行性（就采用这种制度的可能性而言）时变得尤为慎重。如果智利政策能够继续像目前这么成功，可能会令其他发展中国家群起效仿。[21]

弗里德曼的论断有两点值得讨论。首先，弗里德曼声称智利已经有效地实施了一种统一货币制度。然而，实际情况并非如此。智利是实施一种固定但可调整的汇率制度，这与布雷顿森林会议的传统是一致的，然后增加了一个维持这一平价的口头承诺。但是，这一承诺并不存在制度约束或者法律约束。当局在任何时候都可以采取积极的货币政策，从而削弱了这种钉住汇率制度的可信度，或者他们也可以决定放弃这种制度，并使比索贬值。智利确实没有像弗里德曼在1972年的第二次霍罗威茨讲座上以及其他的著作中建议的那样，取消中央银行，并代之以货币局制度。弗里德曼明白这一点，因为智利中央银行行长塞尔希奥·德·拉·夸德拉是一名杰出的芝加哥小子。[22] 而且智利民族主义情绪高涨的军方不可能同意放弃比索，然后使用一种外国货币作为法定货币。同样地，智利也不可能采取中国香港那样的完全消极的货币局制度。此外，存在后顾式的工资指数化制度意味着固定汇率下的关键调节机制是缺失的，即通过价格水平和工资的下降重新调整国内外的相对价格。

其次，弗里德曼暗示智利的钉住汇率实验是成功的。通货膨胀持续存在，当时每年仍在10%以上，由短期投机资金提供融资的大规模经常账户赤字，以及实际汇率被高估，都表明上述说法是有问题的。正如我们在后文将会看到，弗里德曼在朝圣山学社会议的即席讲话中承认，形势看上去相当悲观，未来将会面临严重的汇率问题。

在朝圣山学社的会议上，他的讲话与事先准备的评论意见和提交的论文有两点不同。首先，他谈到了经济自由与政治自由之间的关系，这是他打心底里最为关注的问题。他声称仅有经济自由不足以成就一个自由社会，这一点对于智利迈向民主制度非常重要。然而，毫不奇怪的是，由于军方实行了严格的审查制度，媒体并没有报道弗里德曼在这方面的评论。[23] 他对此感到沮丧，在离开智利之后，他立即在秘鲁的一次访谈中广泛探讨了这个问题。[24]

其次，在即席评论中，他表达了对智利汇率政策的担忧，在《自由社会中的货币体系》一文中他并没有这样做。一家名为《第二报》(La Segunda)的新闻媒体概述了他的这一观点。他说，在其书面版本中，他关于智利的评论过于简短，某些内容被省略了。他最后谈到了未来挑战的基本特征：

> 目前，国际机构无法确保智利将坚守自己的政策。智利面临的问题不仅仅是美元升值和铜价下跌，还有针对其货币的投机性攻击，这是因为人们预期智利会进行货币贬值，从而偏离它最初的目标。后面这一点是我猜测的，因为我并没有获得全部信息。如果智利再次重申它的货币政策是可信的，并且允许自己的货币总量反映国际收支的变化，那么在下一次危机时投机性力量将有助于实行这一体系的稳定。[25]

在这篇新闻报道的结尾处，弗里德曼指出当时的智利比索似乎被高估了。[26]然而，他并没有剖析在固定汇率下如何纠正这种币值高估的现象。具体而言，他并没有提到在统一货币制度的条件下，解决严重的币值高估的唯一方法就是让价格水平大幅下降，包括缩减名义工资。他早在1953年就指出过这一点，当时他曾经说过，"德国每种国内商品的价格都下降了10%"，等同于马克相对于美元贬值了10%。在之前的20年中，他在访问每个贫穷国家时几乎都会重复这一观点。[27]图8.2拍摄于1981年11月弗里德曼在比尼亚德尔马市举行的大型记者会，他在这次记者会上公开讨论了智利固定汇率稳定化政策是否可以持续。

很难知道弗里德曼的言论在多大程度上影响了市场对迫在眉

睫的危机的预期，从而使接下来几个月的资本流动出现下降，并最终导致1982年6月的危机。然而，已知的是，如果以利率差异衡量，1981年第四季度货币的贬值概率几乎比上一季度增加了两倍。㉘当时，智利实行了严格的资本管制。因此，即使有负面评论和悲观预期，资本外流也不会出现突然激增。预期的变化反映在资本流入的大幅放缓和/或国内利率的大幅上升上。

图8.2　1981年11月米尔顿·弗里德曼在比尼亚德尔马市举行记者会

资料来源：《三点钟报》图片档案。

再回首：弗里德曼对1982年危机的观察

在弗里德曼第二次访问智利七个月后，智利无法继续捍卫钉住汇率制度，1982年6月14日，如图8.1所示，比索贬值了。接下来爆发的这场危机是截至当时一个拉美国家曾经遭遇过的最为深重的一场危机：实际GDP暴跌了将近15%，公开失业率超过25%的历史纪录。在未来的日子中，芝加哥小子的批评者们一次又一次地提到这次危机，其中很多人认为弗里德曼对这一切负有责任。[29]智利花费数年时间才从危机中恢复，在经济恢复之后，政策制定者确信再也不能采用钉住汇率制度了。

在一个市场化改革与他的名字联系在一起的国家爆发了这样一场危机，弗里德曼的反应如何？他是如何对这件事情盖棺论定的？对于这些问题，他保存在胡佛研究所档案中的通信记录提供了一些线索。

1982年7月8日，在比索贬值三周之后，弗里德曼写信给彼得·惠特尼（Peter Whitney），后者是美国驻智利大使馆的经济顾问。"我对这一变化（阶梯式的大幅贬值）感到吃惊，因为在我看来，相对于智利目前采取的（固定汇率）政策，如果要选择另一个备选方案的话，一个恰当的选择是完全的浮动汇率制度，而不是按照预定的计划实施一系列的贬值。"[30]比索贬值四个月之后，在一封给记者何塞·罗德里格斯·埃利桑多（José Rodriguez Elizondo）的信中，弗里德曼向他以前的学生罗尔夫·吕德斯领导的智利新经济团队提出了政策建议，"鉴于目前的形势，并且之前的承诺也已失效，他（吕德斯）可能应该（在汇率方面）更为灵活……面对军方使用的种种手段，我不确定他能否取得成功"。[31]

在其1998年与妻子罗丝（Rose）合著的回忆录中，弗里德曼直截了当地写道："对于一个像智利这样的国家，有一家中央银行，同时又采用了钉住汇率制度，我怀疑它是否真的有过一段比较美好的时光。我一贯的立场是，一个像智利这样拥有中央银行的国家，应该采用浮动汇率。另一个选项是放弃中央银行，并使其货币与主要贸易伙伴的货币统一起来。"[32]然而，弗里德曼在两次访问智利时并没有表明这个观点。他确实说过布雷顿森林体系是不稳定的，但是他并没有公开说过智利面临的选项要么是放弃中央银行，要么是采用浮动汇率。

2001年，在与罗伯特·蒙代尔的一次辩论中，弗里德曼再次提到了智利。蒙代尔是固定汇率制度最坚定的拥护者。弗里德曼声称，智利1979年的"死钉"政策在美元于1980—1981年升值时彻底失败了。㉝他在提交给1981年智利朝圣山学社会议的论文的补充说明中表达了同样的观点。他在其中写道，"前面三段在1981年写作时是正确的，现在则并非如此。美元大幅升值使智利陷入灾难性的衰退，经过此事之后，智利在1982年不再钉住美元"。㉞1997年8月5日，弗里德曼寄给罗伯特·亚历山大（Robert J. Alexander）一封长信，后者是罗格斯大学的一名教授，弗里德曼与他就智利和其他拉美国家有过广泛的交流。这封信的目的是评论胡安·加夫列尔·瓦尔德斯新出版的著作《皮诺切特的经济学家们：智利的芝加哥小子》。弗里德曼就瓦尔德斯对1982年货币危机的叙述提出了异议，他的观点值得大段引用：

> 瓦尔德斯并不理解1982年萧条产生的根源。其根源在于背离了芝加哥学派基本的经济学原理，而瓦尔德斯对此语焉不详。德·卡斯特罗错误地将智利的货币与美元挂钩，才导致了这场灾难。我的观点一直如此，即一个像智利这样的国家，如果它拥有一家中央银行并且拥有独立的货币，那么就应该允许汇率浮动。它在1979年之前一直采取这一政策，然后德·卡斯特罗犯了严重的错误，将智利货币与美元挂钩，寄希望于这能够带来消除通货膨胀所需的纪律。在我看来，

在任何情况下这都是一个糟糕的决定，但是，结果表明这不仅是一个糟糕的决定，还带来了灾难性的后果，因为……美元急剧升值。[35]

1994年，弗里德曼出版了一部题为《货币的祸害：货币史上不为人知的大事件》（*Monetary Mischief: Essays in Monetary History*）的论文集。这部著作包括十章和一篇后记。其中六章是以前文章的修改版，包括两篇已经发表在《政治经济学季刊》上的论文，还有一篇来自1980年的系列电视节目《自由选择》。

有一篇之前没有发表过的论文讨论了智利和以色列在努力实现经济稳定时采用钉住汇率制度的经验，分析了为何这项政策在智利以失败和一场严重的危机告终，而在以色列却取得了成功。[36]弗里德曼在一开始分析时就指出，在这两个事件中运气扮演了重要的角色：1979年智利刚刚使本国货币钉住美元，外部环境就恶化了。美元在全球市场走强，贸易条件发生了对智利不利的变化。与此相反，当1985年以色列将谢克尔的价值固定下来时，外部的冲击是有利的，即石油价格下跌而美元走弱。在政策层面，一个重要的差别是，在将其货币与美元的汇率固定下来之前，以色列将谢克尔贬值了20%。通过这一点，以色列为过渡时期出现的实际汇率上升创造了一个"缓冲带"，不会使本币币值被高估。相反，在比索已经估值过高时，智利将汇率严格固定下来。此外，以色列制定了包括暂时冻结工资和价格在内的收入政策，而智利实行了后顾式的工资指数化制度，随着通货膨胀的下降，实际工资自动上涨。最后，以色列将钉住美元作为一项暂时性措施，目的在于引导短期预期。在几个月之后，谢克尔就

"不定期地贬值了,以消除以色列大约20%的通货膨胀与贸易伙伴的较低通货膨胀之间的差异"。[37]与之相反,智利宣布固定汇率将会永远持续,甚至在币值已经明显高估时也是如此,尽管它仍然保留了贬值的可能性。1982年年中,智利已经无法继续捍卫钉住汇率制度,一场严重的货币危机爆发了,实际人均GDP暴跌了20%,失业率攀升至25%。[38]

然而,在1981年访问智利时,弗里德曼并没有公开批评智利的固定汇率政策。他既没有表示赞同这一政策,也没有表示异议。他通过区分硬钉住和软钉住,并且指出既然智利选择了固定汇率,它就必须确保汇率体系可以导致可信的硬钉住制度,从而隐瞒了自己的真实想法。从很多方面看,这种模棱两可和躲躲闪闪的态度令人惊讶,也有悖于弗里德曼平时直言不讳的性格。对此,我们只能猜测他为何如此。一个可能的解释是,在弗里德曼私底下会见过芝加哥小子的当权人物之后,可能是中央银行行长塞尔希奥·德·拉·夸德拉,他意识到政府不愿意或者无法改变其汇率政策,使汇率更具灵活性是不可能的。因此,在这种情况下,弗里德曼再公开批评固定汇率就没有意义了。实际上,质疑固定汇率是否可以持续和是否恰当,这本身就会引发大规模的投机行为,甚至引发一场严重的货币危机。他因而选择了谨言慎行和沉默不语。

重回正轨

路易斯·埃斯科巴尔·塞尔达努力带领经济走出阴霾,但是并未成功。产出和就业依然低迷,外部赤字仍然是一个严重的制约因素。1984年10月,月度通货膨胀率超过了8%,反映了国内价格对汇率的变动非常敏感。此外,埃斯科巴尔·塞尔达的政策使他陷入了一场重大的政治斗争,斗争的双方分别是军方内部支持政治开放的一派和对反对者施以强硬手段的一派。

在20世纪80年代中期,有几个议题在政治领域占据了主导地位。国际社会对智利政府施加的压力越来越大,敦促政府允许流亡者回到国内。其中起主导作用的是天主教会及其主教会议,包括贝尔纳迪诺·皮涅拉(Bernardino Piñera)大主教,他是何塞·皮涅拉和塞巴斯蒂安·皮涅拉的叔叔。同时,也有人努力说服政府,让大学教师和学者来负责智利大学的运转。自从军事政变以来,军方对每所大学都进行了"干预",让高级军官坐上大学校长和管理者的位置。从第一次访问智利开始,弗里德曼就批评这种做法,1986年,他写信给罗伯托·索托·麦肯尼(Roberto Soto MacKenny)将军,抗议这种做法,后者曾被皮诺切特任命为智利大学校长。弗里德曼指出,他得到的消息"表明,智利的大学岌岌可危,(军事当局)任意地、不负责任地运用自己的权力,这正在摧毁大学的学术诚信和成就"。[39]

第9章
1983—1990年的第二轮改革：
务实的新自由主义

1985年初，鉴于路易斯·埃斯科巴尔·塞尔达未能重启经济增长并控制通货膨胀，奥古斯托·皮诺切特总统决定重新启用芝加哥小子。然而，他对年长一些的芝加哥小子并不满意，因而转向更为年轻的一代，以完成这场开始于1975年"休克疗法"的革命。1985年2月12日，时年35岁的埃尔南·比希被任命为财政部长，他是瑞士后裔，是一名拥有哥伦比亚大学MBA（工商管理硕士）学位的工程师。比希并非一名局外人，他与芝加哥小子米格尔·卡斯特一起工作，致力于推动医疗改革，还曾经短暂地担任过计划部长。比希是一名荣誉芝加哥小子，尽管没有上过加里·贝克尔、米尔顿·弗里德曼和阿诺德·"艾尔"·哈伯格的课，但是他完全相信自由市场在几乎所有的社会领域都有其优势。比希带来了一个由第二代芝加哥大学毕业生组成的团队，包括胡安·安德烈斯·方丹、玛莉亚·特蕾莎·因凡特、克里斯蒂安·拉罗乌莱特、华金·拉温和豪尔赫·萨鲁姆。① 这些人大多数都是秉承实用主义的经济学家，属于全心全意的市场派，但是并不会完全受制于同凯恩斯主义者和结构主义者在学理上的传统争论。在塞巴斯蒂安·皮涅拉总统的保守主义政府执政时期，即

2010—2014年和2018—2022年，芝加哥小子试图卷土重来，其中很多人最终成为内阁成员。

埃尔南·比希接手财政部时正处于困难时期。1982年的货币危机是灾难性的，对经济造成了重创。所有银行再次处于政府的掌控之中，很多借了美元贷款的企业都破产了。失业率超过20%，智利能够获得的外国资金非常有限，为了获得外汇贷款，它被迫与国际货币基金组织签订了条件苛刻的协议。此外，原来经济团队中两派之间的分歧明显加深了。这两派分别被《华尔街日报》称为"灵活派"和"教条派"。用比希的话来说，"为（军）政府工作的经济学家对新自由主义的认知存在严重的分歧……过去那些年占主导地位的团结协作的良好氛围被一种抗争、冲突和憎恨的情绪所代替"。② 但是，自由市场拥护者的内部冲突并非主要问题。在这场危机之后，针对军政府的抗议活动日趋频繁，示威者的数量日益增加。军政府以武力作为回应，镇压和侵犯人权的事件急剧增加，这遭到了天主教会和国际人权组织的谴责。1985年3月下旬，比希被任命为财政部长仅仅六周，国家特工实施了一起最为恶劣的犯罪行为，国家武警通信委员会（National Directorate of Communications of Carabineros）的秘密警察在光天化日之下绑架了三名反对军政府的人。几天之后，他们被割喉而死，尸体被抛到了圣地亚哥的郊外。③

经济增长优先

1985年，皮诺切特和军政府需要立竿见影的效果。如果比希和他的团队未能做到这一点，军方的中央集权派就会掌握更大的权力，改革第一阶段取得的进展就会岌岌可危。基于这些考虑，新的经济团队决定关注两个相互关联的优先目标，即加速增长和恢复就业。当然，控制每年25%的通货膨胀也是重要的，但是他们并不像70年代后期的塞尔希奥·德·卡斯特罗以及年长些的芝加哥小子那样沉迷于此。新团队决定至少在一段时间内，暂时忍受25%左右的通货膨胀。

比希实现快速增长的策略以出口的快速扩张为基础，依靠的是比索大幅贬值之后的廉价货币。这需要恢复爬行钉住或者小幅贬值汇率机制，米尔顿·弗里德曼在1975年第一次访问智利时曾对此表示赞许，而塞尔希奥·德·卡斯特罗在1978年放弃了这一政策。与1978年的反通胀政策不同的是，小幅贬值的幅度并没有事先公之于众。相反，每周都会重新确定比索与美元汇率的调整幅度，这取决于以下几个因素，比如之前的通货膨胀率、国际价格水平和利率、铜价以及智利的资本流入。

但是，实现更快增长的道路困难重重。首先，银行部门一片狼藉。在危机之后，政府立即接管了大多数金融中介机构，关闭了14家注定资不抵债的银行。大部分幸存的银行都拥有巨额不良贷款，很少能够实现自力更生。这些银行迫切需要资本重组，目的在于救助储户，而不是银行的股东。为了解决这个问题，中央银行购买了私有银行的不良贷款。然后，这些银行为这些不良资产支付5%的实际利率，并承诺用自己的留存利润回购不良资产。在中央银行持有这些不良债务时，银行不得向原始股东支付股息。此外，银行必须发行新股，分成小份向公众出售，这是为了鼓励股权分散或者实行"大众资本主义"。超过4万个小型投资者参与这项计划并购买了银行的股份，新启动的养老基金管理公司也参与其中。④ 在18个月之后，所有金融中介机构都回到了私人手中，包括银行、证券公司和专业化金融机构，这些机构的股本金额比危机之前明显增加。

加速经济增长面临的第二个障碍是对机器设备极低的投资率。在危机之后，固定资本形成率降至GDP的12%，这一历史最低纪录几乎不足以弥补现有资本品的折旧。在20世纪六七十年代，投资在GDP中的比例平均为20%。新的经济团队决定同时采取三项措施来增加投资。首先，对企业用于再投资的留存利润，税率从46%降至10%。结果，从1985年至1990年，私人部门的年均投资增速超过了10%。其次，公共部门投资每年的增速接近10%，特别是对基础设施的投资。第三项也是最重要的一项措施是，通过一项极具创新性的债转股政策，鼓励外国企业和跨国企业投资于智利。外国企业在全球二级市场上以折扣价购买智利的债务，并在智利按照优惠的比率将其转换为企业的股权，这些企业仍有效益但是陷入了困境。投资者承诺五年之内不会将股息汇回其国内，十年之后才能将本金汇出智利。⑤ 从1985年至1990年，债转股总额超过100亿美元。⑥ 这些投资有很大比例流向了采掘业，这个部门现在受到1981年采矿法案的保护。经济团队的成员反复告诉投资于采掘业的外国企业，如果萨尔瓦多·阿连德总统执政期间存在这种程度的法律保护，国家就会对当时被没收的美国企业支付公平合理的价格。

经济增长、思想与人力资本

在20世纪70年代中后期至80年代初期，新团队中年轻一代的大多数经济学家都曾经在芝加哥大学学习过，此时米尔顿·弗里德曼已经去了胡佛研究所。当然，弗里德曼多数重要的论文和著作，不论是学术性的还是畅销书，他们都读过。但是就经济增长和经济政策而言，他们受到的影响主要来自其他教师，包括加里·贝克尔和西奥多·舒尔茨，他们是人力资本研究的先驱，指出通过更好的教育实现人力资本积累，无论是对提升宏观经济表现还是改善社会状况都至关重要。1979—1984年，罗伯特·卢卡斯也开始了关于新增长理论的研究，几位研究生正在试图创建模型，解释为何有些国家比其他国家增长得更快一些。特别是保罗·罗默（Paul Romer）开始研究思想和创新在经济增长过程中发挥的作用。罗默以在课堂和研讨班上的热情投入而享有盛名，他的同学，包括这些智利人，对他提出的洞见印象深刻，有些人曾经预言他最终会获得诺贝尔经济学奖，而他确实也在2018年做到了这一点。⑦

受贝克尔、卢卡斯、罗默和舒尔茨的影响，年轻一代的芝加哥小子在回到圣地亚哥时坚信，为了持续而显著地加速经济增长，鼓励创新和新思想并改善教育质量，至关重要。在政策层面，主要的策略是增加学校之间的竞争。对中小学教育而言，这意味着分权。市政当局而非国家的教育部拥有学校，聘任教师和管理人员，与家长交流。理论上，将责任转移给市政当局会引发学区之间更健康的竞争，也更容易问责。这种具有普遍意义的理念已经包含在砖案之中，并且与米尔顿·弗里德曼的信念也是一致的，即教育券制度是组织教育体系的最有效的方法。⑧

然而，在公共教育改革中还添加了纯粹的政治目的。正如第7章提到的，分权意味着强大的左翼教师工会在国家层面上不复存在。与工作条件相关的谈判和要求，只能在地方政府层面进行，这极大地削弱了工会的影响力。数年之后，当民主制度恢复时，帕特里西奥·艾尔文最先采取的一项行动就是出台全国性的教师条例，统一了智利所有公立学校教师的合同条件、晋升标准和专业课程。⑨

基础教育和中等教育有多重体系。处于底层的是由市政当局运营的纯公立学校，不收取学费。学校的经费按照录取的学生人数和学生的出勤情况计算。教育券制度意味着一些家庭可以让他们的孩子就读私立学校，这些学校从每个学生那里获得的政府资金与市立学校是相同的。大多数私立学校由宗教团体运营，而且几乎都来自天主教会。少量私立学校是营利性的，属于家族企业。处于这一体系顶端的是纯私立学校和学院，没有资格使用教育券。

1980年智利宪法明确规定，大学或者中等职业学校不得是营利性的。然而，由于芝加哥小子的默许，私人投资者很快找到了绕过宪法规定的方法。高等教育机构，比如新成立的大学或者职业学院，是非营利实体，没有任何资产。它聘任导师，收取学费，但是不拥有任何建筑、计算机、体育馆或者实验室。实物资产是从其他公司租来的，而拥有或者控制这些公司的正是大学的创办者，这些公司能够而且确实赚到了利润。⑩ 随着时间的推移，这种高等教育体系再次让芝加哥小子和来自民主政党联盟的中左翼政治家感到困扰，因为这些新大学的毕业生在他们选择的领域找不到工作，最后还背负了巨额的学生贷款。不难预料，其中大多数人都加入了极左翼政党，并参与了2019年的叛乱。一些人被选为制宪会议的代表，在会议上支持激进提案，包括由国家没收所有的自然资源（更为具体的内容，请参见第15章）。

经济重新开放

根据新的内生增长理论，及时采用富裕国家的先进技术会让一个小型发展中国家受益。但是，如果想要开启这一提高生产率的"模仿"过程，经济必须对世界其他地区极为开放，并欢迎外商直接投资；出口商和商界领袖必须面对最新技术的冲击，让自己始终处于"通过观察来学习的过程"。

对新的经济团队而言，很明显进口关税必须统一降至10%。关税在路易斯·埃斯科巴尔·塞尔达担任财政部长时曾经大幅提高。一个关键的问题在于，应以多快的速度实施这一政策。最佳策略是渐进式地实施还是以一种更为迅速的方式实施？在1975年访问智利时，米尔顿·弗里德曼曾经推荐过休克疗法，按照这种方法，所有的痛苦同时到来，但是从理论上讲，也能立刻得到相应的好处。埃尔南·比希及其同事没有遵循弗里德曼的建议，出于政治上的考虑，他们认为更好的方式是小心谨慎，缓慢推进。另一位芝加哥经济学巨匠也赞同这种渐进的方式。在经济学思想和学说史课程上，乔治·施蒂格勒要求学生从头到尾阅读亚当·斯密的《国富论》。正是在这门课上，年轻一代的芝加哥小子仔细阅读了这本书第4编的第7章，题目是"论殖民地"。在这一章中，斯密讨论了贸易自由化和开放的动力机制与政治经济学：

> 殖民地贸易同时向所有国家开放，可能不仅会导致某种暂时的不便，对于那些目前将产业或者资本投入这一领域的人，可能还会永远地损失其中很大一部分……因此，殖民地贸易应

该以何种方式逐渐开放；哪些约束应该首先取消，哪些应该放在最后；或者应该以何种方式逐渐恢复完全自由和公正的自然体系，我们必须将这些问题交由未来政治家的智慧来决定。[11]

斯密的推理是基于政治理论而非经济理论，他考虑到了突如其来的贸易改革而导致的代价惨重的严重混乱和失业损失。因此，实用主义的考虑促使新团队一步一步地取消了路易斯·埃斯科巴尔·塞尔达的保护主义政策。比如，他们并没有一下子将关税降至10%，而是先从35%降到了15%。具有讽刺意味的是，在21世纪的前五年，进一步开放经济的是社会党总统里卡多·拉戈斯，具体内容请参见第11章。

新一轮私有化

这场货币危机使芝加哥小子有机会进一步推动私有化。正如第6章和第7章提到的，在20世纪70年代，军方极不愿意将一些国有企业私有化，这些国有企业是四五十年代第一次工业化浪潮时依据进口替代战略创建的。这些具有象征意义的企业包括大型钢铁企业太平洋钢铁公司、国家航空公司智利航空、国有电力公司国家电力股份公司、国家硝酸盐和锂业公司智利矿业化工（SQM，Chemical and Mining Society of Chile），以及其他一些企业。

80年代中期的私有化，其新颖之处在于这并不意味着将这些公司的控制权交给大型企业集团或者国外的跨国企业。至少从理论上讲，有可能向普通公众出售股份，包括通过前文讨论过的"大众资本主义"计划来购买股份的小型中产阶级投资者。而且，在国有企业工作的工人可以按获得补贴之后的价格和某种长期规划方案（layout plan）来购买该企业的股份。股票市场的规模显著扩大，现在足以吸收以拍卖方式出售的股票。此外，个人退休账户意味着，每个智利工人在为老年生活而准备的储蓄中将包含这些公司的部分股份。

从1985年至1988年，政府对27家传统企业进行了私有化。在很多情况下，股份全部卖给了养老基金管理公司、外国投资者、工人和投资基金。即便如此，对于那些军方认为具有战略意义的企业，政府仍然保留了相当一部分股份。从这些运作中，政府获得的总收入接近20亿美元，这一数字即使在当时也被认为是偏低的。在接下来的那些年，军方、埃尔南·比希和经济团队中的其他人被指控将这些企业实际上送给了他们的亲朋好友。人们议论最多的案例就是硝酸盐和锂业企业智利矿业化工的出售。它被卖给由皮诺切特的女婿胡利奥·庞塞·勒鲁（Julio Ponce Lerou）领导的一群投资者。另一个引发争议的案例是出售国有的智利航空公司。它被出售给一个投资者银团，塞巴斯蒂安·皮涅拉是该银团的高级合伙人之一。在2019年的叛乱爆发过程中，示威者最常见的抱怨就是，军方与其政府内的"同谋"将有良好前景且价值很高的企业以极低价格出售，从而对智利实施了抢劫。

实用主义、汇率与独立的中央银行

第二轮改革的特征是"以新自由主义为导向的实用主义"。在情况允许时，市场的应用范围得以扩展，精准的社会保障计划得以维持，代金券被用于教育和医疗，对于很多经济社会活动，国家尽可能地置身事外。尽管这些政策的市场导向特征非常明显，埃尔南·比希及其同事仍然极为注重以实用主义的态度来推行这些政策。进口关税被逐步降低，对于有可能激起军方强烈反对或者威胁到总体改革进程的领域，也没有尝试进行改革。[12] 正是由于这个原因，对资本流动的控制被保留下来，直到民主制度恢复以后，中左翼政府才对此有所放松。

然而，实用主义态度体现得最为明显的是在汇率政策领域。目标是避免比索被估值过高，并且通过一项一般性的非歧视制度来鼓励出口。埃尔南·比希及其同事并没有选择米尔顿·弗里德曼为新兴国家推荐的两个选项，即由市场决定的汇率体系或者没有中央银行的真正的固定汇率制度，而是求助于以前尝试过的小幅贬值制度。第二轮改革背后的灵魂人物之一、芝加哥小子胡安·安德烈斯·方丹写道：

> 如果要从曾经实施的政策中选择一项最有可能实现这些目标的政策，那么毫无疑问应该是汇率政策。自1982年末以来，中央银行实行了一种让比索每天小幅贬值的政策，旨在将实际汇率维持在既定水平。这一水平会不时发生变化，以便使实际汇率看上去与对贸易条件、利率和获得外部融资的中期展望是一致的……由比索贬值引发的相对价格调整对于促进出口和进口替代产生了惊人的效果。[13]

早在1974年，"艾尔"·哈伯格就曾建议采取这种实用主义的汇率政策，他指出，在智利这样的国家，铜作为主要的出口商品，价格经常出现大幅波动，维持固定汇率极为困难，而且代价惨重。哈伯格还指出，就整个拉美地区而言，固定汇率在巴拿马这样的国家运转良好，是因为它拥有巴拿马运河，其外汇收入非常稳定，但是在智利政策效果不佳，因为铜作为主要的出口商品，其国际市场价格波动十分剧烈。

1989年10月，就在自1970年以来第一次总统选举的几周之前，军政府通过了一部法律，授予中央银行独立地位。这种理念在当时的拉丁美洲还很新颖，这是受芝加哥大学和其他机构所做的一项研究的影响。这项研究表明，制度约束有助于促进政策的可信度和宏观经济稳定。大卫·戈登（David Gordon）是一名芝加哥大学的毕业生，也是很多年轻一代的智利经济学家的同学。他在毕业论文中研究了这个问题，并且与哈佛大学的罗伯特·巴罗（Robert Barro）一起发表了一篇极具影响力的论文。[14] 他们认为，在某种策略格局下，中央银行通常想要遵守自己维持低通胀的承诺。一旦名义工资通过工会与雇主之间的某种谈判程序确定下来，引发高于承诺水平的通货膨胀，以这种方式促进总需求和就业符合中央银行的利益。当然，工会了解中央银行的这种行事风格，于是所要求的工资水平就会超过中央银行信守承诺时的工资水平。结果就是更高水平的均衡通货膨胀。戈登论证道，在这种情况下，中央银行"自缚双手"以确保不会因为禁不住诱惑而采取行动，就会带来颇多好处。由于这种约束是不容易实现的，由免受政治家影响的官员负责管理独立的中央银行，并授予他更长的任期，差不多能够实现约束央行的目标。一旦左派和右派都同意授予央行独立地位，他们就对五名独立委员的构成展开了长期谈判。最终，双方达成妥协，安德烈斯·比安奇（Andrés

Bianchi)被任命为央行行长,任期两年。他是耶鲁大学的毕业生,曾经是一名外交官,各个政治派别都对他极为尊敬。组成执政联盟的每个政党各有两名成员加入了委员会。

哈伯格的影响日渐扩大

在20世纪80年代的后半段,"艾尔"·哈伯格对芝加哥小子的影响甚至超过了改革的初期阶段。还在上学时,哈伯格就明确地拥护市场、开放和竞争。同时,他将自己视为一名应用经济学家,会认真地对待政治、文化以及其他一些方面的约束,并寻找可行的解决方案。他为自己不受任何教条的束缚也不是米尔顿·弗里德曼的任何复制品而感到自豪。在独裁统治初期,哈伯格每年访问智利一次或者两次,大部分都是作为维亚尔基金会邀请的嘉宾,这个亲市场的基金会由罗尔夫·吕德斯运作,并与维亚尔集团有关联。

与某些更教条的芝加哥大学教授不同,哈伯格明白在较为贫穷的国家,国家在经济中扮演着极为重要的角色,很多时候它必须担负起沉重的投资重担。在他看来,谴责国家规模过大并且建议放弃公共部门企业,不足以解决问题。真正需要的是一种细致入微、合情合理的方法,以评估由政府支持或实施的具体投资项目的绩效。很多年来,哈伯格一直致力于发展合乎逻辑的"项目评估"方法。他在一篇优雅的论文中表述了这种方法的核心思想,论文的题目是《应用福利经济学的三个基本原理》(Three Basic Postulates for Applied Welfare Economics)。这三个原理非常简单,却也极为有力,它们分别是:民众认为某种商品或服务价值多少，需求曲线对此提供了最佳估计；以使用的资源衡量，生产这些商品或服务需要付出多少成本，供给曲线提供了最佳估计；计算项目的净收益，应当将与之相关的货币成本和收益值直接加总。第三条原理暗示，在评估公共部门的投资项目时不应使用"分配权重"（distributional weight），这种确定权重的方法将偏向于收入分配等级中某些特定的群体。应用这种方法并非易事，因为必须界定和构建正确的供求曲线，而这些曲线需要反映外部性、副作用和其他市场扭曲。[15]

1975年，基于哈伯格的理念，芝加哥小子估计了投资项目中最重要组成部分的"影子价格"或者"社会价格"，包括资本、劳动和外汇。这些社会价格考虑了智利经济中无数的扭曲，然后被计划署用来评估具体项目是否值得投资以及能否产生社会收益。随着时间的推移，这些扭曲被取消或者清除，使用社会价格评估投资项目不像原来那么重要。哈伯格的作用并不局限于帮助他以前的学生评估某种特别复杂的投资项目。对于各种各样的宏观政策和社会政策问题，他们都会请教他。

哈伯格：经济学家和关键人物

我在1976年初见过哈伯格，当时我是维亚尔企业集团研究部门的一名初级经济师。罗尔夫·吕德斯聘任我协助集团高层理解智利经济的演化方式及其对改革的反应。我在本科生阶段的经历错综复杂，不循常规。高中毕业之后，我被智利大学政治经济学学院录取，在那里成为一名从属于萨尔瓦多·阿连德的智利社会党的学生运动积极分子。在那场军事政变之后，我们学院被关闭了，因为根据军方的说法，它是"共产党分子的老巢"。所有学生都被停学，有些人被开除，还有少数几人消失在独裁政权的刑讯室中。1974年，在准备了数量令人难以置信的文件资料，并经历了一系列没完没了的会议之后，我成功转学到天主教大学，然后在1975年末从那里毕业。话说回来，作为一名支持阿连德及其在智利的社会主义道路的年轻人，我受雇于由一名最受尊敬的芝加哥小子运营的企业集团，这似乎有些奇怪。

在加入维亚尔集团一个月之后，罗尔夫·吕德斯告诉我，芝加哥小子之父阿诺德·哈伯格教授将作为维亚尔基金会的嘉宾访问智利一周。我将在他需要时提供一切帮助，比如收集数据、提供参考资料、参加会议。简而言之，我就是他的司机、侍从和研究助手。我曾经阅读过哈伯格的很多论文，深深折服于其模型之简洁优雅和行文之清晰明确。我特别喜欢阅读《智利通货膨胀的动力机制》（The Dynamics of Inflation in Chile）一文，他在这篇论文中比较了货币主义与结构主义对通货膨胀的解释力。[16]在他的分析中，他持论公正，并没有让自己的方法偏向于自己喜欢的那种理念。我想，这就是从事经验研究的方法，即运用理论提出假说，收集数据，从多个角度进行细致分析，利用证据来支持某种特定的结论。然后，对自己所做的分析进行一系列稳健性检验。

尽管哈伯格经常访问天主教大学，但我之前从来没有遇到过他，也不知道应该对他抱有何种期待。结果表明，他温和友善，体贴周到。当有人问他问题时，哈伯格就会摘下眼镜，揉揉自己的眼睛。然后他就会说"好吧"，并暂停一下。你几乎能够发觉他的大脑在思考。在想问题时，他经常来回走动，并且通常会把手插到后面的裤兜中。他身体略微前倾，注视着地面，仿佛正在找某件丢失的东西，比如一枚硬币、一把钥匙或者某个小物件。他从不匆匆忙忙地下结论。正是从他那里，我学到了一个人永远不应该成为一名"速成型专家"。

哈伯格身材高大，性格开朗。当我见到他时，他身穿一件皱皱巴巴的西服，后来那些年他换了一件同样皱皱巴巴的热带瓜亚贝拉衬衫。在他旅行时，他在手提箱里会带上各种东西，比如几包花生，几罐沙丁鱼、番茄酱和薄脆饼干。在1976年时，他还会饮酒，喜欢杜松子酒和汤力水。他总是喝大量的杜松子酒再加上极少量的汤力水，我们也会因此而效仿。在他的公文包中，总会放两三本便签本和几支不同颜色的笔。后来我在芝加哥大学上他的课时才发现，他需要不同颜色的笔来画那些精致的图形，包括供求曲线、边际成本和边际收益、衡量福利损失的三角形，以及代表税收和进口税等不同扭曲产生的间接福利效应的矩形。但是，他的公文包中最重要的东西是一本由国际货币基金组织出版的《国际金融统计年鉴》。这本书为四开本排版，有柔软的蓝色封皮。每个国家有两到四节，一行一行地列出自1950年以来每年的统计数据。在见到哈伯格之前，我从未见过这本书，但是我立刻发现了它的用处，并且自己也搞到了复印本。哈伯格教会我如何从这些很小的数字中发现完整的故事，就像蚂蚁找到柜台上洒过蜂蜜的地方。哈伯格会找到基础货币，将其拆分成两个主要部分，即外国资产和国内信贷，然后构建代表金融脆弱性和货币危机即将爆发的指标。在那些年，包括智利在内的新兴国家都采用固定汇率制度的某种变体，比如固定汇率、爬行钉住以及其他类似的制度，本国货币的币值经常与基本面背离。政府经常想尽一切办法以捍卫汇率，就像1982年塞尔希奥·德·卡斯特罗在智利所做的那样。国家首脑谴责他们的敌人用阴谋诡计来扰乱本国货币，指责国际势力和帝国主义要为本国的贸易失衡负责，承诺"要像一条狗一样"忠实地捍卫汇率。[17]然而，哈伯格总是有更深入的思考，他会分析数据，进行国际比较，去伪存真，考察国有企业的账户，以找出使这些国家经济动荡的真正原因。1976年，我从未想到几年之后我将作为其助手，与他一起周游世界，在我的公文包中总是带着一本《国际金融统计年鉴》和大量小瓶的杜松子酒，在外国待几周时间，努力搞清楚这些国家经济问题背后的原因，并确定解决这些问题的最佳方法。

1976年4月，我在阿图罗·梅里诺·贝尼特斯机场接上了"艾尔"·哈伯格。在我们去城里的路上，他告诉我他需要一些资料，以为几天之后的一次演讲做准备。这是不到两年的时间他在智利发表的第四次公开演讲。前两次演讲分别是在1974年的6月和12月，关注的焦点是，如果要将700%的通货膨胀降至可以控制的水平，前提条件是消除财政赤字。第三次演讲发表于1975年3月。那一次，米尔顿·弗里德曼与他同行，他们简短地会见了皮诺切特将军。正如在之前的章节中提到的，这次会见让弗里德曼陷入了大麻烦，此后他就被指控为智利军方及其系统侵犯人权行为的同谋。

在哈伯格1976年访问期间，我开着自己的菲亚特600小型轿车，带着他游遍了圣地亚哥。大多数时候，我们只是安静地开车。他会翻阅一下自己的笔记，偶尔看看"大蓝书"上的数字。我们从他入住的酒店来到天主教大学，从天主教大学再去中央银行、维亚尔集团总部、电力公司，然后回到他的酒店。有一次，在我们一起喝酒时，我试图让他谈谈政治。我指出，他之前的一名学生里卡多·弗伦奇-戴维斯曾经撰文，严厉批评政府的稳定化政策，指责芝加哥小子忽视了休克疗法的社会成本。但是，哈伯格没有上当。他说，"好吧，里卡多是一名优秀的国际贸易领域的经济学家，但是货币理论不是他的强项"。图9.1是罗尔夫·吕德斯与哈伯格在2008年拍摄的照片。前者是首批芝加哥小子中的一员，曾经在皮诺切特独裁统治时期担任财政部长和经济部长。吕德斯组织了米尔顿·弗里德曼1975年对智利的第一次访问。

图9.1　罗尔夫·吕德斯（左）与哈伯格（右）摄于2008年
资料来源：罗尔夫·吕德斯的个人收藏。

1984年，哈伯格离开了芝加哥大学，前往加州大学洛杉矶分校任教，我们由此成为同事。我们继续在全世界旅行，为政府、中央银行、国有企业和私人企业提供帮助。如果承担的任务需要进行多个领域的深入分析，哈伯格就会组织一个由专业人士组成的团队，其中总会包括很多的芝加哥小子。在每一次旅行中，没有任何一位芝加哥小子，比如塞尔希奥·德·拉·夸德拉、埃内斯托·方丹、胡安·安德烈斯·方丹或者胡安·卡洛斯·门德斯，曾经提到过1973年9月，在萨尔瓦多·阿连德被军方的政变罢免时，我们处于不同阵营。他们站在叛乱者一边，而我站在依据宪法当选的智利总统一边。在这些旅行中，从来没有人谈起过这个话题，我们都是"哈伯格团队"的成员。

1994年8月2日，时任朝圣山学社主席的加里·贝克尔就哈伯格和学社的事情写信给米尔顿·弗里德曼。贝克尔指出，哈伯格对加入学社有一些顾虑，认为学社太过教条主义。在我们的很多次环球旅行中，我曾经就这件事与哈伯格讨论过无数次。他不止一次地告诉我，这是一条双向通行的道路，他不愿意加入学社，而学社一些更有资历的成员也不确定是否应该邀请他加入。我记得他说过类似这样的话，"他们认为我对这个群体而言，思想过于独立了"。在写给弗里德曼的信中，贝克尔写道，"我已经和"艾尔"·哈伯格谈过加入学社的事情。他有自己的疑虑，因为他认为有太多的成员都是空想家。我试图向他说明，尽管很多成员是坚定不移的空想家，但是也有很多杰出的成员，包括很多新成员，与他和我们拥有相似的观点"。[18]这封信应该能在胡佛研究所的弗里德曼档案中找到。

最终，在与弗里德曼就这个问题讨论以后，哈伯格决定加入朝圣山学社。这段插曲，特别是贝克尔的信件，表明并且确证了与芝加哥大学的其他教授相比，哈伯格的观点一直与众不同，他的视角更为宽广，也更为灵活。尽管加里·贝克尔、罗纳德·科斯、米尔顿·弗里德曼、乔治·施蒂格勒以及其他一些人被视为芝加哥大学"新自由主义分部"的成员，但是哈伯格和哈里·约翰逊属于另外一部分，我称之为"实用主义派"。在2021年的一次访谈中，哈伯格告诉我：

> 我极力反对如下观点：芝加哥大学基本上是弗里德曼的宣传媒介。实际上，我们投票给民主党的人与投票给共和党的人一样多。我们中间并非共和党人占绝对多数，确实有些人属于共和党，但是即便如此，他们也从没有这样称呼过自己，有的话也为数很少。问题在于什么是芝加哥学派？我的理解是，芝加哥学派意味着相信市场力量在决定现实世界如何运转中发挥极为重要的作用，在芝加哥大学，没有人不同意这一原理。[19]

芝加哥小子了解人权侵犯案吗？

很多年以来，我经常被问到的一个问题就是，芝加哥小子是否了解皮诺切特统治时期的人权侵犯案。在2015年的纪录片《芝加哥小子》中，记者卡罗拉·富恩特斯（Carola Fuentes）向塞尔希奥·德·卡斯特罗提出了这一问题。这位在访谈中一直态度轻松、乐于配合的前部长明显被这个问题搞得有些狼狈。他声称他并不了解这些事件。这位记者难以相信，追问了一句"真的吗"？然后她告诉德·卡斯特罗，确信他有一些朋友在国际货币基金组织和世界银行工作，这些朋友一定会告诉他那些在华盛顿流传的有关绑架、处死和失踪的故事。德·卡斯特罗变得更加不自在起来，他说自己听到过一些传言，在他看来，这些只不过是传言而已，部分来自由智利共产党领导的一场攻击军政府统治的国际运动，经济团队的其他成员也持有这种观点。富恩特斯没有轻易放弃，继续询问在内阁会议上是否曾经讨论过任何政治或者安全议题，比如镇压示威者和反对政府的人。德·卡斯特罗断言，以政治为一方，以经济为另一方，两者之间有一条清晰明确的分界线，他和他的团队仅处理经济事务，与法律和秩序问题没有任何瓜葛，他们也不知道人权被侵犯的事情。[20]

对于这些令人痛苦的问题，我们永远都不会知道真相如何。然而，芝加哥小子显然知道国家情报委员会主席曼努埃尔·孔特雷拉斯上校权势极大，并且憎恨他们。孔特雷拉斯相信芝加哥小子与大型企业集团的高管串通一气，在私有化和市场化过程中攫取了巨额的收入和经济利益。根据调查记者阿斯卡尼奥·卡瓦略（Ascanio Cavallo）、曼努埃尔·萨拉萨尔（Manual Salazar）和奥斯卡·塞普尔维达（Oscar Sepúlveda）的报道，孔特雷拉斯上校调查所有芝加哥小子的私人生活。除了怀疑这些经济学家的最终动机，还对他们未能向国家情报委员会提供他所要求的经费预算感到失望。[21] 当然，同样无可辩驳的是，在一般公众了解情况之前，塞尔希奥·德·卡斯特罗及其同事肯定早就知道，国家情报委员会的特工参与了暗杀前大使奥兰多·莱特列尔的行动。

1976年7月2日，伯克利加州大学的经济史学家艾伯特·菲什洛（Albert Fishlow）与一位美国助理国务卿帮办写信给米尔顿·弗里德曼，请求他"为释放被囚禁的智利经济学家和阿连德政府时期的前经济部长和财政部长费尔南多·弗洛雷斯提供个人帮助"。菲什洛解释说，弗洛雷斯的政治派别属于"基督教民主党的左翼分离主义派,即人民统一行动运动(Popular Unitary Action Movement),不属于人民团结阵线中的极端派别"。根据菲什洛的观点,弗洛雷斯"被囚禁起来,是因为军方高层憎恨他与阿连德之间的亲密关系"。菲什洛在信的结尾处指出,"有理由相信,为了弗洛雷斯,(弗里德曼)对你曾经会见过的皮诺切特总统提出直接的个人请求将是极有分量的,在目前的局势下可能产生重要的影响"。[22]

弗里德曼毫不犹豫地为弗洛雷斯写信给皮诺切特,尽管他与弗洛雷斯素未谋面,并且后来也没有见过他:

> 与很多其他同样相信人类自由和个人权利的智利朋友一样,在西方广泛流传的一些报告让我陷入了深深的痛苦之中,这些报告指出,智利限制人身权利和个人自由……就在我写下这封信时,费尔南多·弗洛雷斯·拉布拉这位阿连德政府的前内阁成员在智利正处于监禁之中……我个人从未见过费尔南多·弗洛雷斯,与他也没有直接联系。然而,我已经尽力去了解他的一切信息。就我所了解的情况而言,费尔南多·弗洛雷斯持有依据美国移民法颁发的美国签证,斯坦福大学为他提供了计算机科学系的职位,但是智利不允许他离开本国。

在信的结尾,弗里德曼陈述说,"自由是不可分割的。更多的经济自由将会促进更广泛的政治自由。但是同样地,更广泛的政治自由也会促进经济自由及其对经济进步和发展的贡献"。[23]

哈伯格也意识到皮诺切特独裁统治时期人权和公民权利受到了压制和侵犯。我记得1980年春夏之交,他在办公室接到了年轻的经济学家吉列尔莫·热斯（Guillermo Geisse）从智利打来的电话，后者当时被军方囚禁，因为他是人民统一行动运动发行的一份内部通讯的编辑，而这份通讯已经被禁。他的父亲是天主教大学一名受人尊敬的城市规划师，曾经不止一次见过哈伯格。那一天，我亲耳听到哈伯格给他在圣地亚哥的朋友打电话，为热斯说情。我不确定他的电话是否起了作用，但是实际情况是，他并没有如宣判的那样被流放到某个北方小城长达数年之久，而是在18个月后就被释放了。令这段插曲特别具有讽刺意义的是，在被判流放时，吉列尔莫·热斯在塔尔卡银行的一家地方银行为未来的总统塞巴斯蒂安·皮涅拉工作。

"奇迹"发生

智利在第二轮改革时的经济表现令人印象深刻。在1988年和1989年，固定资产投资率平均为24.5%，处于自1960年以来的最高水平。迅速的资本积累加上全要素生产率的大幅提升，实现了智利有史以来历时最长的GDP增速的持续提高。[24] 在1984年至1990年的第二轮改革期间，年均GDP增速达到了6.4%。1985年，失业率为12%，至1989年，失业率几乎下降了一半，仅为6.8%。1990年3月，当民主力量卷土重来时，他们继承的国家经济已经充满竞争和活力，并且正在全速前进。同时，他们继承的也是一个饱受威权主义政府折磨的国家，这个政府曾经犯下了数以千计的侵犯人权案，对反对派施以酷刑和谋杀，将异见分子流放到国外。这个国家面临的一项最严重的挑战就是致力于实现和解，进行补偿，如果可能的话，还有宽恕过去的罪行。

第三篇

民主统治下的新自由主义：1990—2022年

第10章
民主制度的恢复与包容性新自由主义

智利向民主制度的转型开始于1988年10月5日，当时举行了一次全民公决，选票上只有一个问题：奥古斯托·皮诺切特是否应该再执政八年？选票印在一张黄纸上，内容如下：

  公民投票——共和国总统
  奥古斯托·皮诺切特·乌加特
  是   否

选择"否"的选票大幅领先，15个月之后，来自基督教民主党的中左翼民主政党联盟候选人帕特里西奥·艾尔文于1989年12月14日以56%的得票率当选总统。皮诺切特推出的候选人、财政部长埃尔南·比希仅获得29%的选票，第三名是位保守派候选人，得票率为16%。当民主政党联盟于1990年3月11日上台时，与1973年萨尔瓦多·阿连德被军事政变罢免时相比，智利经济已经完全不同了。市场自由运转，智利已经加入了全球化的世界；绝大多数国有企业已被私有化，外国投资大量流入；社会保障计划严格地以穷人为目标；通过教育券制度，教育被部分私有化；存在一种双重医疗体系，同样可以使用代金券；资本市场富有活力；养老金以个人储蓄账户为基础；通过小幅贬值，汇率被维持在具有竞争力的水平，以鼓励非传统部门的出口。

表10.1展示了皮诺切特将近17年的独裁统治在经济和社会方面的得分，在这一时期，大多数经济决策都是由芝加哥小子做出的。为了突出两个改革阶段的差异，我提供了三个时点的数据，

表10.1 芝加哥小子和皮诺切特体制在经济和社会方面的得分情况

	1973	1983	1990
实际人均GDP	100.00	100.10	133.00
通货膨胀（%）[a]	508.1	23.1	27.3
"极端贫困线"以下的人口比例（%）[b]	21	14.2	13.8
失业率（%）	4.8	18.6	7.8
基尼系数	0.47	0.52	0.52
文盲率（%）	11	9.3	6.3
出口（占GDP的百分比）	13.3	23.4	32.5
进口数量	100	154	201
实际工资	100	229	243
财政盈余（占GDP的百分比）	−24.6	−3.8	1.9
历史生活水平指数	100	111	122

注：每列社会指标的数据来自可得数据中最为接近的年份。比如，1973年的历史生活水平指数代表的是1970年的数据，1983年的指数代表的是1980年的数据。

[a] Díaz、Lüders and Wagner（2016）估计1973年的通货膨胀为606%。

[b] 1973年和1983年的数据依莫利纳等人（Molina et al., 1974）的方法得到。1990年的数据使用的方法以智利国家经济社会特征调查中的贫困线为基础；其中上一次调查是在1987年，当时的极端贫困率是16.8%（参见Beyer, 1995; Rojas, 1986）。

资料来源："实际人均GDP"和"出口"来自世界银行（未标注年份）；"通货膨胀"和"财政盈余"来自智利中央银行（2001）；1973年和1983年的"失业率"来自Edwards and Edwards（1991），1990年的数据来自国际货币基金组织（未标注年份）；"基尼系数""文盲率""进口数量""历史生活水平指数"来自Thorp（1998）；"实际工资"来自Matus and Reyes（2021）。

即1973年、1983年和1990年。两个阶段的分界线是1982年的货币危机。

总体而言，在皮诺切特17年的统治中，智利的发展绩效表现平平。在他掌权的近20年里，既不存在政治上的反对派，也不像治理一个包含民选立法机构、自由媒体和独立司法体系的民主体制那样，需要面对一系列的挑战。然而，按照传统的标准衡量，军政府并没有多少成就可供炫耀。从1973年至1990年，实际GDP平均每年的增速仅为1.7%，略低于人口的增长速度；通货膨胀长期维持在接近30%的水平，在这一时期结束时，生活在"极端贫困线"之下的人口，也就是所谓的"赤贫人口"，仍然高达14%。尽管贫困状况有所缓解，但不平等程度在独裁统治时期显著提高，1971年的基尼系数为0.47，1990年上升到0.52。图10.1展示了公开失业率的情况。如果我们假定"自然"失业率或者"正常"失业率为6.5%，不可否认，这一数字是偏高的，即便

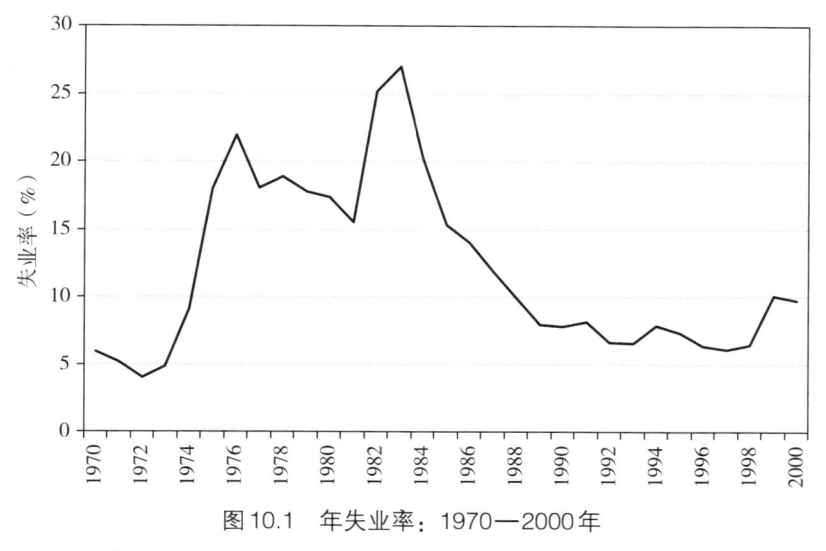

图10.1 年失业率：1970—2000年

资料来源：Díaz、Lüders and Wagner（2016）。

如此，在整个独裁统治时期，平均每年的"过度失业率"也达到了9.1%。这是一个极高的数值。考虑到这一点，这个体制在选举中惨败，也是意料之中的事。无论是1988年皮诺切特询问民众是否让他再干八年的公投，还是1989年的总统选举，都是如此。

表10.1表明，1983年之后的增长大为改观。实际上，在第二轮改革时期，人均GDP的年均增速达到了4.7%。无论在智利的历史还是拉美的历史上，这一表现都令人印象深刻。而且，在民主制度回归之后的前25年，这种表现仍在继续，从而使得智利成为本地区毫无争议的领头羊。本章要分析的正是这一切到底是如何发生的，我将讨论中左翼政治家和经济学家组成的新团队如何决定继续维持甚至深化市场化改革，这也许可以称为"大劝服"（great persuasion）。劝服他们的长期对手将原有的模式保留下来，这是芝加哥小子的一项重大成就，尽管他们对这一模式做了一些调整。虽然皮诺切特在总统大选中失利，但是芝加哥小子赢得了这场"思想之争"。然而，正如2019年的叛乱表明的，这一胜利并不是永久性的。随着时间的推移，新自由主义的宏伟大厦出现了裂痕，继续生活在社会和文化小圈子里的经济和政治精英忽视了这些裂痕，享受着他们的财富和额外福利，没有努力去真正了解大批民众的苦难遭遇。

帕特里西奥·艾尔文是一位极为虔诚的天主教徒、律师，也是一名经验丰富的基督教民主党政治家，他于1990年3月就任总统。在人民团结阵线政府时期，时任参议员的艾尔文极力反对阿连德及其推行的政策。在1973年9月11日的政变之后，艾尔文并没有立即特别严厉地批评军方，实际上，很多对他不屑一顾的人曾经指出，他对此如释重负，并且支持军方的政变。然而，事情很快就变得明了，皮诺切特短期内不准备恢复民主，艾尔文及其基督教民主党同志，包括前总统爱德华多·弗雷·蒙塔尔瓦，开始严厉批评独裁统治，并且一直在为民主制度的恢复而努力。

拥抱"市场"

亚力杭德罗·福克斯莱是1990年民主回归之后的首任财政部长，他是一位温文尔雅的经济学家，极为上镜，有一双深蓝色的眼睛，声音有些沙哑。他拥有威斯康星大学的博士学位，在世界各地都拥有广泛的人脉。在独裁统治时期，福克斯莱及其拉美研究协会（Corporation of Studies for Latin America）的同事成为芝加哥小子最严厉的批评者。这个协会是一家独立的研究中心，资金全部来自国际上的基金会。他们批评稳定化政策操之过急，成本过高；经济开放过于迅速，次序有误；农业政策中的耕地改革本应继续推进；缺乏产业政策，其核心是有效率的进口替代；监管宽松的资本市场导致利率的自由决定鼓励了投机行为；基于个人储蓄账户的养老金体系需要协调各代人的利益；国有企业的私有化使得企业被廉价出售，而国家本应在战略性产业发挥积极作用。他们反对芝加哥小子的总体战略，这一战略倚重自由市场、低通胀、开放、定向社会保障计划和竞争。在整个独裁统治时期，拉美研究协会的经济学家声称，如果没有国家的重要指导，智利的私人部门缺乏推动经济前进所需的力量和创新精神。在他们看来，在独裁统治时期，智利经济被恶劣对待消费者的垄断者主导了。[①]

1982年，亚力杭德罗·福克斯莱出版了一部著作，首次全面细致地批评了芝加哥小子的模式。这部题为《拉美的新自由主义实验》(*Neoliberal Experiments in Latin America*)的著作极具影响力，被全世界，特别是拉美其他国家的发展专家用作参考资料。它在1984年被翻译为英语出版，书名略有不同，即《新保守主义经济学在拉美的实验》(*Latin American Experiments in Neoconservative Economics*)。书名的微小差别，即用新保守主义代替了新自由主义，从另一个侧面反映了新自由主义这个词只是在盎格鲁-撒克逊世界才得到了缓慢传播，在20世纪80年代初期，它在经济学或者政治学文献中还不是一个常用术语。

鉴于亚力杭德罗·福克斯莱的知识背景及其在独裁统治时期出版的著作，每个人都预期，作为帕特里西奥·艾尔文总统的财政部长，他会率先废除芝加哥小子的政策。但是他并没有这样做。② 凭借一种非凡的机遇感与极强的实用主义态度，并且考虑到1985—1989年异乎寻常的快速经济增长，福克斯莱说服艾尔文总统，他的政府应该进一步深化很多改革措施，而不是逆转市场化改革。在福克斯莱看来，近二十年来的第一届民选政府必须将某种亲市场战略与发展扶持穷人和弱势群体的坚实的安全网结合起来。在经过长时间的讨论之后，艾尔文不情愿地默许了这种策略。然而，在内心深处，这位新总统并不认同这种新观点，他有时会公开表达他的异议。总统曾经在某个场合告诉记者，"市场是非常残酷的"。他还批评消费主义，指出他从未去过任何一家购物中心，也从来不想去那里。③

1990年4月，在上台一个月之后，新政府决定立即着手推进两项关键的经济改革。它实施了一揽子税收计划，目的在于为新的社会保障项目提供资金，它还通过了一项针对军政府时期《劳动法》的改革，工会领导人和左翼政治评论员曾经严厉批评原来的那部法律。福克斯莱小心翼翼地指出，这些改革只是对原有经济模式的两处重要改进。通过先解决这些问题，政府努力将政策不确定性可能产生的负面影响最小化。在《新闻周刊》的一篇采访中，福克斯莱谈到了重新实现有利于促进经济增长的经济条件和提高穷人生活水平的社会政策之间的平衡。他说，对民主化方案同样重要的是，确保维持宏观经济稳定。他提到"要不惜一切代价，避免出现拉美典型的民粹主义经济政策周期"。④埃德加多·伯宁格（Edgardo Boeninger）是反对皮诺切特的领袖，也是艾尔文总统发展战略背后的灵魂人物之一。他在自己的回忆录中写道，新政府有意识地选择了一条渐进式道路。这一策略的目标之一，就是避免遭到一些部门的反对，这些部门会感觉自己受到了政治新形势的威胁，这主要是指军方和企业部门。⑤

当然，改善社会条件是民主政党联盟政府的基本目标之一，在该政府的领导人看来，这也是他们与芝加哥小子之间最明显的分界线。教育、医疗、住房和退休金领域将推行新的社会保障计划，但是芝加哥小子提出的原则仍然继续适用，即政府的援助对象应该严格限定为穷人。为了获得政府的帮助，家庭必须在一家政府机构登记，证明他们的收入和资产低于特定门槛。一旦家庭收入超过某一事先确定的数额，他们获得援助的资格就会被终止。这些"定向计划"产生的一个后果是大多数学生必须按照市场价格为高等教育支付学费，无论是大学教育还是职业教育。公立大学，包括拉美地区历史最悠久且极有声望的智利大学，都要收取与天主教大学等私立大学一样的学费。我将在第11章详细分析中左翼政府的经济社会政策，讨论他们如何使智利在收入水平和社会状况方面成为本地区的领头羊。图10.2中是奥古斯托·皮诺切特将军和新当选的帕特里西奥·艾尔文总统。皮诺切特保留陆军总司令的头衔直至1998年3月，然后成为一名终身参议员。⑥

图10.2　奥古斯托·皮诺切特将军（左）在帕特里西奥·艾尔文（右）于1990年就任总统后继续担任智利陆军总司令

资料来源：《三点钟报》图片档案。

沿原路前行

在1988年的全民公决之后，皮诺切特和民主派达成了协议，明确第一任民选总统的任期为4年。在此之后，总统任期将恢复至6年，这也是智利自20世纪初期以来的历史惯例。在签署这项协议时，军方曾经希望一位宣扬法治的保守主义候选人，可能是一位退役的陆军将军，可以在1993年入住总统官邸拉莫内达宫。但他们错了。民主政党联盟候选人、前总统爱德华多·弗雷·鲁伊斯–塔格莱（1964—1970年）之子爱德华多·弗雷·蒙塔尔瓦，以极大的优势在第一轮选举中当选，成为民主制度回归之后的第二位中左翼总统。

分析家和观察家仍不清楚芝加哥小子的政策是否会继续，或者说弗雷总统是否会改变自由市场路线，采取以天主教会的社会教义为基础的方案。新总统的父亲是一位受到穷人崇敬的人物，但是也遭到保守主义者的憎恨，因为他将权力转交给了萨尔瓦多·阿连德。他极力捍卫赤贫者的利益，包括无地农民。在选举结束之后，候任总统弗雷宣布，他将任命芝加哥大学毕业生、砖案作者之一胡安·韦尔纳扎担任新的财政部长。在独裁统治早期，韦尔纳扎曾经担任预算办公室主任，也是军政府第一轮税收改革的策划者之一。尽管韦尔纳扎并不像塞尔希奥·德·卡斯特罗和埃内斯托·方丹那样教条，但是很明显他也是一名市场派经济学家，所有人都预期政策在接下来的几年将会延续。对韦尔纳扎的任命进一步证明芝加哥小子赢得了这场"思想之争"。

在弗雷宣布就职之前几周，一位调查记者发现，由于存在某种商业关系，胡安·韦尔纳扎有利益冲突，无法担任影响广泛、权力巨大的财政部长一职。弗雷决定授予他另外一个同样颇有权力的职位，即国有铜矿企业智利国家铜业公司的主席。弗雷任命毕业于天主教大学和哈佛大学的爱德华多·阿尼纳（Eduardo Aninat）担任经济团队的首脑人物，后者之前曾担任外债谈判代表，与全世界的银行家关系密切。阿尼纳曾是亚力杭德罗·福克斯莱在拉美研究协会的同事，是一名立场极为坚定的市场派经济学家，也是一位"老好人"。1998年，弗雷·鲁伊斯-塔格莱任命卡洛斯·马萨德担任中央银行行长，1956年后者在智利计划的赞助下，成为第一批去芝加哥读书的智利学生中的一员。他在芝加哥大学的教授认为他是班上最优秀的学生之一。这再次表明，智利不会严重偏离由巴勃罗·巴劳纳、塞尔希奥·德·卡斯特罗、塞尔希奥·德·拉·夸德拉和其他芝加哥小子在1975年设定的路线。

资本流入与成功的代价

自1990年，由于智利成功的经济表现、向民主统治的和平过渡、新政府对市场化改革的支持以及高利率，大量资本开始流入。人们很快发现，资本流入促使比索升值，从而对出口商品的竞争力产生了不利影响。为了避免币值估值过高，智利采取了控制资本流入的新政策，毕竟所有人对1982年的货币危机还历历在目。这严重偏离了欠发达国家的传统做法，很多年来，这些国家关心的都是如何避免资本流出或者"资本外逃"。

一个简单的方法有效地控制了资本流入，即进入这个国家的金融资本要将其中的20%存入中央银行，为期一年。从财务角度看，这种没有利息的存款相当于一种税收，其税率与当年可获得的利息收入成正比。这一制度的设立意味着相对于较长期的资本流入，这种隐含的税收对较短期的资本流入征收的税率要更高一些。正如当局预测的那样，期限较短甚至极短的不稳定的投机性资本流入急剧减少，而包括外商直接投资在内的更长期资本流入则增加了。在实施控制以减缓资本流入方面,智利成为全世界的先驱。在20世纪90年代后期和21世纪初期,包括巴西、哥伦比亚、马来西亚和泰国在内的其他一些国家也采取了类似的政策,并最终获得了国际货币基金组织的赞赏。对政府管制持不同态度的经济学家均对这些政策表示支持。比如,在1998年《纽约时报》的一篇文章中,诺贝尔经济学奖得主约瑟夫·斯蒂格利茨指出,"如果你想要找到一些政策能够抑制'热钱',又能够促进长期贷款的流入,有证据表明智利的方法或者某种类似的政策能够做到这一点"。⑦

1999年,由于东亚和俄罗斯爆发了货币危机,流入智利和其他新兴市场的资本大幅减少。财政部长爱德华多·阿尼纳断定,经济向全球资本流动完全开放的时机已经成熟。智利用了几个月的时间迈入了米尔顿·弗里德曼描述的状态,货币的价值自由地取决于供给和需求的共同作用,政府实际上并不干预,企业和个人可以不受限制地将资金转入或者转出智利。

很多观察家声称,允许资本自由流动是中左翼民主政党联盟已被新自由主义空想家俘获的另一个迹象,获取经济收益比缩小不平等、实现这个国家的工业化和保护环境更为重要。批评者预测,采用完全浮动的汇率制度将会引发投机、动荡和灾难。然而,这类情形并没有发生,在接下来的20年间,智利经济成为新兴市场中最稳定和最开放的经济体。在转型初期(1990—1997年),经济增长的平均速度达到了每年7.7%,令人印象深刻,这比拉美任何其他国家的增长都要快得多。

至90年代中期,很大程度上由于民主政党联盟政府采取了坚定的亲市场政策,对机器设备和基础设施的投资占GDP的比率从1984年的12%和1989年的24%,攀升至28%。通过深化改革,智利得以进入增长转型的"第二个阶段",在这个阶段,生产率的提高与通过资本积累实现的生产能力提升相互结合,成为经济增长最重要的来源。在阿尔比恩·"帕特"·帕特森和西奥多·舒尔茨启动智利计划40年后,这项计划终于结出了硕果。

第11章
坚守新自由主义

  2002年，智利成为人均收入最高的拉美国家。超过他们东边的邻居阿根廷，这让智利人尤为开心，因为在过去的两百多年中，他们一直生活在阿根廷的阴影之下。在经济、艺术、文化和体育方面，阿根廷确实曾经一次又一次地战胜过智利。不难理解，里卡多·拉戈斯总统会为这项成就感到自豪。在独裁统治的最后几年，这位社会党人以极大的勇气领导了反对奥古斯托·皮诺切特的运动。然而作为一名拥有杜克大学博士学位的经济学家和研究劳动力市场的专家，他懂得经济增长与经济发展之间的区别。后者是一个多维的概念，包括为民众提供社会服务和降低不平等，在后一个方面，智利传统上就做得极为糟糕。在竞选时，拉戈斯保证他的政府将会寻求"公平的增长"。2000年1月16日，他在第二轮选举中击败了芝加哥小子华金·拉温，成为第三位来自民主政党联盟并赢得选举的总统，也是自1970年的萨尔瓦多·阿连德以来做到这一点的第一位社会党人。

众多自由贸易协定

里卡多·拉戈斯有意进一步巩固智利融入全球经济的举措，这一点对于通过出口增长实现国民收入的迅速提高至关重要。他的目标是与尽可能多的国家签订自由贸易协定。在2002年后期，在经过了两年艰苦的谈判之后，智利与美国就一项自由贸易协定的文本达成了一致意见。在拉戈斯为实现智利现代化而付出的努力中，这项协定可谓"皇冠上的明珠"。

2003年3月11日，在最终文本签署之前的数周中，拉戈斯接到了美国总统小布什的电话，小布什请求智利在联合国安理会上支持美国入侵伊拉克，智利当时担任安理会的非常任理事国。拉戈斯在很多年后披露，他在电话中告诉小布什，在他看来，没有足够的证据表明伊拉克可能拥有大规模杀伤性武器，因此，他真心诚意地表示，智利无法支持这次入侵。小布什感谢他坦诚相待，然后结束了这次通话。

当时，智利官员担心拉戈斯拒绝加入所谓的自愿同盟，将导致美国国会或者白宫拒不通过上述自由贸易协定。数周之后，这些担心似乎成为现实，美国国会宣布只会考虑与新加坡的协议并予以立即批准，而不是在同一天投票表决与智利和新加坡的自由贸易协定。这引起了智利外交部的恐慌，因为官员们不知道这一挫折会在多大程度上影响该国融入全球经济体系的总体战略。然而，拉戈斯总统沉着冷静，他告诉自己的助手，他愿意为维持独立的外交政策付出一定的代价。在新加坡的协议通过六周之后，美国国会最终批准了智利与美国的自由贸易协定，协定于2003年12月下旬正式生效。智利的有效进口关税降至仅有3%，芝加哥小子近乎完全自由贸易的梦想成为现实。

民主统治回归之后的经济社会政策

表11.1和表11.2归纳了1990年至2018年民主政党联盟政府最重要的政策，为了前后连贯，表中还包括了米歇尔·巴切莱特总统的第二届政府取得的成就，尽管从技术上讲，这并非民主政党联盟政府。在第二次竞选运动中，她让共产党加入其中，以形成一个名为新多数派（New Majority）的新联盟。表11.1集中关注社会政策，表11.2则关注经济政策及其他政策。正是将社会政策和经济政策结合在一起，使智利一跃成为拉美国家的焦点，并将该国转变为最著名的改革和现代化案例之一。

表11.1 左翼和中左翼民主政府实施的主要社会政策：1990—2018年

政策领域	实施的政策
教育和科学	大多数位于农村地区的运转不佳的学校得到了扶持（P-900计划）； 实施教师条例，以便使全国的教师薪酬标准化； 允许公立学校实行"共同付费"（Copayment），这创建了教育体系的第四个层级； 大规模修建学校的计划； 每所学校都实行一班制（one shift），实施12年的免费义务教育； 数量可观的私立大学得到了办学许可，创建了新的州立大学； 应用标准化考试对学校进行排名； 取消了公立学校选择学生的做法； 通过私营银行发放由国家提供补贴的贷款，实施学生贷款制度； 通过国家科技发展基金，大学的研究经费大幅增加
养老金	允许养老金管理公司合并，以减少企业的数量； 一家养老金管理公司可以提供不同的基金，并按照从低风险到高风险的顺序进行评级； 养老金体系中增加了"团结支柱"（solidarity pillar）计划，以递减的比率补充退休者从自己积累的养老基金中领取的养老金； 采取措施增加养老金管理公司之间的竞争，并由此降低管理费和佣金

（续表）

政策领域	实施的政策
医疗	在贫困地区实施牙科保障计划； 医疗体系的目标从治疗转向预防； 实施《普及和明确保障计划》（AUGE），保障对某几种疾病的治疗； 采用"特许经营"模式建造新医院，这种模式最初用于修建道路； 全国药品法保证能够以公平的价格及时获得药品
性别平等	2015年创建了女性与性别平等部； 努力使更多女性获得政府高级职位； 法律要求每个政党的智利国会候选人应有40%为女性
贫困	创建社会发展与家庭部，确保该国的社会福利具有一致性，设计和实施社会发展政策； 创建社会保护体系，以克服极端贫困
公民权利与人权	通过了离婚法案； 根据《民事伴侣关系协定》，承认同性伴侣关系； 在某些情况下，堕胎是合法的； 创建全国人权研究所； 创建一些委员会，以寻找和确定独裁统治的受害者，并对独裁时期的犯罪行为进行补偿

资料来源：Biblioteca del Congreso Nacional de Chile Archive、Cavallo and Montes（2022）、Edwards（2010）、Lagos（2020）、Larraín and Vergara（2000）、Ministerio de Hacienda（未注明年份）。

表11.2 左翼和中左翼民主政府实施的主要经济政策及其他政策：1990—2018年

政策领域	实施的政策
全球化	进口关税统一降至6%的水平； 与世界各国签订了大量自由贸易协定，包括美国； 签订了大量双边投资协定； 对国际资本流动的控制被废除
私有化	很多"具有象征意义的"国有企业遗留的大量股份被出售给了私人部门； 供水和污水处理企业被私有化； 勘探和开发铜矿及其他矿藏的特许权被授予国有企业和国际企业； 一些港口被私有化； 锂矿的特许经营权被授予私人企业，期限为30年

（续表）

政策领域	实施的政策
基础设施	与大量私人企业签订了有关大型高速公路的特许经营合同，这些公路成为收费公路； 在圣地亚哥，特许修建一条沿着边界的收费公路； 在圣地亚哥，特许一些公路收费； 在取得特许经营权的情况下，允许私人部门建造学校、医院、港口、机场和监狱
宏观经济政策	采取浮动汇率制度； 货币政策采用通货膨胀目标制，中央银行的这一决定得到了政府的鼓励； 财政规则明确规定，政府将拥有占GDP1%的结构性盈余，这一规则后来修改为结构平衡与1%的结构性赤字； 创建财政自治委员会（Autonomous Fiscal Council），为财政政策和公共债务提供指导； 创建主权财富基金，以积累财政盈余
税收	增值税率提高至19%； 对采掘业征收特别税或者特许权使用费，税率根据利润率进行调整； 更高的企业税率，一种"半统一"的体系，减少了免税的情形
劳动	减少对工会的限制，使农业工人和灵活就业工人更容易组成工会； 失业保险计划； 增强劳动法庭的作用； 将被解雇工人的最高补贴增加至11个月的薪酬
文化、体育和艺术	建立艺术基金，由评审委员会决定款项的使用； 2018年创建了艺术、文化和遗产部； 2015年创建了体育部； 宪法改革取消了对电影制作的审查
第一民族（First Nations）	创建一个协会，推动、协调和执行有关原住民发展的国家政策； 设立一项参与性计划，以保留原住民身份，提升原住民在各个方面的能力和机会，从而促进其发展； 制定保护土地的规范，为原住民社区购置土地提供资金

（续表）

政策领域	实施的政策
环境	由环境部负责制定和实施环境规制，保护自然资源，以及其他职责； 扩展国家公园体系，保护海洋地区； 将非传统的可再生能源整合到能源体系中； 由环境法庭处理与环境有关的纠纷； 征收环保税，比如对热电厂的碳排放征税
农业和水资源	提供和保持良好的卫生状况，控制作物病虫害； 提升耕地的可持续性，恢复退化的土壤； 强力促进农产品在全世界的出口； 扩大灌溉系统，使之更有效率
政治制度	对宪法进行重大修改，消除了很多但并非所有残留的威权做法，比如参议员委任制和终身制； 提高公共部门运转的透明度，可以获取国家行政管理的信息； 为提名竞选总统、国会议员和市长职位的正式候选人创建初选制度； 用新的比例代表制代替了双席位制； 允许在国外进行投票
司法	通过引入口头审判和新法庭，创建国家公诉人制度以及其他一些措施，对司法体系中的刑事诉讼程序进行现代化改革； 创建了家庭事务法庭，集中处理与婚姻家庭法相关的案件
交通系统	将圣地亚哥的地铁系统扩展为拉美规模最大的地铁系统之一； 实现了首都城市交通体系的现代化，并称之为"畅通圣地亚哥"（Transantiago）； 创建了一个城郊铁路系统，称之为"MetroTren"

资料来源：Biblioteca del Congreso Nacional de Chile Archive、Cavallo and Montes（2022）、Cortazar（1997）、Edwards（2010）、Lagos（2020）、Ministerio de Hacienda（未注明年份）。

在民主政党联盟执政时期，政府为实现教育平等付出了极大的努力。艾尔文总统决定保留皮诺切特的分权化改革，让市政当局管控公立学校。然而，为了提高教师的道德水准和奉献精神，他通过了一部法律，使全国教师的薪酬和工作条件实现了标准化。全国教师拥有相同的薪酬，面临相同的工作条件，这与他们在哪里工作或者被哪个市政当局聘用无关。艾尔文还决定终止公立学校"两班制"的做法，即一组学生上午上学，另一组学生下午上学。为了实现这一目标，实施了大规模修建学校的计划，修建了数以百计的新学校，大量陈旧的建筑得以改建和升级。为了改善赤贫者的状况，启动了一项支持最差公立学校的项目，这就是所谓的P-900计划。这类学校大多数位于农村地区，有一两位教师，要教小学所有的年级。课程也得以修订，并使之更为现代化。

这些教育政策大部分取得了成功。几年之后，在所有的国际标准化测试中，智利都在拉美国家中居于领先地位，包括经合组织的国际学生评估项目（Programme for International Student Assessment，PISA）和国际数学与科学趋势研究（The Trends in International Mathematics and Science Study）的考试，后者衡量的是八年级学生对这些学科的掌握程度。就政治层面而言，这些政策产生的一个后果就是全国教师工会能够再次展示它的实力，并在全国政治中扮演重要角色。

值得关注的是，皮诺切特的教育政策有两个重要特征被保留了下来，学校继续以分权形式由市政当局管理，更愿意将孩子送到私立学校而非公立学校的家庭，仍然可以使用教育券。这些私立学校通常是教会学校。20世纪90年代中期，在爱德华多·弗雷·鲁伊斯-塔格莱执政时期，政府批准建立一种适合中产阶级的新型营利性学校。除了资金由教育券提供以外，这些学校可以要求父母支付金额适度的部分学费。从数年之后的2006年开始，在大规模的学生抗议活动期间，极左翼示威者指控民主政党联盟政府确立了一种基于市场的教育体系，有助于维持不平等的状态和社会分化。

在高等教育方面，民主政党联盟的目标是大幅增加大学入学人数。为了实现这一目标，几所新的私立大学被批准成立，这进一步扩展了芝加哥小子于1981年启动的一项政策。大多数新学校是在之前第7章和第9章讨论过的体系下运转的，在这一体系下，控制大学的人可以通过由自己所有的企业将建筑和设备租赁给大学或者为大学提供服务而获得利润。在入学人数增加的同时，政府还实施了大规模的学生贷款计划。贷款由银行体系提供，并由政府提供担保。如果学生不偿还贷款，政府将按照某种简便的定价方式回购这些贷款。尽管很多学生在偿还贷款时会遇到麻烦，他们的学位无法使他们获得自己梦想的工作，银行仍然赚得盆满钵满。

在医疗领域，由芝加哥小子实施的代金券制度被保留下来，但是增加了一个新的关注点，即预防性药物。2005年，拉戈斯总统宣布了一项新的医疗计划，这就是所谓的《普及和明确保障计划》，确保覆盖几种常见的和经常复发的疾病，包括乳腺癌和阑尾炎。随着时间的推移，这一计划将更多的病种包括在内，至2020年，该计划覆盖的疾病已经接近100种。公众一开始对这项计划的反应非常积极，但是随着时间的推移，等候时间不可避免地变得越来越长，批评的声音占了上风。反对这一模式的人指出，智利的医疗体系出现了分化，富人能够获得第一世界那样的医疗条件，并且通过使用代金券，有一部分费用来自税收，而穷人为了接受手术或者获得其他治疗，不得不等待数月之久。

民主政党联盟的领导人也承诺修改与社会价值观有关的法律，包括离婚和死刑。怀孕的女孩被允许留在学校，之前她们将被开除，只能通过去夜校读书才能获得同等学力。在2004年，尽管遭到了保守主义者和天主教会的强烈反对，还是通过了离婚法案。智利是最后一个通过离婚法案的西方国家。与此不同的是，在2001年废除死刑时，拉戈斯政府得到了天主教会的支持。

在2007年左右，加入新的个人储蓄体系的工人第一次领取养老金。这立即暴露了这一体系存在的严重问题，养老金远少于工人的预期，也少于他们认为自己曾得到的承诺。平均而言，新体系下的养老金大约只有最后一年工资的25%，这显著低于退休者预期的75%。在第一届任期中（2006—2010年），米歇尔·巴切莱特总统决心通过实施"团结支柱"政策来解决这个问题，这一政策的特点是政府为养老金提供某种补充，金额随个人储蓄的养老金数量的增加而减少。只有那些在收入分配等级中处于60分位以下的人才有资格获得政府的这笔转移支付。然而，政府并没有采取任何措施解决在军方制定的养老金法案中存在的基本缺陷。养老金缴费率维持在极低水平，只有10%，这无法解决如下问题，即大量智利人在非正规劳动力市场工作，比例大约为50%，因此，这些人不会把钱存进自己的个人储蓄账户。结果，水平极低的养老金被批评者称为"可怜的养老金"，从2006年开始，这也成了示威者最具感召力的口号之一。以政府运营的养老计划来代替原有的养老金体系成为2019年叛乱期间最重要的要求之一（关于养老金的更多细节，请参见第14章）。

中左翼政府继续推进开始于1974年的私有化进程，并在芝加哥小子第二阶段改革的基础上进一步扩大。在帕特里西奥·艾尔文总统执政时期，政府出售了标志性企业剩余的股份，军方曾将这些股份留在政府手中。爱德华多·弗雷·鲁伊斯–塔格莱政府实施了进一步的私有化，包括出售国有的智利航空公司、智利国家铁路公司以及几家发电企业的政府股份。在里卡多·拉戈斯执政时期,国家电力股份公司的剩余股份被卖给私人部门,自来水和污水处理企业的全部股份也被做了相同的处置。与皮诺切特独裁统治时期相反,这些股份的售价相对较高。

财政纪律与税收

中左翼政府最令人钦佩的一项政策就是实施了"财政纪律"。长期以来,包括智利在内的大多数拉美国家实行的都是极具破坏性的顺周期财政政策。[①]经济出现繁荣,很多时候是由国际大宗商品价格上涨推动的,此时财政支出就会增加,从而在经济周期的扩张阶段使其增长得更快。在国际价格不利于这个国家并使经济转而下行时,公共部门的支出也会减少,使得经济收缩更为严重。基本的经济理论表明,最优财政政策恰好是相反的,在经济扩张的年份,公共部门应该积累储备,然后将它用于衰退时期,从而在年景不好时减少就业和消费受到的影响。

在里卡多·拉戈斯执政时期,财政部长尼古拉斯·埃扎吉尔(Nicolás Eyzaguirre)与时任预算办公室主任并在2022年被加夫列尔·博里奇总统任命为财政部长的马里奥·马塞尔(Mario Marcel)提出了一项政策,可以导致自动的逆周期财政政策。这个机制相当复杂,并依赖于一个独立的专家委员会对未来"正常铜价"的预测。这个一般性的方法在国际论坛上极负盛名,包括新西兰在内的几个国家都考虑使用这一方法。

为了给某些社会项目提供资金,拉戈斯政府颁布了一项新方案,对大型采矿企业征税。对采矿业征收的新税种采用递减税率,并以毛利润为征税对象。拉戈斯更喜欢对销售总额征收直接的特许权税。然而，最后这种特许权税明显遭到了智利国会中保守派的坚决反对，从而相关法案无法通过。

自恢复民主制度以来，税收多次成为争论的焦点。包括总统拉戈斯和巴切莱特在内的左翼政治家声称，税收收入太少了，必须增加税收以便为扩大社会保障计划提供资金。另一方面，右翼政治家则指出，企业税和增值税已经超过了经合组织国家的平均水平。如果以恰当的方法衡量，税收总收入与经合组织国家处于智利目前发展阶段时获得的收入大致相当。他们指出，增税将抑制投资，减慢经济增长速度。自实行独裁统治以来，智利就拥有一套"统一的"税收体系，避免了双重征税的现象。在股东收到企业分红时，在企业层面支付的税负将被用于税收抵免。在巴切莱特第二次执政时（2014—2018年），这一体系被部分地拆分了，这意味着只有一部分由企业支付的税负能够被个人用于税收抵免。尽管付出了这么多努力，至2022年，智利的税收总收入只有GDP的21%左右，而经合组织的平均值为31%。这一"税收差距"在2017年和2021年的总统大选中成为重要议题，加夫列尔·博里奇承诺进行重大改革，目标在于对富人征税，并将总税收收入提高三分之一（更多细节，请参见第15章）。

拉美最耀眼的明星：赞誉与得分

到2015年，智利无疑已经成为拉美在经济领域的领头羊。它是拉美地区人均收入最高、贫困率最低、总体社会指标最佳的国家。[②]分析家在谈论"智利奇迹"，全世界的政策制定者都在研究这个国家采取了何种方法，使其人均收入排名从该地区的第7名上升为遥遥领先的第1名。当然，国际上的左派仍有一些批评的声音，继续讨论在独裁统治时期付出的社会成本和人道主义代价。但是，大多数分析家都认为这些抱怨太过偏颇。大多数观察家认为，实际情况是，在20世纪80年代中期，智利、哥斯达黎加和厄瓜多尔拥有几乎完全相同的人均收入，经过了一代人的时间，如图11.1所示，智利的人均收入超过了厄瓜多尔的两倍，比哥斯达黎加高40%。而且，根据联合国的人类发展指数（Human Development Index，HDI），在2020年，智利在社会发展状况方面名列该地区的第1位。总之，国际学术会议、学术期刊的论文和新闻报刊的文章都指出，智利自民主回归以来的经济社会成就极为出色。

持有各种不同政治观点的人都对智利以市场为导向的发展战略赞赏有加，钦佩不已。1994年，布鲁金斯学会（Brookings Institution）会长布鲁斯·麦克劳瑞（Bruce Maclaury）撰文指出，智利的改革为苏联集团国家的改革提供了一份蓝图："智利已经崛起为拉美增长最快的国家。这一增长速度的大幅提高是在实施了经济改革之后出现的，而它的经济改革计划是发展中国家所采取的最为广泛的改革计划之一……智利的经济政策经常被东欧国家和很多其他拉美国家视为榜样。"③

2007年，知名的进步主义学者并最终成为西班牙社会党政府内阁成员的曼努埃尔·卡斯特利斯（Manuel Castells）说，智利"民主包容的（新）自由主义模式……是拉美发展唯一成功的案例"。④ 2012年，在政治光谱的另一端，来自亲市场的卡托研究所（Cato Institute）的丹尼尔·米切尔（Daniel Mitchell）和茱莉亚·莫里斯（Julia Morriss）称智利已经成为"拉丁虎"。⑤ 随着时间的推移，越来越多的分析家将左翼民主政党联盟推行的战略称为"有人情味的新自由主义"。哈佛大学教授罗伯特·巴罗指出，帕特里西奥·艾尔文的新民主政府采取的政策让他想起了"有人情味的皮诺切特"。[6]

2019年，自由之家（Freedom House）这个无党派非政府组织在"全球自由度"排名中，赋予智利的分数是拉美国家中最高的。此外，同样来自自由之家的评分，智利是南美国家中唯一一个在"全球新闻自由度"方面被评为最高分的国家。在这一领域，智利的排名高于希腊、意大利和西班牙等发达的地中海国家。2020年，《经济学人》杂志将智利评为三个"完全民主"的拉美国家之一，另外两个是哥斯达黎加和乌拉圭。[7] 图11.1展示了智利、哥斯达黎加和厄瓜多尔从1980年至2019年以国际元衡量的人均GDP的变化。这些数据清楚地表明，智利在这一时期实现了快速增长。正如之前提到的，在21世纪初期，智利成为拉美地区人均GDP最高的国家。此后，它一直占据第一的位置，直至2019年被巴拿马超越。

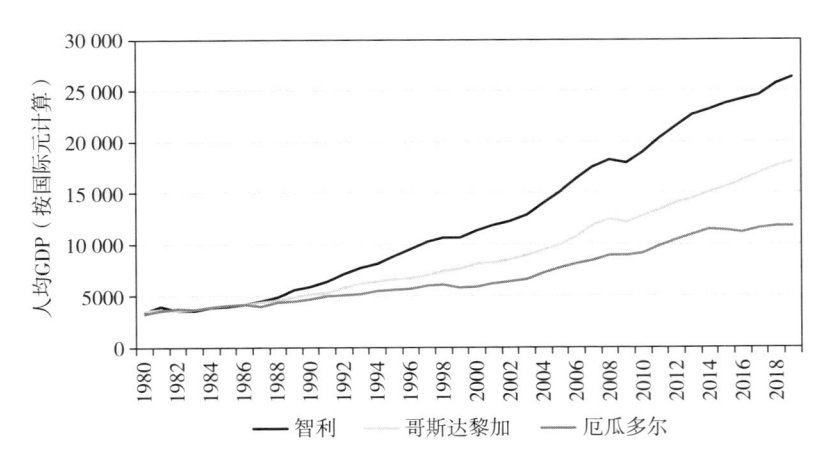

图11.1 智利、厄瓜多尔和哥斯达黎加的人均GDP：1980—2019年，以经购买力平价调整后的国际元计算

资料来源：国际货币基金组织（未标注年份）。

表11.3和表11.4展示了一系列指标，归纳了1990年民主制度恢复之后智利取得的经济社会进步。表11.3中的数据显示了人均收入的快速增长、收敛到发达国家3%左右的通货膨胀水平、实际工资上涨，以及降至国际水平的利率。令人印象最深刻的成就可能是人均GDP从1985年至2019年提高至原来的3倍。表11.4包括一组社会指标，同样讲述了一个成就斐然的成功故事。以世界银行每人3.2美元（按2011年的国际元计算）的标准衡量，极端贫困的现象几乎消失。尽管以基尼系数衡量的不平等程度仍处于较高水平，但是在这一时期这一指标逐渐降低。对不平等数据可靠与否的讨论，请参考第13章的内容。这些数字表明，从2010年开始，在教育质量（PISA考试分数）和人类发展（以联合国HDI为标准）方面，智利在拉美地区排名第一。而且，从1985年至2020年，预期寿命从71.7岁提高至80.2岁，差不多增加了10岁。在讨论对基于个人储蓄账户的养老金体系的不满情绪时，这一简单而明显的事实是需要考虑的重要因素之一。由于退休年限没有变化，即男性为65岁，女性为60岁，并且以10%这一不变缴费率向老年人的储蓄罐中存钱，预期寿命增加必然导致更低的养老金（更为细致的讨论，请参见第14章的内容）。

表11.3 经济指标的表现：1985—2020年

指标	1985	1990	1995	2000	2010	2015	2019—2020
人均GDP（不变价格，购买力平价）	7 544	9 592	12 841	15 118	20 551	23 625	22 150
通货膨胀（期末的消费者价格）	26.8	27.2	8.3	4.6	2.9	4.4	2.9
失业率	15	7.8	7.4	9.7	8.3	6.3	10.8

（续表）

指标	1985	1990	1995	2000	2010	2015	2019—2020
实际工资	100	115.9	146.2	161.3	199.8	225.2	245.2
税收收入（占GDP的%）	18.1	13.3	15.1	16.2	17.4	17.4	17.8
实际利率（%）	−1.2	21.6	5.8	10.1	−3.9	0.5	1.8
经常账户余额（占GDP的%）	−8.2	−1.5	−1.8	−1.1	1.4	−2.4	1.4
商品和服务出口（占GDP的%）	26.3	32.5	28.6	30.5	37.7	29.4	31.5

资料来源："人均GDP""失业率""经常账户余额"来自国际货币基金组织（未标注年份）；"通货膨胀""税收收入""实际利率""商品和服务出口"来自世界银行（未标注年份）；"实际工资"来自智利国家统计局（未标注年份）。

如表11.4所示，1985年在大学和职业学院就读的学生人数不足20万人，2019年增至约原来的6倍，接近120万人。然而，在取得这些成就的同时，仍然存在不足之处。学生债务飙升，很多毕业生无法在自己所学的领域找到工作，比如记者和心理医生这两个专业，失业以后从事销售员、开出租车或者开优步的人数迅速增加。大量年轻民众感觉上当受骗，并开始质疑整个制度，这个制度曾经向他们和他们的家庭承诺，如果他们努力工作并接受教育，也就是说只要他们积累"人力资本"，就能够取得进步，一定会过上更为舒适的专业人员和管理阶层的生活。大多数就业不充分的劳动者都是第一代大学毕业生，他们曾经相信"奋发图强，自力更生"的格言，贷款缴纳私立大学金额不菲的学费，但是现在至少从理论上看却得不偿失。私人银行对学生的贷款急剧增加，这带来更多的挫折感，也引发了更多的批评，并使极左翼政治势力吸引了越来越多的追随者。

表 11.4 社会指标的表现：1985—2020 年

指标	1985	1990	1995	2000	2010	2015	2019—2020
HDI 世界排名 - 官方（报告中的排名）		38/160	31/174	38/173	45/169	38/188	43/189
HDI 世界排名 - 数据（作者计算）		50/144	44/148	49/174	48/188	43/188	43/189
HDI 拉美排名 - 官方（报告中的排名）		4/33	3/33	3/33	3/32	1/33	1/33
HDI 拉美排名 - 数据（作者计算）		3/25	3/25	4/29	3/33	1/33	1/33
基尼系数	0.562[a]	0.572	0.564[d]	0.528	0.47[d]	0.444	0.444[c]
收入最高的 10% 所占的份额	45.4[a]	47	45.9[d]	42.6	38.2[d]	36.1	36.3[c]
以每天 3.2 美元计算的贫困发生率（按 2011 年购买力平价计算，占人口的 %）	28.4[a]	22.2	15.2[d]	12.1	4[d]	1	0.7[c]
中学入学人数	667 797	719 819	679 165	822 946	1 020 687	910 239	922 892
中学入学率（占 15～18 岁人口的 %）	68.6	74.0	69.8	79.8	99.0	92.1	93.4
高等教育入学人数	196 609	245 408	337 604	435 830	940 164	1 165 906	1 151 727
高等教育入学率（占 25 岁以上人口的 %）	3.3	3.6	4.4	5.1	9.0	10.2	9.0
PISA 数学 - 世界排名				44/53[b]	45/59[d]	50/73	60/79[d]
PISA 数学 - 拉美排名				2/6[b]	2/8[d]	1/10	1/10[d]

（续表）

PISA阅读-世界排名			36/41	42/59[d]	42/73	44/78[d]
PISA阅读-拉美排名			3/5	1/8[d]	1/10	1/10[d]
出生时的预期寿命（全部人口，岁）	71.7	73.5	75	76.4	78.8	79.6	80.2

注：[a]代表1987年的数据。
[b]代表2006年的数据。
[c]代表2017年的数据。
[d]代表上一年的数据。

资料来源：HDI数据来自联合国人类开发计划署（UNDP，未标注年份）；"基尼系数""收入最高的10%所占的份额""以每天3.2美元计算的贫困发生率"和"出生时的预期寿命"来自世界银行（未标注年份）；"中学入学率""高等教育入学人数"来自 Díaz、Lüders和Wagner（2016），国家数据中心（Datos.gob，标注年份），Subsecretaría de Educación Superior（未标注年份）和INE（未标注年份）；PISA数据来自经合组织（未标注年份）。

第11章 坚守新自由主义 227

里卡多·拉戈斯与新自由主义

2005年10月,在西班牙萨拉曼卡的一次国际会议上,智利商业部门协会会长埃尔南·萨默维尔(Hernán Somerville)说,"我的这些企业家都热爱里卡多·拉戈斯(总统)……他们真的对他极为敬仰"。⑧这个协会是一家类似于美国企业圆桌会议的机构。萨默维尔是真心诚意的,说的也是事实。企业精英热爱里卡多·拉戈斯是出于一个极为简单却很有说服力的理由:在他执政期间(2000—2006年),实施了推动全国经济增长并提高企业利润的政策。平心而论,在中左翼总统帕特里西奥·艾尔文(1990—1994年)和爱德华多·弗雷·鲁伊斯-塔格莱(1994—2000年)执政时期以及米歇尔·巴切莱特的第一届政府(2006—2010年),也采取了这类政策。

与商界人士尤其是大型企业集团热爱拉戈斯总统相反,刚刚兴起的极左翼极为憎恨他,认为他是该国大多数弊端的罪魁祸首。极左翼领导人无视拉戈斯在反抗独裁统治时展现出的无畏精神和巨大作用,包括不顾个人安危,在电视上公开谴责皮诺切特侵犯人权的行为。比如,2016年9月2日,加夫列尔·博里奇这位后来于2021年当选总统的学生运动积极分子在一次访谈中宣布,让这个国家陷入困境的各种弊端和政治危机都应归咎于里卡多·拉戈斯实施的政策。⑨

2019年11月,在当选总统20年之后,里卡多·拉戈斯完成了自传的第二卷。书中的故事开始于1988年的全民公决,这次公决使皮诺切特放弃了再执政八年的野心。然后,它讲述了拉戈斯在前两届民主政府中担任内阁成员时发挥的作用,当时他曾担任教育部长和公共工程部长，最后是他担任总统的经历（2000—2006年）。在书稿付梓之前，拉戈斯撰写了长篇序言，记述了自己对2019年的叛乱以及对民众愤怒与不满背后的原因所做的思考。

拉戈斯的主要观点是，这次叛乱是对新自由主义体系造成的不平等做出的反应。他认为，尽管自己付出了很多努力来推动智利经济、政治和社会体制的深层次变革，但是这一体系仍然维持了下来。根据他的观察，问题在于皮诺切特的宪法充满了限制和"锁定器"，使得修改某些最重要的法律困难重重。他声称，特别是不可能建立一个为全体民众提供社会服务的体系，而不是仅仅将社会服务的对象瞄准穷人。他继续说道，自己理想的制度是每位公民都可以获得某种最低水平的"文明的社会权利"，他将这一理念归于意大利思想家诺伯托·博比奥（Norberto Bobbio）。⑩但是由于智利宪法的僵化，他未能将这一制度付诸实践。

拉戈斯的观点很有吸引力，听上去也合情合理，但是并非完全正确。这是一种后见之明，是从更年轻一代的角度看待问题，并试图让自己与民主政党联盟政府采取的行动拉开距离，吊诡之处在于，他自己的政府也属这一阵营。当然，修改宪法是很难的，尽管像我之前曾经指出的那样，2005年的重大修正案正是在拉戈斯执政时期通过的。但是，修改宪法面临的障碍只是一部分问题所在。实际上，在2019年的大规模暴力骚乱中，示威者的很多或者说大多数抱怨都与宪法的限制无关。他们集会示威反对的是连续几届民主政党联盟政府满怀热情地推动、支持和通过的政策，这在很大程度上与宪法和现有法律规定了什么或者芝加哥小子想些什么没有关系。事情的真相是，在2019年，示威者揭竿而起，反对的是民主政党联盟政府自愿选择并且心甘情愿、满怀热情地实施的政策。正如我在前面几章中提到的，其中很多亲市场的政策巩固并且明显深化了芝加哥小子的模式，这对1990—2015年智利非同寻常的经济成就做出了巨大的贡献。

考虑下面三项政策，这些政策是叛乱中示威者提出的核心诉求，并且均与1980年宪法无关。第12章更详细地讨论了新一代极左翼积极分子对民主政党联盟政府的政策提出的最重要的批评。

1. 示威者要求免除学生的债务，终止拉戈斯政府建立的教育贷款体系。通过银行部门向接受高等教育的学生发放贷款的政策，这一最初的想法来自里卡多·拉戈斯执政时期的教育部长塞尔希奥·比塔尔（Sergio Bitar），这位政治家曾是萨尔瓦多·阿连德政府中最年轻的内阁成员。这一政策与1980年智利宪法的条例或限制无关。值得注意的是，砖案也提到了这个想法，但是在独裁统治时期并未实施，直到中左翼政府时期才真正实施这项政策。

2. 抗议者反感由私人企业运营的收费公路。作为交通部长和后来的总统，以对私人部门的特许权为基础，里卡多·拉戈斯实施了大规模的基础设施投资计划，令人印象深刻。从法律的角度看，政府与私人经营者签订的合同是以1981年何塞·皮涅拉为采掘业制定的规则为基础的。私人企业修建道路、港口、医院、监狱和机场，并在事先确定的时间内收费经营。抗议者反对收费过高，以及投资者和经营者通过提供社会服务获得了高额回报。这些政策也与宪法无关，而且很多年来，这些政策都被认为是有效率的，国家也由此受益良多。让民众为使用道路付费，甚至在圣地亚哥这样的大城市也是如此，这纯粹是民主政党联盟政府的主意。说句公道话，米尔顿·弗里德曼的《资本主义与自由》一书就提到了这个想法，但是芝加哥小子从未想过要在智利实施这种政策。

3. 2019年，示威者指出，智利单方面开放国际贸易并与无数国家签署了自由贸易协定，这是放弃了自己的主权。他们声称，这导致了一种"攫取主义"的发展战略，通过这种战略，智利主要出口大宗商品，而不制造高级或者复杂的产品。加夫列尔·博里奇在总统竞选期间提出的政策，目的就是要改变这种状况（具体细节请参见第15章）。确实，芝加哥小子的核心目标就是实现贸易自由化，设立低至10%的统一关税。但是，宪法或者芝加哥小子创建的法律结构并没有迫使民主政党联盟进一步开放。正是在这些政府执政时期，特别是拉戈斯政府时期，智利狂热地签订了大量自由贸易协定。这项政策将有效税率降至3%左右，使智利成为世界上最开放的国家之一，这有助于进入一个由出口驱动的增长时代，并推动智利成为拉美经济的领头羊。这一战略是由民主政党联盟政府自愿推动的，与宪法完全无关。

然而，皮诺切特宪法确实有一条限制是2005年的改革无法改变的，这使得增税仍然很困难，因为它要求国会两院都要以绝对多数通过法案。拉戈斯在其自传中指出，在他执政期间，并没有尝试修改个人所得税或者企业所得税，重点关注的是减少偷税漏税。为了实现这一目标，全国税收执法人员被赋予新的权力。2006年接替里卡多·拉戈斯总统职位的米歇尔·巴切莱特与保守主义反对派就一项重大的税收改革展开了谈判。尽管如此，智利税收收入仍然较少，大约占GDP的21%，比经合组织的平均值整整低了10个百分点。[11]

当然，随着时间的流逝，个人观点会发生变化。拉戈斯在2020年与贴上"新自由主义"标签的那些政策保持距离，这是可以理解的。但是，为了拥有一副完整的历史图景，重要的是回到2005年，在那一年，国会通过了一张长长的宪法改革清单。当时，里卡多·拉戈斯说，"新的（宪法）文本反映了今天所有智利人的团结一致……今天，我们庆祝智利这欢乐和团结的一天，庆祝我们与自己的历史再次融合。作为所有智利人的总统，我感谢所有民众，你们努力奋斗以促成一部与我们的自由精神相一致的宪法，我（还要）感谢所有的政党"。[12]

第12章

不满、舞弊、抱怨与抗议

2019年10月18日,精英们好不容易才发觉,在这片拉美的"绿洲"上——塞巴斯蒂安·皮涅拉在《金融时报》的一篇采访中这样称呼智利——所有的事情都不太好。① 接下来的几个月,各类分析家和专家重复最多的一句话就是"万万没想到"。结果表明,尽管过去40年经济总体上取得了成功,但还是有几点迹象和警示,表明不安和不满情绪(malestar)越来越严重,社会上受影响的人也越来越多。

联合国开发计划署在1998年的一篇报告中最早提出了这一不安和不满情绪假说,强调"人类安全"在决定智利的社会和政治情绪中发挥的作用。人类安全被定义为"人们在一个社会中生活的方式,他们能够以安全可靠的方式做出不同的生活选择,包括进入不同的市场,对今天的机会在明天不会消失有一定的信心"。② 联合国开发计划署计算了两种人类安全指数,一种基于"客观"数据,比如收入水平以及教育、医疗服务和老年人养老金的可得性;另一种则基于人们的"主观"感受、担忧和观察。③ 最重要的发现是,两类指标之间存在明显差异。尽管生活质量有客观和真实的改善,包括工资水平的迅速提高、社会条件的改善、教育范围的扩大以及贫困现象极为快速的减少，大量智利人还是担心出现社会和经济方面的退步，重新回到穷人的行列。这份报告还指出，尽管这种不安和不满情绪在当时，也就是1998年，只是潜在的，但还是有可能最终从潜伏阶段进入一个更容易爆发的阶段，并导致严重的政治动荡和混乱。

智利的政治和经济机构驳斥了联合国开发计划署的这份报告，声称这不过是政治宣传而已。比如，何塞·布伦纳（José Brunner）这位爱德华多·弗雷·鲁伊斯-塔格莱总统执政时期（1994—2000年）的前内阁成员和受到中左翼精英尊重的社会学家，声称担心与忧虑并不是智利独有的现象，这也并非经济改革的结果。这种情绪在每个现代化进程中都存在。布伦纳断定，问题并不在于新自由主义，而是由于快速的变革。④他赞同经济学家约瑟夫·熊彼特的观点，认为他用资本主义制度中的"创造性破坏"这一概念准确地概括了如下思想：尽管进步有其阴暗面，但是前进的好处仍会极大地超过为此付出的代价。布伦纳还指出，选举中的低轮替率说明人们对自己的生活感到满意，因而感到没有必要过多地涉及政治，而在联合国开发计划署的报告中，这个现象被认为是民众具有不安和不满情绪的迹象。⑤

像何塞·布伦纳这样的人误解了这些最初出现的信号，归根结底，在2006年，不安和不满情绪越来越明显，也就是米歇尔·巴切莱特总统的第一届政府时期。中学生要求对法律进行重要的修订，改善公立学校的基础设施，减少参加大学入学考试的费用，降低公共交通的价格。他们举行抗议活动的根本原因，是反对严重依赖营利性学校的教育体系，在示威者看来，这一体系产生了社会隔阂、阶级分化和不平等的固化。政府反应迟缓，声称降低公共交通价格的要求是不可能被满足的，因为这会导致公共赤字每年增加大约3亿美元。学生的示威活动迅速转向了暴力，政府部署了反骚乱的警察部队。在圣地亚哥市中心和几个省城，警察与投掷石块和燃烧瓶的蒙面示威者之间的冲突成了家常便饭。2006年5月，学生领袖号召全国学生罢课，几所公立高中被一些青少年占领，他们将自己反锁在学校中，发誓只有满足他们的要求才会离开。很快，全国教师工会就加入了示威队伍，大学生也同样如此，后者要求免除他们的学生贷款债务，并且提出了其他要求。

随着示威者越来越多，他们提出的要求也越来越多。示威者现在抗议政府的环境政策，要求修改老年人的退休金制度和劳动法。劳动法曾经在民主政党联盟执政时有过修订，但是仍然限制工会运动。到2006年5月底，超过100所学校罢课，大约有35所学校被学生控制，他们竖起路障，阻止教师、管理人员和警察进入学校的建筑。示威游行和示威者与警察之间的冲突一直持续到年末。数千名青少年被扣押并出庭受审，价值数百万的财产遭到损毁。在年末时，学生运动显著增强，并获得了政治影响力，而由第一位社会党女总统领导的政府则失去了信誉和支持。

在接下来的那些年，民众纷纷组织起来，反对原来的模式。一开始的示威活动规模较小，然后一点一点地变得越来越大。影响最大的一些群体抗议前文提到的基于个人储蓄账户的养老金体系，他们指出，养老金的实际数额远低于军政府在1981年的承诺。他们进一步声称，老年人的养老金是一项社会权利，因此，它应当免受商业和金融活动低迷与风险的影响。他们反对养老储蓄由营利性企业运营，这些企业获得的收益远远超过养老基金自身的收益。越来越多的示威者要求终止个人账户，采用由政府运营的传统现收现付制（具体细节，请参见第14章）。

在经历了一段相对平稳的时期之后，在保守主义总统塞巴斯蒂安·皮涅拉第一次执政时，政治骚乱在2011年5月卷土重来。教育体系的营利性质再次遭到了强烈质疑。学生们指出，尽管1981年一部由军政府颁布的法案禁止营利性大学的存在，但私人部门仍然继续利用这一体系，并在这一过程中大发其财。示威活动再次转向了暴力，其他群体也再次加入其中，以支持学生运动。与2006年不同，这一次人们提出的要求更广泛，包括将铜矿国有化、结束性别歧视、创建一个全国性医疗体系，以及关闭所有烧煤的发电厂。示威活动的主旨是终结由独裁统治开创的新自由主义模式。2013年4月，与芝加哥小子关系密切的经济学家哈拉尔德·拜尔（Harald Beyer）作为教育部长被智利国会指控玩忽职守，因为他未能确保高等教育机构不直接或者间接借教育使命而谋利。一个月后，参议院通过了这些指控，拜尔被迫下台。加夫列尔·博里奇是最善于表达、最好斗也最有魅力的学生领袖之一，这位年轻的法学学生出生于蓬塔阿雷纳斯（Punta Arenas），这是世界最南端的城市之一，是一座正对着麦哲伦海峡惊涛骇浪的城市。

不安和不满情绪这个话题在智利政治家和学者中引起了激烈的争论。一方是进步派学者，其中很多人赞同联合国开发计划署及其对于智利社会和政治状况的悲观观点。另一方则是亲市场的保守主义者，积极为新自由主义模式和芝加哥小子以及民主政党联盟的政治家辩护。在这个群体中，最响亮的声音非哈拉尔德·拜尔这位前教育部长莫属，他现在是智库公共研究中心的主任。他声称，根本就没有"不安和不满情绪"这种东西。双方都开展了调查和访谈，发布了报告，并在各种学术会议上提出自己的观点。

2017年6月，联合国开发计划署发布了一份题为《不平等》的报告，作者们在这份报告中声称，智利的不平等有很多维度。尽管在上一个十年，收入不平等有某种程度的降低，但其他形式的不平等依然严重，比如公共品和便利设施的可得性。此外，教育和医疗服务仍然是分割的，富人与普通人生活在两个完全不同的世界。可能更重要的是，这份报告提到了人们交往的方式是高度不平等的，产生这种不平等的根源在于种族歧视、隔离政策和阶级歧视。作者们还指出，尽管芝加哥小子强调选贤任能、教育和人力资本积累，但智利仍是一个由少数精英掌控政治和经济权力的国家，这些精英大多数是男性，他们主要来自少数几所预科学校和两所大学，前者大部分是天主教学校，后者为智利大学和天主教大学。

大约在同一时间，亲市场的公共研究中心出版了一部著作，题为《智利的不安和不满情绪？》。基于调查，这部著作声称，尽管每个现代化进程都会出现紧张局势，包括下文将会讨论的滥用权力和共谋的情形，但大多数智利人对自己的生活方式感到幸福，并且赞赏新自由主义模式带来的种种益处。该报告的联合作者里卡多·冈萨雷斯（Ricardo González）甚至推测，智利目前的情况与烦恼或者不安和不满情绪完全无关，相反，民众承认，总体而言，舒适的生活让他们受益良多。这份报告的另外一位作者是维托利奥·科尔博（Vittorio Corbo），这是一位与芝加哥小子关系密切的经济学家，从2003年至2007年曾经担任央行行长，他经常在大众传媒上为新自由主义模式辩护。

里卡多·冈萨雷斯声称，"很明显，我们没有看到'不安和不满'"。他补充说，根据一项对大量民众所做的抽样调查，"报告显示，在2015年，82%的受访者对自己的生活总体上感到满意，这比1995年高出20个百分点。而且，对工作和业余生活的满意度提高了，对于健康和财务状况也同样如此"。他的结论是，米歇尔·巴切莱特认为不平等是动荡和烦恼的根源，这是错误的。⑥

企业共谋与舞弊的历史记录

从2007年开始，由智利一些巨富家族控制的企业涉嫌参与一系列重大共谋案件，这加深了如下印象："新自由主义模式"服务于权贵阶层，忽视了"真正的"民众。⑦

第一起重大案件涉及三家连锁药店。在经历了旷日持久且成本巨大的价格战之后，这三家药店在2007年同时提高了200种处方药的价格。⑧ 2011年，就在这一药店案件移交法庭审理的同时，国家经济检察官办公室（National Economic Prosecutor's Office）指控三家最大的鸡肉生产商通过一项限制产出和分享市场的协议进行共谋。司法调查揭露了一项长达数十年的共谋方案，至少可以追溯至1994年。这一方案限定了最高产量，总销量的61%被分配给规模最大的企业爱阁食品（Agrosuper）。规模第二大的阿里斯蒂亚（Ariztía）占30%的份额，规模最小的唐波洛（Don Pollo）占9%。鸡肉是智利人获取蛋白质的主要来源，这一事实使共谋丑闻更引人关注，也让人们进一步注意到，由于宽松的监管，新自由主义模式使大企业可以伤害其消费者。竞争法庭对这三家鸡肉生产商施以总额高达6 000万美元的罚款。法庭还判定三家主要的连锁超市是这一共谋方案的从犯，并对其处以总额1 200万美元的罚款。

2015年10月，第三件大型共谋案爆发，国家经济检察官办公室指控智利两家主要的卫生纸生产商非法共同达成固定价格。主导企业从属于马特集团（Matte Group），后者是由智利最古老的一个传统家族控制的企业集团，这尤为令人震惊。这件丑闻影响如此之大，以至于该家族的族长埃利奥多罗·马特（Eliodoro Matte）不得不辞去公共研究中心监事会主席一职。这家由塞尔希奥·德·卡斯特罗和豪尔赫·考阿斯创建的机构，曾经在1992年以图书的形式出版了芝加哥小子的改革蓝图，即砖案。

智利模式的支持者辩称，这些案件浮出水面，证明了监管机构正如当初设计的那样在发挥作用，从而确保市场是竞争性的。毫不奇怪，这一模式的批评者有不同的看法。他们指出，这些案件可能只是冰山一角，并且猜测还有数以百计的其他不公平竞争和伤害消费者的案件尚未被发现。批评者提出的主要问题是，尽管调查确定无疑地证实存在共谋行为，但是没有任何一位参与策划或执行这些共谋方案的企业高管被判入狱。他们认为，以入狱时间来衡量，这与那些对小偷小摸或者侵犯财产行为施加的刑罚形成了鲜明的对比。在智利模式的批评者看来，这表明新自由主义已经损害了司法体系。他们提到了加里·贝克尔对刑事审判的研究，以及由罗纳德·科斯、亚伦·戴雷科特（Aaron Director）和理查德·波斯纳（Richard Posner）以及其他一些人在芝加哥大学提出的"法和经济学"这一法学理论（legal doctrine）。

2000年至2021年家庭债务迅速累积，从占GDP的25%增加到53%，这是另一个令人担心和焦虑的原因。智利模式的批评者声称，一个以"万物皆市场化"为基础的经济体系，这是哲学家迈克尔·桑德尔对新自由主义的概括，需要消费者一直购买越来越多的商品，其中大多数都没有什么用处。他们进一步指出，消费主义是由不择手段的广告机构推动的，这些机构美化对物质商品的占有，从而危害文化和高雅艺术。

2011年6月，与大型连锁零售企业南极星（La Polar）有关的重大丑闻被曝光。这家企业服务于中产阶级人群，在全国有很多分店。管理层向监管机构报告，很多年来，这家企业一直低报违约的消费者贷款数量。可以从两种不同的角度对这个案件进行解读，但是两者都有损这一模式的声誉。一方面，资产负债表表明这是一家正常盈利的健康企业，但实际上该企业已经陷入困境很多年。当这条消息被曝光时，其市值跌去了98%，很多投资者毕生的积蓄付诸东流，通过个人退休账户持有该企业股票的数百万工人也深受其害。另一方面，客户的债务根据新条款被定期重组，但是没有告知客户或者与其商议。很多中产阶级家庭并不知道他们的债务以极快的速度增长，每年的实际利率高达22%。在发现了这一点后，他们既愤怒又担忧。左派再次指控新自由主义体系恶劣地对待民众，而且还不会受到任何处罚。

这些恶劣对待客户、共谋、操纵价格、利用内部信息、逃税漏税、人为美化资产负债表、贿赂和贪污的案件，一点一点地加深了某些人群的印象，特别是年轻的大学生，他们认为事情不太对劲，智利模式描述的公开透明、公平竞争和任人唯贤，大部分是幻觉而已。很多人怀疑，这些问题不仅涉及商业精英，还包括民主政党联盟的中左翼政治家，这些政治家口头上重视收入分配和平等，但是实际上被私人部门和企业界俘获了。虽然不清楚"俘获"一词是否准确，但是艾尔文、弗雷、拉戈斯和巴切莱特政府中的很多前内阁成员和高级官员都加入了一些最大的企业和财团的董事会，获得的薪酬即使从国际比较的角度看也是很高的，此外还享有大量额外的津贴。在这些位置上，他们为企业和大财团进行游说，往往淡化消费者和工人面临的窘境。⑨

21世纪初期，阿劳卡尼亚（Araucanía）显然变成了一个日益重要的冲突地区。该地区位于智利南部，马普切人在西班牙殖民者到来之前就在这里生活。一群马普切活跃分子要求创建一个自治区，基于代代相传的习俗和传统建立自己的治理体系，这里的学校要教授他们自己的马普切语，并在法庭和其他国家机构中使用这种语言。他们还要求归还大片土地，并补偿他们曾经遭受的痛苦、羞辱和歧视。马普切人提出的理由引起了年轻人的共鸣，极左翼的广泛阵线（Broad Front）将这些诉求作为其政治纲领的核心内容。在2019年的大规模抗议活动中，很多示威者都举着马普切人的旗帜，高呼支持原住民诉求的口号。2019年11月15日，一份促成了编写新宪法的政治协议赋予原住民人口在起草新宪法时的特殊地位。在负责起草新宪法的机构中，155个席位中的17席留给了第一民族的成员（具体内容请参见第15章）。

2003年，新的竞选财务法得以通过。效仿美国的例子，这部法案对个人和企业向竞选公职的候选人提供的捐款设定了限额。智利立法机构的创新之处在于，捐款人可以决定向公众公开自己的捐款，或者不让任何人知道，包括候选人。这一规定考虑的是，如果没有证据证明是否捐款给某个特定选举委员会，就不容易求得帮助。2015年，几家大企业被发现绕过了这部法案，为竞选双方的政客都提供了大量资金。程序很简单，一个竞选阵营的成员被企业"雇用"并收取顾问费，这笔钱实际上是竞选捐款。企业从收入中将这笔费用冲销，并使税负减少，而接受捐赠的人则为这笔捐赠支付所得税。结果表明，提供非法竞选资金数额最大的企业是智利矿业化工，这家企业在智利的锂产品生产中占据统治地位。智利矿业化工的大股东是奥古斯托·皮诺切特的前女婿胡利奥·庞塞·勒鲁，这更令人感觉权贵阶层与政治家有着特殊的联系，在民主回归30年之后，同一群体仍然控制着这个国家的命脉。

2019年的智利：两个观点

图12.1提供了从1970年至2020年智利经济增长的数据。图12.2和图12.3展示了生活在贫困线以下的人口比例和基尼系数，后者是衡量收入不平等最常用的指标。这些数据刻画了数十年来智利经济史的特征，也是对本书所做分析的概括。这些图形还描述了2019年的经济状况，也就是在当年10月的暴乱引发政治和法律重大变革之前，包括编写了一部新宪法，这些变革的目标就是以保障社会权利的体系代替自由市场体制或者新自由主义模式。

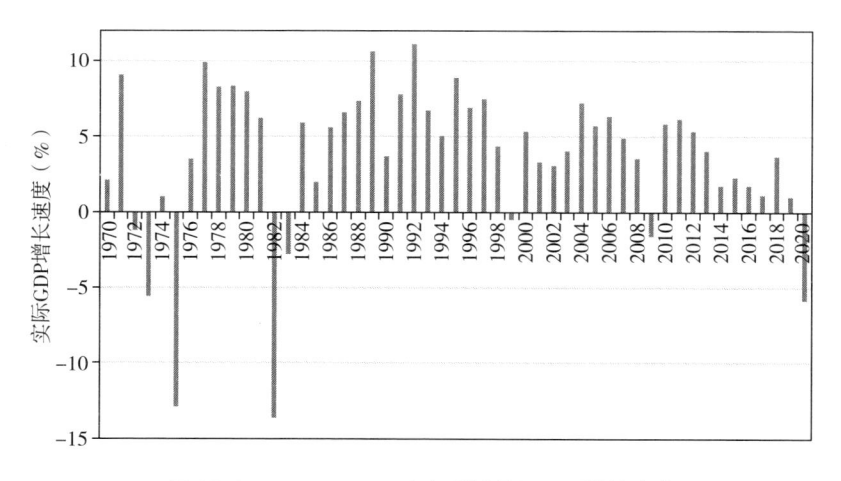

图12.1 1970—2020年智利实际GDP增长速度

资料来源：智利中央银行（2001）、国际货币基金组织（未标注年份）。

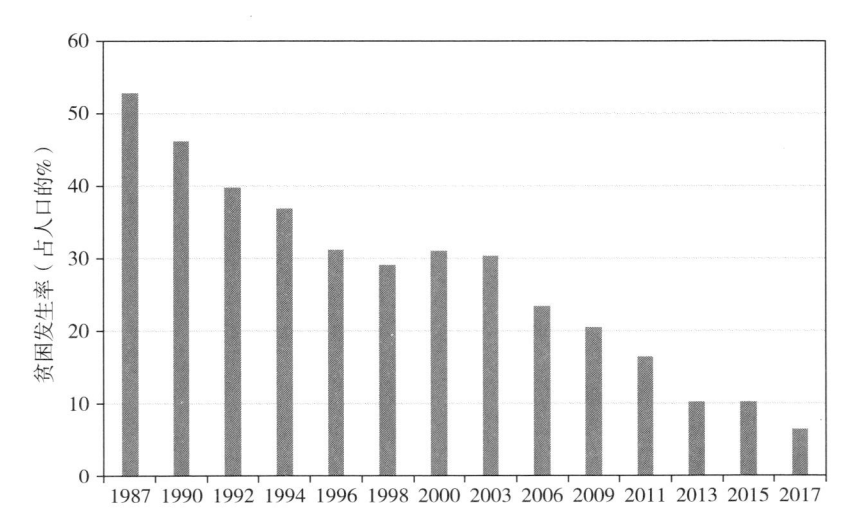

图12.2 1987—2017年智利生活在贫困线以下的人口比例，贫困线按照每天生活费用低于5.5美元衡量（以2011年购买力平价计算）

资料来源：世界银行（未标注年份）。

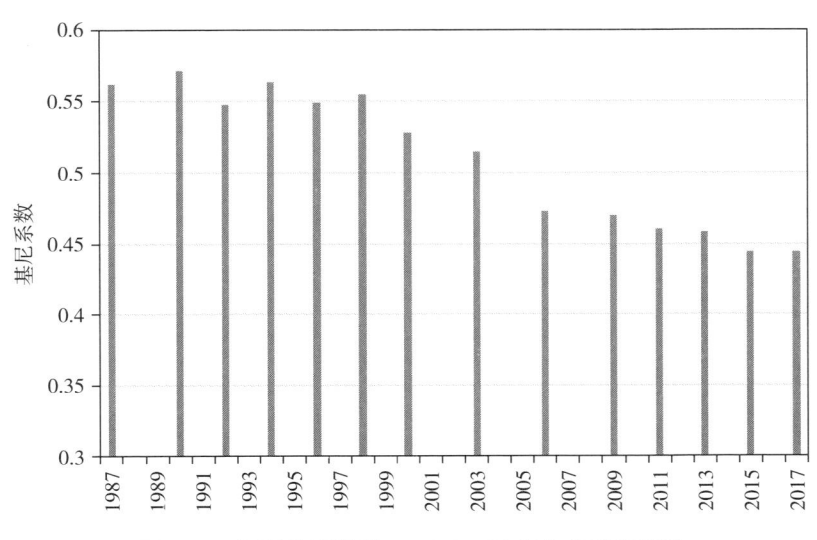

图12.3 智利的不平等：1987—2017年的基尼系数

资料来源：世界银行（未标注年份）。

关于增长的数据表明，经济在50年中有8年是收缩的，包括萨尔瓦多·阿连德的人民团结阵线执政的第二年和第三年（1972—1973年）、采用米尔顿·弗里德曼"休克疗法"的1975年、爆发货币与银行危机之后的两年（1982—1983年）、受东亚和俄罗斯危机波及的1999年、受全球金融危机影响的2009年以及受新冠疫情影响的2020年。这一数据还展示了经济恢复和增长加速，以及1987—2010年的快速增长，在这一时期，智利是拉美地区表现最好的国家，并且遥遥领先。

图12.1中的数据还展示了经济扩张速度的逐步降低，这意味着至21世纪第一个十年结束时，这一模式已经进入了收益递减的阶段，年均增长率从1987—1997年的7.5%降至2000—2010年的4.4%，2010—2019年又进一步降至3.0%。经济增长率的显著下滑，背后最重要的因素是生产率增速减慢，这一问题根源于多种因素，比如过度集中，将近45%的人口生活在圣地亚哥大区；尽管几届政府都努力改善人力资本的状况，但是劳动力仍然缺乏继续扩大出口并提高出口商品和服务增加值所需的技能。[10]

在2019年年中时，就在爆发叛乱的几周之前，关于智利有两种不同的叙事，一种是成功的，另一种则是阴暗的。前者基于图12.1和图12.2展示的数据，并且指出智利是拉美地区最繁荣的国家。从这个故事看，取得成功的根本原因就是由芝加哥小子在1974年启动的亲市场改革，而中左翼民主政党联盟继续完善了这一模式。当然，在故事梗概相同的情况下，也有些不同的说法。保守主义者想要更多的市场、更少的监管和更低的税率，实际上，他们认为现有的监管措施应当为2010年之后的增长放缓负责。另一方面，中左翼人士想要在不放弃开放、市场、财政约束和竞争的条件下，增加更多的社会民主政策。

与"成功叙事"相伴而行的是一个完全不同的故事，这是由进步的极左翼积极分子推动的，其中大多数是年轻的政客，他们在2006年和2011年的学生抗议活动中崭露头角。这一不同的叙事基于如下观点：民主转型的领导人向大资本投降了。这是一个"阴暗、不满和不平等的叙事"，至20世纪第二个十年结束时，这种叙事占据了上风，并且使一场由性别、环境和原住民积极分子主导的制宪会议得以召开。2021年，同样是这种叙事将加夫列尔·博里奇送上了总统的宝座。这一充斥着不安和不满情绪的叙事有两点最重要的内容，即不平等和少得可怜的养老金，我将在第13章和第14章详细分析。在第15章，我将讨论制宪会议如何高估了人们对剧烈变革的期待，以及由于严重超出了这一叙事的范围，他们激进的制宪动议如何在2022年9月4日的"退出公投"中被否决。

第13章

分配斗争

很少有人比阿诺德·"艾尔"·哈伯格更了解智利，他被称为芝加哥小子之父，这算得上实至名归。1955年，哈伯格与西奥多·"泰德"·舒尔茨一起前往智利，从一开始就参与了智利计划。他经常为智利改革者提供指导，并且周游世界，就如何制定经济政策组合以取得像智利那样的成就，为各国政府提供建议。然而，尽管芝加哥小子对他非常崇敬并且其中很多人都与他成为好友，但哈伯格一直乐于承认他的这些学生提出的政策存在局限、问题和不足。在其2016年的口述历史中，就关键职位、阶级出身和不平等等问题，哈伯格回忆起1955年第一次访问智利时的所见所闻：

> 于是我去了智利，来到联盟俱乐部（Union Club），这是一家绅士俱乐部，属于雇用农业工人的农业部门。这些工人是大农庄的佃户，靠种地生活，在某种程度上就像农奴一样……我来到这家联盟俱乐部，午餐有些丰盛，大约有十个人围着桌子吃饭，我天真地问道，真的是有些天真，这个俱乐部成员中有多少是这些佃户的孩子……他们几乎要从椅

子上摔下来，他们无法想象任何佃农的孩子会成为俱乐部会员。让我感到难过的是，2000年之后的某个时间，我再次访问这家联盟俱乐部，并且问了相同的问题，有一点点讽刺的是，我几乎得到了相同的答案。我的意思是，尽管智利存在显著的社会流动，取得了巨大进步，所有这些都是好事，但是从2000年至2010年这段时间，一位佃农的儿子成为联盟俱乐部的成员，仍是一件遥不可及的事情。①

数年之后，哈伯格再次谈到这个话题，暗示他在内心深处知道不平等的根源在于种族问题。

> 50年来丝毫没有差别。在我看来……一个如此生机勃勃，增长如此迅速并且如此富有活力的国家，（在不平等方面）却是这种状况，这真是一种不幸的遭遇。我想，接下来我们要做的，就是必须真的更加努力地接纳来自等级制度中更底层的民众。智利在接纳来自欧洲的移民方面做得非常棒。我们已经有了出身于欧洲移民后裔的智利总统，这些移民曾经一贫如洗。但是，还有某种……可能源自种族或者传统的区别，这真的会压制底层的民众。②

在2020年于胡佛研究所召开的朝圣山学社会议上，有一个关于智利的分会场，详细分析了2019年叛乱背后的原因。"艾尔"·哈伯格是这个分会场的评论人，他表示自己惊讶于大规模的示威游行、暴力行为以及公共财产和私人财产的损毁。在这个拉美地区增长最迅速的国家，怎么会发生这种事情？他感到震惊

第13章 分配斗争

不已，但是他也在努力寻找这些事件背后的原因。他在评论时提到，在他看来，智利社会中存在一种根深蒂固的"精英主义"，赛斯·齐默尔曼（Seth Zimmerman）曾经在一篇研究论文中详细讨论过精英派系与社会流动之间的关系。③接着，哈伯格明确谈到高等教育体系以及营利性大学发挥的作用："在某些时候，开办营利性大学更容易。其中一些营利性大学就像我们的菲尼克斯大学（University of Phoenix）和伊利诺伊理工学院（ITT）。这些大学提供的教育只有D–或者F+，收取的学费却是A–或者B+，其中大部分是由政府承担的。但是，这类劣质教育体系培养的学生无法找到工作，他们有充分的理由感觉自己上当受骗了。所以，他们必然会成为（这场叛乱的）一部分。"他还指出，很长时间以来，女性在企业界和专业领域很难得到升迁："比如，如果有人提出在董事会成员中增加一名女性成员，其他的董事通常只会一笑了之。他们会取笑这件事。所以，这就是问题所在。"④

确实，哈伯格从来没有说过，如果不推行这些改革或者遵循一种明显不同的模式，智利的情况会更好一些。恰恰与之相反，他在很多论著中赞赏这些改革，承认芝加哥小子以及1990年以后负责政策制定的民主党联盟的经济学家取得的这些成就。然而，这并非盲目支持。他对叛乱原因的探索特别重要，这是因为这些研究来自他，而不是一位激进的极左翼批评家。

20世纪70年代的芝加哥大学与收入分配

在20世纪70年代后期和80年代初期，芝加哥大学并没有开设正式的课程，以深入考察与不平等和收入分配有关的问题。尽管博士培养方案中价格理论第二期课程（经济学302）的题目就是"收入分配理论"，而且很多教师对这个问题感兴趣并以此作为研究课题，情况仍是如此。1973年，哈里·约翰逊根据自己的经济学302课程的讲义出版了一部著作。这部著作广泛讨论资本和劳动之间的"功能性"收入分配，其中很多内容是基于被称为埃奇沃思盒的几何工具，但是很少涉及"个人"收入分配。这本书也没有详细讨论如何测度收入分配，或者为了改变收入分配状况，哪些政策最有效率，成本最小。在这部著作的最后一章，约翰逊确实提到了贫困问题。在他看来，这个问题比不平等更困难，也更重要。发展经济学家应该努力关注的正是减贫问题。⑤ "泰德"·舒尔茨也赞同这一观点，他在1992年为塔西西奥·卡斯塔涅达（Tarsicio Castañeda）的《战胜贫困》（*Combating Poverty*）一书撰写的序言中，批评了"寻求降低个人收入分配不平等的逻辑"，赞扬了智利以极端贫困人口为目标的社会保障政策。他补充说，"定向做法的目的在于，防止……增加收入的计划……变成逐渐抬高收入的阶梯，因而不再服务于穷人中最贫困的群体。有必要防止政治过程诱导和支持将注意力从最贫困人群那里转移开来的政策"。⑥

　　米尔顿·弗里德曼著名的教科书《价格理论》详细讨论了功能性收入分配，但是没有分析个人分配。这部著作最后的阅读清单包含分配理论的八项内容，比如亚当·斯密的《国富论》第10章和阿尔弗雷德·马歇尔的《经济学原理》第1—5章，但是没有任何与不平等的现代理论或者包括税收政策在内的缩小不平等政策相关的内容。乔治·施蒂格勒的教科书《价格理论》有一章内容与个人收入分配有关，即第15章。他在这一章中介绍了洛伦兹曲线和基尼系数这两种衡量不平等的标准工具，并进行了简要的讨论。施蒂格勒在这一章的结论中指出，他"对不平等的讨论清楚地表明，判断一种良好的收入分配状况的标准有些荒唐，它忽略了经济结构的复杂性，但是这并不会产生任何一种标准。当然，这样一种标准部分地取决于个人的道德目标……而且，道德因素是复杂的，只有一组非常幼稚和教条的价值判断才能迅速地使一个人确定他喜欢的不平等类型和程度"。[7]

与不平等相关议题最接近的课程来自"艾尔"·哈伯格讲授的项目评估课（经济学364），这门课程讨论了在评估公共投资项目的收益时，是否应该明确考虑收入分配。一个项目如果能够造福于低收入群体，这是否应该被视为一种额外收益，这个问题当时在经合组织和世界银行等国际多边机构中引发了激烈的讨论。哈伯格认为，赋予分配更大的权重会导致严重的扭曲，并且使一些对国家福利没有任何贡献的项目获得批准。他指出，这并不意味着项目分析应当完全不考虑对分配产生的影响，而是说正确的方法是遵循"基本需求"分析。这种分析方法承认，大多数社会愿意无一例外地为每个人提供最低数量的特定商品和劳务。[8]在很多方面，哈伯格的观点都与诺伯特·博比奥的原则相似，即每个人都应获得最低水平的"文明的社会权利"，这一理念得到了智利总统里卡多·拉戈斯的强烈支持。

对于上述讨论，我并没有暗示在20世纪70年代后期和80年代初期，芝加哥大学的教师缺乏将不平等和分配问题作为研究课题的学术兴趣。实际上，其中很多人确实在做这方面的研究，比如加里·贝克尔和詹姆斯·赫克曼，但是，正式课程并未深入探究这个问题，至少我和我的朋友在那些年上的课程确实如此。

智利的改革与收入分配

对芝加哥小子而言，降低不平等并非优先考虑的目标。他们关心的是减少贫困，而且对此极为关心。在他们看来，如果能够显著降低贫困发生率，收入分配状况如何就无关紧要。为了减少贫困，他们采取的方法是提出一套极为严格的程序，以识别贫困人口，并将政府援助严格地导向这一人群。在智利计划部长米格尔·卡斯特的领导下，芝加哥小子最先采取的一项措施就是构建该国的"极端贫困地图"。这一分析识别出穷人在哪里居住、他们的生活条件如何，以及这些人缺乏哪些基本服务。这项分析表明，截至当时，大多数政府援助流向了中等收入群体，只有极少数自始至终流向了收入最低的10%人群。基于这些信息，计划办公室提出了一项策略，为收入低于特定门槛值的人群提供社会服务，包括饮用水、污水处理和营养品。按照芝加哥小子的观点，援助流向那些收入高于贫困线标准的家庭是错误的。随着时间的推移，智利开发了一个复杂的"全国家庭注册系统"，该系统包含了家庭财务状况、收入、教育水平，拥有的电视机、汽车和自行车等财产，以及从各类公共部门计划中获得的援助数量等方面的详细数据。为了获得政府的转移支付，家庭必须证明他们的分数低于政府界定的标准，从而可以被视为需要援助的穷人。芝加哥小子在任时实施的大多数转移支付政策都是以实物形式给付的，并在1990年以后的左翼政府时期延续下来。政府避免采用现金形式的转移支付，因为他们认为接受援助的人无法明智地使用这些钱。这一策略违背了新古典经济学的一个基本假定。实际上，我清楚地记得，在经济学301价格理论这门课上，加里·贝克尔证明了从福利的角度看，实物转移支付总是不如现金转移支付。[9]

在纪录片《芝加哥小子》中，前财政部长和经济部长罗尔夫·吕德斯的言论充分体现了芝加哥小子对不平等的观点。尽管我已经在第4章引用过吕德斯的话，但在这里值得重复一遍："我真的不在意不平等……收入分配问题就是一个关于嫉妒的问题……你能明白我的意思吧？"[10]

尽管民主政党联盟的政治家高度关注收入分配，正如第11章提到的，里卡多·拉戈斯政府的宣传口号就是"公平的增长"（equitable growth），但是他们仍然保留了由芝加哥小子提出的定向方法。在中左翼政府执政时期，家庭注册系统甚至成为引导社会政策的一个更重要的工具，包括向依靠积累个人储蓄获得较低养老金的老年人提供转移支付。

当一些家庭脱离贫困，迈入中产阶级行列，他们就没有资格再获得某些社会保障计划的援助。然而，他们这种社会阶层的提升是脆弱的，很多人继续生活在贫困边缘，担心任何疾病、意外事故和失业等意想不到的冲击，比如会使自己重回穷人行列。社会保障计划是严格定向的，在改革初期这是一项合理的政策，当时贫困范围很广，将近全部人口的60%，而政府的收入极为匮乏。但是，随着贫困率降至个位数，公共部门的金库变得更加充实，坚持援助的目标仅面向极为贫困的人群，这会导致政治问题，并且在叛乱过程中以及叛乱之后的一段时间，为此付出了惨痛的代价。

在第12章的图12.2中，我提供的数据展示了从1987年至2017年生活在贫困线以下的人口比例变化。[11]这些数据表明，反贫困斗争取得了显著进步，证明即便全部进步不都发生在民主制度回归之后，大多数进步也发生在这个时期。如果使用其他的定义，比如按照一种全国多维度的衡量标准，2019—2020年这最后几年的贫困率会更高一些，达到14%，但是社会状况的改善是相似的，并且依然表现不凡。拉美从来没有出现过类似的情形。第12章的图12.3展示了1987—2017年基尼系数的数据，这一衡量不平等的指标数值越高，收入分配不平等的程度越大。这些数据也来自世界银行，同样展示了民主制度回归以后取得的进步。然而，值得注意的是，尽管不平等程度稳步下降，但是在2017年仍然处于20世纪60年代中期的水平。[12]

为了进行国际比较，图13.1展示了所有经合组织国家2018年或者最临近年份的基尼系数。如图所示，智利是不平等程度第三高的国家，仅有哥斯达黎加和南非的不平等程度比智利更严重。尽管在大多数经合组织国家，国家征税和转移支付显著降低了不平等，在智利却并非如此。比如，在2017年，智利的基尼系数

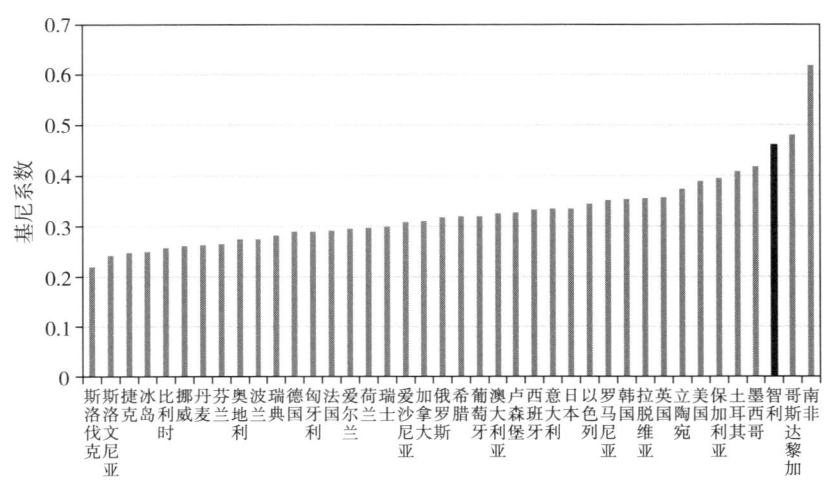

图13.1　2018年经合组织成员的基尼系数

资料来源：经合组织（未标注年份，最临近的年份）。

在征税和转移支付之前为0.495，在征税和转移支付之后为0.460，与前者非常相近。相比之下，西班牙税前的数值为0.491，税后的数值为0.320；在英国，这两个数值分别为0.508和0.366。根据米歇尔·巴切莱特第二次执政时期富有才干的财政部长罗德里戈·瓦尔德斯（Rodrigo Valdés）的一项研究，智利经济出现这种独一无二的特征有两个原因，一是税收体系缺乏充分的累进性质，二是由于自20世纪70年代中期以来，对中产阶级的现金转移支付极为有限，大多数的政府保障计划都采取了实物形式。[13]

智利悖论与关系不平等和横向不平等

拉美在历史上就有不平等的恶名。很多年来，巴西一直保持着基尼系数最高的纪录。罗斯玛丽·索普（Rosemary Throp）表明，从1938年至1995年，乌拉圭是该地区唯一一个基尼系数低于0.40的国家。根据索普提供的数据，在1970年萨尔瓦多·阿连德总统被军事政变推翻时，据估计智利的基尼系数为0.47，大致与2017年处于同一水平。[14]

美洲开发银行（Inter-American Development Bank）的数据表明，智利2018年的基尼系数为0.482，处于该地区的正常水平。智利的基尼系数几乎与拉美的代表性国家完全相同，该地区的平均值为0.480，中位数为0.488。美洲开发银行的同一数据库还表明，在21世纪初期，智利是拉美地区在降低不平等方面进步最大的国家之一。[15]尽管取得了这些进步，在2018年，智利仍是对不平等的感知程度最高的国家。由联合国拉美经济委员会实施的一项调查反映了这一点，在第12章讨论过的联合国开发计划署有关不安和不满情绪的报告也同样如此。⑯这就是"智利悖论"，即在这个拉美地区最为成功的国家，各项社会指标表现最佳，在降低不平等方面取得了显著进步，几乎完全消除了极端贫困，但是为什么民众却感觉自己生活在一个高度不平等的社会？

对于这一"悖论"，有三个相互关联的可能解释。

首先，我们讨论的是不平等的两种不同含义。尽管大多数经济学家关注的都是"收入不平等"，但是还有一个更广泛的概念，包括生活质量、社会交往、获得的基本服务、人际关系的性质，以及感知到的或者真实的政治经济制度的公平程度。

其次，可能大多数智利人并没有认识到，生活状况从1985年至2020年有极大改善。不难想象，对于该国经济社会发展轨迹的叙事深受新自由主义批评者的影响，一些活跃分子借助意大利马克思主义思想家安东尼奥·葛兰西（Antonio Gramsci）的策略，强调常识和极具说服力的叙事在控制权力的斗争中的作用。这些批评者可能已经说服了民众，很多年来事情一直在变得更糟，尽管这与现实恰好相反。在某种程度上，这是一种类似于"无知之幕"的论证方法。喜欢这种解释的分析家认为，批评智利模式的人大规模运用社交媒体，这有助于解释为何人们越来越相信经济状况极为糟糕，但实际上它在拉美是遥遥领先的。

第三个可能的解释是，人们承认取得了进步，但是认为进步的速度太慢了。在将现实与渴望进行比较时，存在一种不耐烦的情绪。由私人部门运营的养老金体系能够生动地体现这种期望与实际成就之间的差距，我在第14章将再次讨论这个话题。尽管人们预期能够获得且政府隐含地承诺较高的养老金替代率，但是这一比率处于极低的水平，平均只有25%。在工作了一辈子之后，人们的个人储蓄账户允许大多数退休者提取的养老金，只有他们在最后十年工作期间平均薪酬的四分之一。

当然，每种解释在某种程度上都是真实的。我曾经说过，在这一悖论的背后，最令人感兴趣的原因与对不平等的不同理解有关。为了充分理解智利的叛乱并解释这一悖论，区分"纵向"或者收入不平等和"横向"或者社会不平等不无益处。前者是一个更狭义的概念，能够用基尼系数等工具以某种精确度进行度量，而后者是一个有些不太精准的概念，很多时候取决于在社会和工作场所人们对自己的生活以及与其他人的社会交往感受如何。我所讲的"横向"不平等，与思想家伊丽莎白·安德森提出的"关系"不平等或"民主"不平等的概念非常相似。[17]

在过去几年中，经合组织付诸努力，分析了一组广泛的社会状况和生活质量的指标，将它们概括为一个综合性的"横向不平等"的概念，具体请参考经合组织的美好生活指数（Better Life Index）。[18]结果表明，在这些指标中，智利几乎在每个方面都表现糟糕。

表13.1提供了经合组织美好生活指数11项内容的列表。该表展示了智利在大多数是经合组织成员国的40个国家样本中的排名，并提供了在每个类别中哪个拉美国家排名最高的信息。不得不承认，这个数据库的样本范围较小，除了智利以外，其他拉美国家仅包括巴西、哥伦比亚和墨西哥。如果将智利与经合组织样本中的其他拉美国家进行比较，由此呈现的图景有些变化多端、模糊不清。在11项指标中，智利仅有4项指标在拉美国家中排名第一，在"公民参与"这一项，它在全部样本中排名40个国家

的倒数第一位。相比之下，如果单纯使用传统的经济指标，智利总是在这些拉美国家中排名第一，并且经常遥遥领先。比如，以人均收入和基尼系数为例，2018年，智利按照购买力平价计算的人均GDP达到了2.3万美元，墨西哥为1.8万美元，巴西为1.45万美元，哥伦比亚为1.36万美元。以基尼系数来看，智利在这个小样本中的不平等程度是最低的。根据联合国拉丁美洲和加勒比经济委员会的数据，智利2017年的基尼系数为0.43，巴西、哥伦比亚和墨西哥分别为0.54、0.51和0.50。以上讨论表明，如果转向更广泛的横向不平等指标，将智利视为拉美"天堂"或者"绿洲"的观点就有些站不住脚了。

表13.1 2019年智利和经合组织的美好生活指数

子指数	智利在40个样本国家中的排名	本项排名最高的拉美国家
住房	25/40	智利
收入	35/40	智利
工作	31/40	墨西哥
社区	37/40	巴西
教育	35/40	智利
环境	32/40	巴西
公民参与	40/40	巴西
医疗	29/40	巴西
生活满意度	21/40	墨西哥
安全	35/40	智利
工作与生活的平衡	34/40	巴西

资料来源：经合组织（未标注年份）。

正如我在第12章中提到的，联合国开发计划署在过去十年所做的几项研究表明，至少从20世纪90年代后期开始，智利民众中间就有一种隐蔽的不满情绪。很多人相信，竞技场是不公平的，精英享有大量的特权，能够获得的社会服务有严重的偏向。这种感觉越来越强烈，即私人企业可以勾结起来，伤害工人和消费者，却不会受到惩罚，隔离的教育体系产生了一个由特权阶层组成的网络，他们得到了所有的好工作，医疗体系严重不公，并按照社会阶层进行隔离。

事情可能比他们告诉你的更糟糕

在过去几年中，与托马斯·皮凯蒂（Thomas Piketty）的收入和财富分配项目有关的一些研究者声称，智利不平等程度被低估了。根据皮凯蒂世界不平等数据库（World Inequality Database，WID）的估计，2019年智利征税和转移支付之前的基尼系数为0.680，这明显高于经合组织报告的0.496。这些研究者的结论是，巴西和墨西哥的基尼系数也高达0.680，这三个国家是这个极不平等的地区中最不平等的国家。[19]

世界不平等数据库是在对原始数据做了几项调整之后得出这一估计值的，并且使用大量假定重新计算了最高收入，一些假定是合理的，一些则有些夸张。世界不平等数据库的研究者使用的信息来自税务机关，而不是调查数据。这样做的理由是，在调查中，当富人被问到收入时，他们很少披露自己的全部收入。在经过这一调整之后，收入最高的1%人群在全部收入中所占的份额就会从7.5%提高到16.5%，基尼系数的估计值也随之上升。[20]第二项调整与收入的定义有关。与大多数跨国研究使用的应税收入或者会计收入不同，世界不平等数据库使用的是"经调整后的定义"，它将企业未分配利润包含在个人收入之内。根据伊格纳西奥·弗洛雷斯（Ignacio Flores）及其同事的研究，"税收激励措施促使人们将更多的利润留在企业"。[21] 为了利用这些税收激励措施，很多富裕的个人设立持股公司，在这些公司，他们按照企业所得税的税率缴税，这要比个人所得税最高的边际税率低得多。另外，很多收入最高的个人在过去还会将其兄弟姐妹、配偶或者子女注册为该持股公司的老板，并冲销很多用于汽车、旅行和租赁方面的支出，这些并非真正的企业开支。[22] 如果使用包含未分配利润的数据，收入最高的1%人群在全部收入中所占的份额将进一步提高到26%，这几乎是传统上7.5%这一数值的4倍。如果使用这种"经调整后的收入"，就会得到上述0.680的基尼系数。

世界不平等数据库的经济学家和其他研究者更细致地分析分配问题，这当然应该受到欢迎。他们指出官方数据低估了收入不平等程度，这对揭示叛乱的起因提供了更多启发，这至少部分有助于解释我所讲的智利悖论。然而，重要的是承认因缺乏可靠的历史数据序列，这些分析家不得不使用很强的假设条件将未分配利润分给各个收入等级的个人。这些假设条件有两点特别容易引起争议：首先，在这些未分配利润中，有多大的比例应该分给外国投资者？其次，这些利润有多大的比例应该分给收入最高的1%、0.1%和0.01%的人群？正如弗洛雷斯及其同事表明的那样，大多数使用这一宽泛的收入定义所做的研究，在进行这些调整时只使用了2005年和2009年两年的数据，并将留存收益按照收入等级进行分配。[23] 这意味着世界不平等数据库的计算结果应当被视为初步成果，容易受到各种可能的修正的影响。实际上，世界不平等数据库团队的领导者承认这一点，他们指出，"由于缺乏合适的数据……这些序列应当被视为不完善的、暂时性的。在某些情况下，它们依据的是地区和国家的估计值，这些估计值是根据有相似特征的地区和国家的数据计算出来的"。[24]

在考察世界不平等数据库经调整后的数字时，一个重要的考虑因素是，对原始数据再做一些调整，能够更准确地展现智利不平等程度的"真实"图景。特别重要的一个步骤就是为实物转移支付赋予一个货币值，然后将这些金额加总为货币收入。由芝加哥小子提出的一个原则是社会保障项目必须严格定向，民主政党联盟也继续坚持这一原则。为了确保做到这一点，方法之一就是避免现金转移支付。结果，官方数据极有可能低估了低收入阶层的收入。2014年，经济学家奥斯瓦尔多·拉腊尼亚加（Osvaldo Larrañaga）和玛丽亚·尤金妮娅·罗德里格斯（María Eugenia Rodríguez）所做的一项研究进行了这种调整。在估算时，他们为政府在教育、医疗和住房方面的保障计划赋予了货币值。结果表明，在进行这种修正之后，低收入阶层"经调整后的收入"有了相当幅度的提高。他们对2011年基尼系数的估计值从0.500降至0.411。尽管这一降幅相当明显，但是在经过这些调整之后，不平等程度仍然很高，特别是与经合组织国家相比。[25]

新自由主义的批评者曾经指出，除了收入以外，重要的是分析财富分配。与收入分配的结果类似，世界不平等数据库经调整后的数据表明，富人控制的财富比例比官方数据显示的更高。表13.2展示了智利和部分拉美国家的财富分配数据。尽管不同国家的数据并不完全可比，因为进行这些调整所使用的方法不同，这取决于数据的可得性，但是结果仍一目了然。根据这项研究，智利人口中最富裕的1%控制着该国全部净财富的将近48%。表13.2表明，在财富不平等方面与智利较为接近的国家只有巴西、墨西哥和秘鲁。正是这些数据促使那些极左翼人士，包括加夫列尔·博里奇及其最核心的团队，在2022年建议对净资产值超过500万美元的人群征收财产税。

表13.2 部分国家的财富分配

国家	最富有的10%人群的个人净财富（份额，成人，2020年）	最富有的1%人群的个人净财富（份额，成人，2020年）
阿根廷	0.5755	0.2450
巴西	0.7929	0.4758
智利	0.7976	0.4781
哥伦比亚	0.6346	0.3229
哥斯达黎加	0.6794	0.3507
多米尼加共和国	0.6094	0.2774
厄瓜多尔	0.5628	0.2304
萨尔瓦多	0.5761	0.2432
危地马拉	0.6096	0.2775
洪都拉斯	0.6085	0.2765
拉美	0.7658	0.4470
墨西哥	0.7871	0.4688
巴拿马	0.6087	0.2766
秘鲁	0.7636	0.4371
乌拉圭	0.5727	0.2398
委内瑞拉	0.6103	0.2783

资料来源：世界不平等数据库（未标注年份）。

第14章
未能实现的承诺：养老金体系与叛乱

加里·贝克尔这位被米歇尔·福柯视为美国新自由主义最杰出的人物，曾经三次访问智利。1993年，在庆祝亲市场智库自由与发展（Liberty and Development）成立五周年的研讨会上，他发表了一次主旨演讲。这个机构是由芝加哥小子埃尔南·比希、卡洛斯·卡塞雷斯和克里斯蒂安·拉罗乌莱特成立的。贝克尔于2000年再次来到圣地亚哥，参加朝圣山学社的大会，他提交了一篇关于成瘾和毒品的论文。他最后一次访问是在2007年12月，当时他再次做客自由与发展智库。每次旅行贝克尔都会会见之前的学生和政府官员，但是他并没有提供任何有关经济政策的建议。他从未见过奥古斯托·皮诺切特或者以前军政府的其他成员。

尽管贝克尔对智利发生的事情非常感兴趣，而他所做的研究从未直接关注过这个国家或者使用过智利的数据。可能最令他感兴趣的就是养老金改革，这次改革用基于个人储蓄账户的体系替代了传统的现收现付体系。在一些非专业性的论著中，他表现出自己对智利新养老金计划的热心关注。比如，1994年，贝克尔和艾萨克·埃利希（Isaac Ehrlich）共同为《华尔街日报》撰写了一篇专栏文章，指出"智利和其他几个国家也采用了向个人账户强制性缴费的体系。在这些退休保障体系中，私人基金为获得管理个人账户的权利而展开竞争。由于这些体系有利于促进私人企业之间的竞争，他们比由政府管理并统一提供资金的体系更优越，后者又比现收现付制要好得多"。①

1999年，在马德里提交的一篇题为《家庭的经济维度》的政策报告中，贝克尔写道：

> 西方国家采用现收现付制的社会保障体系，对年轻人征税，从而为老年人提供支持。智利发现了一种更好的体系……让每位工人都为年老以后的日子在自己的个人退休账户中储蓄，等到他们年老以后就可以花这些钱。既然这些是退休账户，他们受老年人数量日渐增多而年轻人数量日渐减少的影响就更小一些。西欧的社会保障体系正面临这个人口问题。目前的体系还鼓励父母生育更少的子女，因为老年人可以得到一笔基金的支持。在我所讲的这种体系中，这种影响将被消除，因为它要求个人对自己年老以后获得的支持负责，除非是那些陷于贫困之中的人群。②

结果表明，贝克尔过早地表达了对智利养老金改革的赞扬，忽略了持续调整的必要性。由于几个方面的原因，包括低缴费率以及普通工人往自己储蓄账户中存钱的年限较少，平均而言，支付的养老金金额很少。这引起了越来越严重的不满情绪，催生了抗议行动，为恢复一个由政府运营的现收现付体制进行游说，而这些活动有时是和平的，有时则充满暴力。

2021年9月，总统候选人加夫列尔·博里奇推出了一个包含53项具体改革的经济计划。最优先事项就是取消个人储蓄账户，并代之以一个既包括与个人储蓄相反的集体储蓄，又包括由雇主支付的额外缴费提供资金的现收现付因素的体系。在叛乱期间以及接下来的几个月中，在圣地亚哥和其他城市最常见到的一条街头涂鸦就是"NO+AFP"，意思是"取消私人养老金"。[3]

历史背景

智利的第一部社会保障法案是在1924年通过的，并在1981年军政府引入个人储蓄账户之前的1926年、1932年、1952年和1969年几经修订。[4] 在20世纪70年代后期，社会保障体系的特点是，它由覆盖从事不同工作的不同人群的子体系拼凑而成。这一体系存在对蓝领工人的明显歧视，他们要参加养老金体系并获得合理的养老金，需要克服重重障碍。在光谱的另一端，政客、司法体系的成员和银行部门的雇员有资格获得丰厚的养老金，而且需要的缴费年份很少，只有15年至20年。在某些情况下，养老金与工人退休时拥有的职位工资挂钩。这类津贴价值很高，被称为"追加的养老金"（chaser pension）。[5]

养老金的总缴费率平均为35%左右，即雇主和雇员的加总缴费率。如果加上医疗保障的缴费，某些部门总的社会保障税会超过工资的60%。[6] 这一体系的碎片化意味着存在极为严重的官僚主义和无处不在的低效率，管理成本极高。很多子体系实际上已经破产，政府必须通过中央银行的货币创造支持这些子体系的转移支付融资。图14.1是1992年诺贝尔经济学奖得主加里·贝克尔在2007年访问圣地亚哥时与卡洛斯·卡塞雷斯、埃尔南·比希和胡安·安德烈斯·方丹的合影。这三位智利人在皮诺切特政府中都扮演过重要角色。方丹在保守主义总统塞巴斯蒂安·皮涅拉的两届政府中都担任过内阁成员。

图14.1 从左至右：卡洛斯·卡塞雷斯、加里·贝克尔、埃尔南·比希和胡安·安德烈斯·方丹，摄于2007年，圣地亚哥

资料来源：卡洛斯·卡塞雷斯的个人收藏。

皮诺切特的改革

在皮诺切特独裁统治初期，养老金体系并非优先考虑的目标，还有其他更紧迫的事务需要处理，比如控制通货膨胀和将国有企业私有化。[7] 1979年通过的一项法令（第2448号法令）消除了蓝领工人和白领工人之间的区别，将退休年龄统一为男性65岁，女性60岁。[8] 一年之后，在皮诺切特有关七个现代化的演讲

第14章 未能实现的承诺：养老金体系与叛乱 265

中，养老金问题成为讨论的核心内容。何塞·皮涅拉被指派负责养老金改革项目。这位年轻的经济学家以极大的兴趣和热情，着手为砖案中勾勒的框架增加操作性细节，用个人储蓄账户代替现收现付制度，本书第7章曾经讨论过相关内容。⑨

政府决定，新体系仅适用于拥有正式工作合同的工人。他们的储蓄由得到许可并且受到严格监管的企业来管理，即养老金管理基金（AFP），它们之间进行竞争，并收取管理费。养老金管理基金不从事任何其他类型的经营活动。不要求自雇者（self-employed）缴纳养老金，他们可以自愿缴纳，但这不是强制性的。这意味着牙医、会计师和其他独立的专业人员没有被这一养老金体系覆盖，那些在"非正规部门"工作的人也是如此，这包括受雇于小微企业的人、小商小贩、打零工的农场工人以及其他一些人。由于这一法律条款，仅有50%的劳动者被纳入新的养老金体系。对于这一决定，政府给出了两个理由：首先，当时强制数百万独立的非正规工人缴纳保费，在技术上存在困难；其次，在原来的现收现付体系中，独立的自雇者也没有被包含在内，因此，在改革之后，没有人的状况会恶化。实际上，既然从事零星正规工作的人现在也被迫为自己的个人储蓄账户存钱，估计等到他们职业生涯结束时，至少能存下一些钱，这相对于以前的养老金体系是一种改善，毕竟之前他们是无法获得任何养老金的。记住，在现收现付体系下，有一个10~15年的很长的等待期。

在1981年之后加入正规劳动力市场的年轻工人自动纳入新体系。在光谱的另一端，即将退休的工人没有资格转换到新体系，只能待在原来的体系中。介于两者之间的那些人可以选择加入新体系或者留在原来的体系中。那些处于职业生涯中期的人,也就是那些已经缴费10年并且决定加入新计划的人,将会在他们的个人储蓄账户中收到一张政府债券,大致相当于他们以往缴纳保费的资本化价值。这一证券被称为"认可债券"(recognition bond)。

经过一些讨论之后,何塞·皮涅拉和他的顾问决定将缴费率设定为工资的10%,这显著低于旧体系下的缴费,后者在某些情况下将近工资的35%。与以前的体系和大多数国家的经验不同,缴费没有企业分担的部分,10%的缴费全部由雇员负担。当时,皮涅拉的解释是,通过将缴费率急剧降至只有10%的水平,实际获得的薪酬会有显著增加,这能够使这项改革更受工人的欢迎。

退休年龄被设定为男性65岁,女性60岁,女性预期寿命显著高于男性的这一事实被忽视了。只要积累的储蓄使养老金高于某一特定的门槛就允许提前退休。自愿增加退休储蓄也是允许的,并且可以享受税收优惠,但是有上限。对于那些缴费年限在20年或者20年以上的人,还有最低养老金保证,但是数额很少,资金来自一般性税收。

在起草这部法案时,皮涅拉还决定工人可以随意更换养老金管理基金,对于他们收到的储蓄,可以收取管理费,这不同于对他们管理的存量资产收取的管理费。而且,为了避免利益冲突,养老金管理基金必须遵守一条独特的规定,即它们唯一的业务就是管理退休基金,不能提供其他服务。这意味着银行、保险公司和其他实体不能参与这项业务。由于这是属于工人的个人储蓄,因此没有等待期。当这一体系于1981年后期大张旗鼓地推行时,有15家新成立的企业准备好收集和管理退休基金，并收取费用。然而，随着时间的推移，这一产业的集中度明显提高，很多企业合并了。至2022年，只剩下7家管理基金，其中4家是由外国的跨国企业拥有的，包括美国大都会人寿保险公司（MetLife）、英国保诚集团（Prudential）和美国信安人寿保险公司（Principal）。

根据这部法案（第3500号法令），在达到退休年龄时，工人可以用自己个人账户的余额，执行下列选项中的任何一项：

- 购买一份立即生效的年金，可以终身领取养老金。
- 设定提取计划，在退休者预期的生命年限内为其提供收入；在退休者去世时，被扶养人（dependent）可以继承其个人账户的余额。为了确保这些账户不被透支，在假定预期寿命相当长的情况下，将会计算一个最高的提取额。
- 购买一份延期支付的年金，这意味着设定未来某个日期以购买一份年金，在到期之后，再有计划地从个人账户提取养老金。
- 用一部分资金购买一份立即生效的年金，剩余的资金用于有计划地提取养老金。[⑩]

由于这一体系是以终生储蓄为基础的，所以人们预期新体系下第一批养老金将在2005年左右支付。第一波退休者是在这一法案于1980年通过时，已经在原来的体系下缴费10～15年的那些人，因此，在他们的个人账户中都曾经收到过数额可观的"认可债券"。

在一部回忆这一改革历程的著作中，何塞·皮涅拉写道，从1979年至1981年，对于新的养老金架构，最大的反对力量来自军方。皮诺切特顾问委员会中的高级军官认为，新自由主义者做得太过分了。1980年5月，他们说服皮诺切特，这一计划将赋予私人部门太多的权力，于是这位将军取消了这些改革措施。1980年9月，在智利新宪法通过之后，何塞·皮涅拉再次做出努力，最终成功说服皮诺切特，继续推行新体系。然而，新方案与原来的计划有一个重要区别，即武装部队没有包括在新方案内，保留了他们原来的养老津贴。军政府于1980年11月30日批准了第3500号法令，新体系于1981年初开始运行。

承诺与缺陷

很多年来，养老金改革都是智利亲市场改革这顶皇冠上的明珠。由芝加哥小子埃米利奥·圣富恩特斯和塞尔希奥·安杜拉加构想的这个体系，由于何塞·皮涅拉的坚韧、创造力和政治才干而成为现实，后者是芝加哥小子这个群体中最杰出的荣誉成员之一。

这一改革基于个人责任的理念，认为必须在个人努力与个人收益之间，即储蓄金额和收到的养老金之间，建立起紧密的联系。[11]数十年后，这一模式的批评者提出的观点恰好相反。对他们而言，包括后来的加夫列尔·博里奇，像老年人退休金这样的社会权利由个人主义、利己主义和新自由主义的视角主导，是不可想象的。人们需要的是一个基于团结的体系，通过这个体系，那些赚得更多的人和运气更好的人，将与穷人和在社会等级中位置靠后的人一起分享他们退休之后的收入。这一体系必须纳入2021年至2022年起草的新宪法。

新体系是一个"缴费确定型"体系,正因为如此,政府对预期的养老金替代率没有明确的承诺。领取的养老金数量将取决于储蓄金额和资金的收益率。然而,在推动这项改革时,政府官员暗示根据智利工人的典型特征和智利投资的历史收益率,平均的替代率将达到最后工资收入的70%左右。1992年,大约在这一体系第一次支付养老金10年之前,何塞·皮涅拉出版了一本小册子,也加深了这种印象,即实际上领取的养老金为工资的70%左右。皮涅拉写道:"如果所有一切都进行得相当顺利,我们的计算表明,通过将10%的工资储蓄起来,养老金的数额将达到相当于退休时工资70%的水平……据估计,这一数量级的养老金可以使工人维持退休之前的生活水平。只要有医疗保险,由于退休者比在职者在工作服、交通和孩子上学等方面的开支要少一些,这是可以实现的。"[12]

70%的替代率深深地刻在了人们的脑海中,被视为一项隐含的承诺。数年之后,如表14.1所示,实际替代率被证明远低于这一水平,普通工人甚至不足35%,于是70%这一数字就被批评者视为"证据",证明这一体系已经失败了,军政府、何塞·皮涅拉和芝加哥小子向民众撒了谎。

1981年,养老金管理基金只允许投资于低风险的国内证券,他们可以将最高100%的资产投资于政府债券。至1985年,当该国的资本市场开始发育时,投资于政府债券的限制被降至50%,养老金管理基金可以将10%~30%的资产投资于符合条件的股票。在开始经营的9年中,养老金管理基金不得投资海外资产。

至1996年，这一限制被放宽了，养老金管理基金可以将最高6%的资产投资于外国证券。这一限制逐渐提高，在2004年达到30%，在2008年4月提高至45%。

在接下来的40年中，养老金管理基金为其客户创造了很高的收益，平均而言，经通货膨胀调整后的实际收益率超过了8%。然而，尽管养老金管理基金在管理资金方面取得了成功，平均看来，自筹资金的养老金金额却普遍很低。由于这一体系存在几个设计缺陷，最终导致它的崩溃。事后来看，一些最严重的错误包括以下几点：

- 缴费率被定为工资的10%，这明显太低了。经合组织国家的平均值为19%。很明显，如果缴费率较低，总的储蓄金额也会较少，可能不足以保证政治上"可接受的"养老金水平。
- 这一体系大体上假定劳动力市场是静止的，在正规部门就业的工人将工作30~40年。但现实有很大的不同，很多工人以一种不稳定的方式进入或者退出正规部门。他们可能在一个现代企业工作几年，然后就会成为自雇者，并且不再缴费。几年之后，他们可能会加入公共部门，又会重新缴费。大约有一半的工人只缴费了20年，而不像官方模拟假定的那样工作40年。那么，一个体系的缴费率只有理论上的一半，即10%而非19%，缴费年限也仅有理论上的一半，即20年而非40年，由此产生的养老金只有基准国家和大多数官方文件及模拟中假定数额的25%，这也就不足为奇了。

- 雇主付给工人的钱分为两部分：一种是真正的工资，其中有10%将储蓄起来，另一种是与自由职业合同相关的薪酬，不用缴纳养老金。因此，积攒起来的资金较少，最终的养老金只是全部收入的一小部分，这也助长了批评和沮丧情绪。回想起来，异乎寻常的一点就是，作为雇主，政府年复一年地坚持这种做法，为公务员缴纳的养老金低于他们的实际收入。结果，反对养老金管理基金的最响亮的声音正是来自以前的公共部门雇员，他们的养老金水平很低。

- 何塞·皮涅拉的计划认为，对于给自己个人账户的缴费，工人会将其视为延期支付的薪酬，而不是一种税。然而，这并非事实，很长时间以来，大多数工人都怀疑这些资金是否真的归他们所有，或者他们一直缴纳的是一种伪装起来的税。[13]

- 与砖案的建议相反，工人代表从未被纳入养老金管理基金的董事会或者他们所投资企业的董事会。这意味着很多年来，工人并没有感觉到这个体系归他们"所有"。文献和大量国家的实践都曾经反复强调，这种"所有权"对于获得对改革的政治支持是非常重要的。

- 可能最严重的一个缺陷就是没有包含自动调整退休年龄的机制。从1981年至2021年，智利人的预期寿命奇迹般地增加了11岁，从1981年的70岁增加到2018年的81岁，但是退休年龄固定在男性65岁，女性60岁。如果退休以后的年限增加了一倍而储蓄的数量保持不变，每月的养老金必然会明显减少。

- 在改革初期，尽管养老金管理基金的数量很多，但是管理费非常高。一开始，这并不是一个政治问题，但是在2005年左右，在意识到养老金显著低于预期值以后，这个问题成为争论的焦点。养老金管理基金的资本回报率平均超过了20%，显著高于退休基金8%的实际收益率。这也加深了这一印象，即私人部门通过占穷人和老人的便宜而获利颇丰。

在20世纪90年代后期，人们担心养老金资产组合的价值会突然暴跌。华尔街在1997年10月崩盘，大量新兴市场在那些年也随之崩溃，比如阿根廷、巴西、东亚国家和地区、俄罗斯和土耳其。一生的储蓄急剧下跌，比如下降20%甚至更多，对于那些即将退休的人而言是一种特别痛苦的经历。结果，智利政府在2002年决定，要求养老金管理公司按照风险提供不同的资产组合选择。更年轻一些的人可以选择将养老金投入某一家基金，但是在过了某个年龄之后，为了降低即将退休时资产突然贬值的风险，他们必须将养老金投入风险最小的资产组合，即E类基金。

团结支柱：2008年的改革

2006年，在养老金改革25周年之际，很多工人开始依据新规则退休。令他们惊讶的是，养老金要比预期值低得多。米歇尔·巴切莱特总统任命了一个高级别的跨两党技术委员会，即所谓的马塞尔委员会（Comisión Marcel），对养老金体系提出改进建议。这个委员会提出了一系列简单但有力的观点。他们认为，大量退休人员积累的储蓄非常少。偶尔进入正规劳动力市场的女性尤其如此。为了解决这些问题，委员会建议基于团结精神，建立一个基本养老金作为补充，资金来自一般性税收。这些政府转移支付的金额随着自筹养老金的增加而减少。除了为这一体系增加"团结支柱"，这个总统委员会还提出了以下建议：

- 管理费太高，需要引入更多的竞争。它建议将养老金管理基金对新进入养老金体系的资金收取最低管理费，期限为三年，并且以拍卖方式获得管理权。
- 10%的缴费率太低了，必须提高大约4个百分点。增加的缴费由雇员负担。
- 随着预期寿命以极快的速度提高，工人用40年时间积累的资金会导致养老金低于原来预期的水平。重要的是为工人提供激励措施，以延迟退休。也就是说，委员会认识到问题是由预期寿命大幅提高引起的，但是并没有建议强制性地提高退休年龄。
- 男性和女性退休年龄的差异是个问题，建议将退休年龄统一为65岁。
- 委员会认识到不要求自雇者缴费是一个严重的问题。至关重要的是提高覆盖率，并且找到一种方法将他们整合进养老金体系。

至2014年，六家养老金管理公司积累的资产已经增加到将近该国GDP的80%，大约为2 500亿美元。很快还有一家养老金管理公司将要成立。换句话说，如果美国达到这一比例的话，按照2022年美元计算，这意味着有大约17万亿美元。截至目前，这些资产组合是高度分散化的，包括国内股票和债券以及国外的证券。管理规模如此庞大的资金，有两个重要的含义：一是这一体系为本地资本市场提供了重要的支持；二是对政治家而言，这是一大块肥肉，其中一些人渴望染指部分资金。

2014年失败的改革

尽管2005年、2008年和2010年进行了一些调整，养老金仍然是一个重大的政治问题。在2011年学生示威活动中，极左翼人士，包括他们的领袖和未来的总统加夫列尔·博里奇，认为提供社会服务的责任不能交由营利性的养老金管理公司来承担，必须由公共部门或者在"公共领域"运作的非营利性机构承担。他们还质疑，如果一位男性和一位女性拥有相同数量的储蓄，为何男性可以获得更高的养老金。这一体系的支持者认为，由于女性平均寿命更长，这不构成歧视；这是对基于市场原则的金融工程的直接应用，即对于给定的一笔资金，你活的时间越长，年金的数额越少。这两种观点清楚地反映了智利的分裂：由极左翼年轻支持者推动的越来越受欢迎的基于团结精神的视角，以及更传统的政治家的"新自由主义"视角，后者相信无论在何种情况下，都应该坚持经济学原理。

当时正处于第二个任期的米歇尔·巴切莱特总统感到担忧，于是召集了一个新的技术委员会，再次考察养老金问题。委员会由23名委员组成，包括世界知名学者，他们曾经长期从事全世界养老金体系的研究工作，比如奥拉齐奥·阿塔纳西奥（Orazio Attanasio）、尼古拉斯·巴尔（Nicholas Barr）、科斯塔斯·梅吉尔（Costas Meghir）和卡尔梅洛·梅萨-拉戈斯（Carmelo Mesa-Lagos）。在工作了一年多以后，委员会不得不在两个建议之间做出选择：第一个建议是对既有模式进行具体而重大的改革，但是仍以由私人企业管理的个人储蓄账户作为基础；第二个建议是呼吁以混合体制代替个人账户，这个混合体制包含适用于所有人的现收现付制度和针对高收入工人的强制性储蓄账户。这些账户将共同管理，因此金融风险由所有工人分担。在最后的投票中，第一个建议得到了12位委员的支持，第二个建议得到了11位委员的支持。第三个建议，即包含传统的现收现付体制，但是不设立个人储蓄账户，得到了1张赞成票。

为了完成这项任务，委员会收集了将近50万个实际支付的养老金样本数据，而不是根据模型对养老金进行模拟。这些数据归纳在表14.1中，并区分了养老金的自筹部分和总的养老金，后者包括政府为收入分配中属于收入较低的60%人群提供的补贴。这些数据还区分了男性和女性。这些信息是根据"缴费频率"或者缴费月份分组的，分为低频率、中低频率、中高频率和高频率四个类别。

表14.1　2007—2014年按照养老金缴费月份数量分组的替代率中位数

缴费月数	范围	自筹资金的养老金			总的养老金（包括补贴）		
		女性	男性	合计	女性	男性	合计
低频率（≤25%）	1~35个月	4%	5%	4%	21%	128%	64%
中低频率（26%~50%）	36~146个月	10%	23%	13%	15%	69%	33%
中高频率（51%~75%）	147~285个月	23%	45%	33%	27%	57%	42%
高频率（>75%）	286~386个月	36%	55%	46%	37%	59%	48%
合计		24%	48%	34%	31%	60%	45%

资料来源：Comisión Asesora Presidencial sobre el Sistema de Pensiones（2015）。

表14.1中"低频率"一行指的是那些在40年职业生涯中，向个人储蓄账户的缴费月数少于35个月的人。如果每个月都缴费，一共应有480个月。正如下文将会看到的，如果将政府补贴排除在外，那么替代率将处于极低水平。替代率被定义为领取的养老金占最后十年经通货膨胀调整之后的平均工资的百分比。这些工人储蓄得如此之少，以至于以自有储蓄积累的养老金只有工资的4%左右。从2008年的改革中受益最大的就是这个群体，这次改革建立了团结的补充养老金制度。如表中所示，一旦加上政府的转移支付，女性的替代率将提高至原来的5倍，对于男性，替代率将提高到100%以上。

从政治角度看，中等缴费频率的工人最为重要，其缴费月份的数量在36个月至285个月之间。尽管他们的储蓄很少，但其中很多人没有资格得到政府的支持，因为他们的家庭收入和资产使其位于收入分配的前40%。如上表所示，甚至在给那些有资格的人加上政府补贴之后，这一群体的替代率依然很低，他们的养老金占最后一年薪酬的百分比为15%～27%。对于抗议由私人管理养老金，反对声音最响亮、观点最明确、改变现状的态度最坚决的正是这个中产阶级群体。

2015年9月，这个高级别委员会发布了新的技术报告。除了支持第一个建议，即保留个人账户的基本原则以外，委员会还提出了几项具体建议，以改进养老金体系：

- 将缴费率提高4个百分点，其中2个百分点将直接转入个人储蓄账户，另外2个百分点将被用于团结基金，为穷人提供更多的转移支付。增加的缴费，即工资的4%，将由雇主支付。

- 创建一家由政府所有的养老金管理基金，它将与现有的管理企业一起竞争。其中的想法是，由于并非完全出于利润动机，这家国有的养老金管理基金将引入市场纪律，这有助于降低依然极高的管理费。⑭
- 工人一旦加入某一家养老金管理公司，就不能经常换到另外一家。针对这一点，引入强制性轮转（turnover）。这一想法是，现有缴纳养老金的人有一部分每四年自动被重新分配给管理费最低的养老金管理公司。然而，工人可以立即转回他们原来的养老金管理公司或者转向任何他们想要加入的养老金管理公司。预计这一措施将会增加竞争，降低管理费。

养老金管理基金反驳了这份报告提出的建议，声称大多数建议违反合同，也有悖于自由竞争原则。它们特别反对创建一家由政府所有的养老金管理基金，以及在管理公司之间强制性地重新分配缴纳养老金的人员。它们的游说机器拼命运转，成功使这项改革在接下来的六年间陷于停滞状态。当叛乱于2019年爆发时，新的政治体制很明显将会消除或者极大地削弱私人部门在养老金管理方面的作用，养老金管理基金的高管和控股股东希望2015年技术报告的建议可以得到实施，但为时已晚。⑮

新冠疫情、提取养老金与博里奇的竞选

当新冠疫情于2020年暴发时，当时由保守主义者塞巴斯蒂安·皮涅拉领导的智利政府反应迟缓，未能及时向家庭和失业者提供经济援助。左翼政治家决定，既然政府不愿意采取积极行动，他们将通过立法，允许工人提取其养老金储蓄的10%。这引发了激烈的争论，市场派认为提取养老金会创造一个可怕的先例，并导致养老金水平进一步降低。在另一方，养老金管理基金和这一模式的批评者指出，如果保守主义者和新自由主义政府不想提供援助，在紧急情况下，民众除了使用自己的储蓄外已经别无选择。

在整个2020年和2021年，甚至就在政府纠正自己的政策，为那些受疫情影响的人提供慷慨而有力的援助计划时，允许工人提取三次养老金储蓄，最多不超过储蓄金额的10%，这个体系管理的总资产一共下降了550亿美元。提取产生的一个间接后果就是，人们明白这些资金就在那里，并且真的属于他们。突然之间，有关"所有权"的问题迎刃而解。

2022年2月，一部提供全民基本养老金的法案获得了通过。支付的金额设定为贫困线或者最低工资的55%。年龄只要达到65岁，无论男女都可以获得这项基本养老金，唯一的要求是这些人属于收入较低的90%的人群。从这部法案中获益最多的是中产阶级，在这之前，他们无法获得政府的养老金补贴，因为他们的收入和资产表明自己处于60%的收入门槛以上，也就是说，受益最大的人群是那些在表14.1中缴费频率处于中间位置的两个组别。

2021年11月1日，作为极左翼联盟"尊严制宪"的总统候选人，加夫列尔·博里奇发布了竞选纲领。这是一份长达229页的文件，包括53条具体的政策动议，这被称为"具体变革"（concrete changes）。在这些政策建议中，第一条就是"我们将结束养老金管理基金体系，用新的社会保障体系代替（由皮诺切特颁布的）第

3500号法令。新的社会保障体系将确保所有年龄超过65岁的人，包括220万目前已经退休的人员，获得一份25万比索或者相当于最低工资80%的最低养老金"。[16]

在总统竞选期间，加夫列尔·博里奇指出，在他任期内将会实施类似于目前瑞典的养老金体系。大量的养老金缴费将会转入一个国家储蓄基金，个人将拥有一个"记账"账户（又译名义账户），他们的缴费将记录到这个账户中。这些储蓄将获得记账收益率（又译名义收益率），这是按照共同储蓄基金实际净收益率的移动平均值计算的。这一方案还号召将缴费提高6个百分点，并由雇主支付。这些钱并不会转入储蓄基金，而是会按照现收现付的方式直接用于代际和代内的转移支付，从而使女性和低收入者受益。按照博里奇的说法，在其执政期间，个人退休账户背后的动机最终将被一个基于团结的制度取代，这将提供体面的养老金，并且尊重老年人的尊严。终止个人退休储蓄账户，将在新自由主义的"棺材"上钉上最重要的一颗钉子。结果表明，事情要比总统候选人博里奇预想的复杂得多。人们并不喜欢养老金管理基金，也想要更高的养老金，但是，让他们真正拥有自己的退休基金，并且还能够将此作为遗产留给自己的后代，他们喜欢这一点。正如第15章将要讨论的，在起草新宪法文本期间，退休基金的所有权将成为一个重要议题。

第15章
制宪会议与加夫列尔·博里奇的当选

2019年10月18日之后的几天,抗议活动陷入了一片混乱。每次非暴力示威临近结束时,一帮暴力抗议者就开始兴风作浪。他们在教堂和企业纵火,抢劫超市、药店和银行,攻击旁观者,点燃地铁站和公交车。他们修建路障,向机动车收费。在某些情况下,人们被赶出自己的交通工具,被迫唱歌跳舞,然后才被允许继续上路。"如果你不跳舞,就不能通行!"在设置路障的地方,这句话被反复高唱。这成了一种方便的方法,用来羞辱那些看上去像有产者的人,哪怕他们距离真正的"精英"还很遥远。"精英"是一个定义很模糊的概念,激进左派的各种敌人都被纳入其中。在我访问圣地亚哥期间,我自己并没有遭受这样的羞辱,但是我认识的一些人确实遇到过。一位犹太朋友的祖辈在纳粹德国曾经遇到过类似的遭遇,他在提到这些经历时忍不住流下了泪水。非常著名的智利武装警察无法控制人群,只能求助于在大多数国家都被禁止的战术,他们向示威者的头上发射防暴弹,致使数十名示威者受伤,并且使其中很多人成了盲人。在这种无政府状态下,很多观察家都认为政府将会垮台,他们不能确定接下来将会发生什么。

10月19日，塞巴斯蒂安·皮涅拉总统宣布进入紧急状态，并且调入军队在街头巡逻。看到携带重武器的战士一身疲惫，大多数民众感到震惊。那些年龄大一些的人能够回忆起1973年军事政变的情形，他们对自己看到的情景尤其感到灰心丧气。在一次气氛压抑的演讲中，总统说"国家正在与一个强大而危险的敌人作战"。当一位负责巡逻的陆军将领被问到如何看待皮涅拉的声明时，他说智利军队没有和任何人发生战争，他们的职责是依据法律规定，守卫关键的基础设施。他又补充道，他预计自己的战士不久就会返回兵营。社交媒体一次又一次地重复这位将军的话："我是个快乐的人，我没有和任何人发生冲突。"

示威群体并没有领导者，这让皮涅拉更加难办，政府不知道应该找谁谈判。除了让皮涅拉辞职以外，示威者的诉求是什么或者政府怎么做才能取悦他们，并不是非常清楚。同时，中左翼政客，实际上包括在智利国会的每位议员，都拒绝支持政府，也拒绝谴责和反对暴力。他们没有反对这种无政府状态或者对财产的损害，反而批评政府展示自己强硬的手段，谴责武装警察侵犯了示威者的人权。传统的政客担心自己在社交媒体上遭到攻击性越来越强的网络暴民的攻击，他们将"封杀"涉嫌支持新自由主义模式和法治的任何人。政治体系瘫痪了，这个国家日复一日地重复相同的场景，大规模的和平示威，然后是一帮蒙面的极左翼积极分子的暴力活动。毫不夸张地说，到了11月10日，智利沿着混乱和毁灭的螺旋一路下滑。一位分析家改写了卡尔·马克思的一段话，声称一个无政府主义的幽灵正在智利上空游荡。

作为排气阀的新宪法

11月12日,一个想法开始在总统府传播开来。所有的或者说大多数政治力量同意召开一次制宪会议,为这片土地编写一部新宪法。这个想法怎么样?总统的顾问认为这将为过去几周积累的令人难以承受的政治压力提供一个排气阀。曾经有段时间,一群由律师费尔南多·阿特里亚(Fernando Atria)领导的法律学者认为现存的宪法是不民主的,它欺骗民众交出了自己的权利。阿特里亚是一名解放神学(liberation theology)的信徒。他和他的小圈子声称,尽管从1989年至2005年通过了大量的修正案,包括2005年由里卡多·拉戈斯领导的修正案,但现行宪法仍然是一部奥古斯托·皮诺切特的宪法。为了获得真正的民主,必须用一部新宪法代替它。这部新宪法的文本应当由民众自由选举出来的制宪会议从头开始编写。

2016年,在第二次执政期间,米歇尔·巴切莱特总统召开了一系列公民大会,讨论编写一部新宪法的可能性。各行各业、各个年龄段的民众聚集在一起,讲述了自己对个人权利、集体权利以及政治体系的愿望。在公民大会期间,各种各样的问题都有所涉及:智利应该是一个单一制国家还是联邦制国家?宪法应该保护堕胎的权利吗?哪些社会权利必须得到保障?宪法文本应该像女权运动主义者要求的那样,解决性别问题吗?智利的政治体系应该继续实行总统制,还是应该采取议会制?应该在宪法层面承认土著人口吗?如果这样的话,智利是否应该有一种以上的官方语言?立法机构应该采用一院制还是两院制?问题不设禁区,那些参与讨论的人平生第一次感到能够畅所欲言,向其他公民和公民大会的组织者发表自己的意见。

2018年初，在第二个任期结束之前几周，巴切莱特总统向智利国会提交了有关新宪法文本的动议。宪法草案基于公民大会的讨论，并在三个领域做了重要修改：宣称智利是一个"社会权利民主"（social rights democracy）国家；扩展了社会权利，声称免费提供这些社会权利或者其中大多数权利是国家的义务之一；它使得修改宪法本身的条款变得更加容易。接下来执政的保守主义政府强烈反对编写一部新宪法的想法，2018年3月，塞巴斯蒂安·皮涅拉刚一宣誓就职，就立刻从国会撤回了这项改革动议。

然而，这场叛乱使政治局势发生了巨变。从2019年11月13日至15日，当暴乱分子在这个国家四处纵火时，新上任的内政部长和不同的反对派领袖紧锣密鼓地举行了一系列仓促的秘密会谈，至11月15日，达成了一项协议。当天晚上，大多数政党同意启动处理宪法问题的程序，但是共产党成员和广泛阵线没有参与其中。对他们而言，这样的协议将减轻皮涅拉被罢免的压力。在21名广泛阵线的国会议员中，只有一位加入了《社会和平与新宪法协议》（Agreement of Social Peace and a New Constitution），他就是加夫列尔·博里奇。这项协议包括以下几点：

- 举行一次全民公决，询问选民是否赞成出台一部新宪法。这被称为"入门公投"。
- 如果对于第一个问题的答案为"是"，就会问第二个问题：新的宪法文本应该由国会编写，还是由一个完全通过选举产生的制宪会议编写？

- 如果选择制宪会议这个选项，这个机构将由155名成员组成，至少有50%的成员必须是女性。在经过艰苦的谈判之后，同意155个席位中的17席保留给原住民。在选举日，原住民成员可以决定使用原住民选票还是智利选票。①
- 制宪会议在编写新宪法文本时将拥有完全的自由，时间最长不超过1年。对于有哪些内容可以写入新宪法，只有一些限制条件：必须遵守智利签署的国际条约；这同样适用于法庭无法撤销的判决。
- 对于新宪法文本中的准则和条款，必须得到制宪会议三分之二成员的赞同。
- 一旦草案完成，将举行一次新的国家公投，这被称为"退出公投"。投票是强制性的，如果超过50%的选民支持，新宪法将被通过。截至此时，之前的投票都是自愿的。

在入门公投中，由完全通过选举产生的制宪会议编写一部新宪法这一选项轻松胜出，得票率为78%。几个月之后，当选出制宪会议成员时，保守派和亲市场派获得了不足三分之一的席位，这意味着他们无法否决任何有关宪法准则的提议。这实际上预示着新宪法文本将体现左派的原则，并且终止指引芝加哥小子及其经济革命的很多原则。中左派，也就是原来民主政党联盟中的那些党派，在这次选举中也表现不佳。大多数当选的成员与政治派别没有联系，他们是一些支持各种具体条款的积极分子，这些条款涉及性别、身份政治、环境和原住民诉求等方面的内容。很多制宪会议成员赞扬"前线"在这次暴动中发挥的作用，借用卡尔·马克思的话来讲，暴力是每一个孕育着新社会的旧社会的助产婆。大多数成员声称，制宪会议的目标是将智利"重新塑造"成一个多民族国家。

将大多数制宪会议成员团结在一起的一个主题是，他们致力于终结新自由主义模式，在他们看来，这一模式以个人主义和利己主义为基础。他们将用一个根植于团结的"社会权利"国家取而代之。他们决心编写一部新宪法，帮助民众实现以马普切人传统宇宙观为基础的"美好生活"。营利性的教育体系将被终结，由代金券提供资金的私人医疗体系、由私人管理的个人养老金账户、由国家通过教育券提供支持的私人教育，以及其他营利性活动也将被禁止。外交政策将以拉美地区为中心，优先发展与其他多民族国家的联系。国有企业将会得到促进，环境保护将成为新智利关注的焦点。这个国家的生产结构将发生变化，智利将成为具有高附加值的高端产品和科技产品出口国，而不是依赖自然资源商品的出口。根据官方数据，占全部人口12%的原住民将实行自治，任何对他们产生影响的法律必须事先征得他们的同意。他们对原来土地的产权将得以恢复，并且归他们共同所有。水权市场将被终止，现有的水权将被充公，并且不进行任何补偿。大多数制宪会议成员极为乐观，充满热情，将厄瓜多尔2008年和玻利维亚2009年采用的支持原住民的宪法视为参考点。这样一部宪法会降低智利作为投资目的地的吸引力，使比索贬值、就业减少、动荡频发、增长减缓、工资下降，他们似乎并没有考虑过这种可能性。

加夫列尔·博里奇的经济计划：重蹈覆辙？

制宪会议于2021年7月4日开始启动，这正是2021年总统大选开始的时候。在接下来的6个月，大会讨论了议事规则，与此同时，还有7位候选人要参加第二轮的总统大选。随着大选的继续进行，很明显，两位中间派候选人很少受到关注，他们一位来自中左翼，一位来自中右翼。结果，这次大选成了极右翼和极左翼之间的竞争，代表前者的是前国会议员、芝加哥小子米格尔·卡斯特的弟弟何塞·安东尼奥·卡斯特（José Antonio Kast），代表后者的是前学生运动积极分子加夫列尔·博里奇。

最终以56%的得票率取得大胜的博里奇提出了一份充斥着各种想法的经济纲领，一些想法相对新颖，一些则是陈词滥调。在提出自己的计划时，博里奇提到了阿尼瓦尔·平托是激发他这些想法的人之一，后者在20世纪五六十年代曾经是芝加哥小子的主要批评者。遵循平托的思想，博里奇及其团队认为，政府应当为本地产业提供实质性激励，以鼓励生产一种更高级的产品组合，其"复杂"程度也要高于目前占主导地位的出口商品。20世纪50年代的结构主义者呼吁实施保护性进口关税，而博里奇及其团队效仿巴西的经济社会发展国家银行（National Bank for Economic and Social Development），支持由一家新成立的开发银行授予软贷款，并且通过财政激励措施使研发预算提高一倍。他们还赞同采取某些保护措施，但是不应达到进口替代时代的那种规模。

博里奇关于产业政策和更高附加值的观点也受到了阿尔伯特·赫希曼"前向关联和后向关联"理论的影响，这一理论在20世纪50年代的某些发展经济学家中很流行。根据赫希曼的观点，应当通过保护、补贴和软贷款为一些产业提供支持，这些产业的扩张能够促进其他有良好前景的产业的发展，也能够为一些值得发展的部门提供投入品和原材料。[②]在20世纪六七十年代，钢铁经常被当作一个具有重要的前向关联和后向关联的产业。一方面，钢铁厂需要铁矿石和焦煤，另一方面，其最终产品可以用于生产白色家电、汽车、卡车和拖拉机。博里奇认为，锂在一个具有前向关联和后向关联的重要产业中处于核心地位，而智利锂矿的储量居世界第二位。从后向关联看，他相信智利能够生产提炼和加工锂所必需的机器和高端设备，从前向关联看，智利能够生产电池和电动车。很多人发现这个想法大有希望，这甚至成为大家公认的观点。然而，有两个重要的问题。一个是那些支持这一理论的人没有考虑当代的国际贸易是以全球供应链为基础的，像智利这样地处遥远并且地理上处于半封闭状态的国家，面临交通成本很高这一极为不利的条件。另一个问题是，他们忽略了已故的哥伦比亚大学进步经济学家卡洛斯·迪亚斯-亚力杭德罗（Carlos Diaz-Alejandro）对赫希曼这一方法的评论，它将一件复杂而精细的政策工具"放到了平庸信徒（官僚）湿滑的手中"。③

加夫列尔·博里奇的计划呼吁提高税收收入，增幅为GDP的8%。这一增幅极大，大致相当于2022年税收收入的40%。博里奇的经济团队承认，如此大规模的税收增加在短期内是不可能实现的，于是提出要在8年内实现这一目标，这意味着增税计划将超出博里奇的总统任期。更多的税收收入将来自以下几个方面：大幅提高矿产税，也就是采矿的特许权费用，主要对铜矿征收；对超过500万美元的财富每年征收财产税；开征遗产税；大幅减少偷税漏税行为。制定这一税收方案的依据是第13章讨论过的世界不平等数据库对不平等问题的分析。

在社会计划方面，新政府考虑取消芝加哥小子实施的一些最重要的改革。基于个人储蓄账户的养老金体系将被基于团结的体制取代。第14章曾经提到过，后者将存在名义账户中的共同储蓄和现收现付制结合在一起,并且取消了个人账户。④ 现有的双重医疗服务体系将被一个像英国那样的国家全民医疗体系取代。在现有的体系中,民众可以使用政府颁发的代金券购买私人保险。此外,还将实施大规模的精神疾病保障计划。新政府将启动一家"土地银行",为开发商提供成本低廉的土地,以修建社会保障住房。公共交通将免费,并向所有人以低价提供饮用水。

劳动法也将做出重大修改。工会和企业之间的谈判将在产业层面举行,最低工资将提高40%,每周工作时间从45小时减少到40小时。在环境方面,这一计划呼吁实施"碳税"以减少排放,签署保守主义政府不曾签署的国际环境保护条约,并为非传统的可再生能源提供激励。渔业法案也将做出修改,捕捞配额将会被拍卖,而不是由过去的渔业公司代代相传。

博里奇承诺,他的政府将成为一届"女性主义"的政府,所有政府部门都将实现性别平等,在经过慎重考虑选出的机构中,将有同样数量的女性和男性。在任命自己的第一任内阁成员时,他甚至更进一步,提名了14名女性和10名男性。原住民群体得到了国家的承认,双方将进行协商,以承认在西班牙统治时期和智利共和国成立后的第一个百年,原住民的财产遭到剥夺。政府将研究返还和补偿机制并予以实施。

宪法草案、"多民族"国家和经济

2022年7月4日,制宪会议完成了自己的工作,此时博里奇政府刚刚成立3个月。接下来的两个月,新政府展开了一场轰轰烈烈的宣传活动,呼吁投票赞同新宪法。令所有人惊讶的是,新宪法于9月4日被投票者否决了。根据《纽约时报》9月6日的一篇文章,"由154名当选成员组成了制宪会议,其中很多人是政治局外人。制宪会议精心绘制的转型愿景被证明是一次太过激进的彻底改革"。⑤在9月5日的一篇文章中,《经济学人》写道,"这次失败的责任大部分在于制宪会议本身……超过三分之二的当选成员都不属于主流的政治党派。他们中有很多政治新手和出自强硬左派的活动家……很快他们就与普通人(选民)疏远了"。⑥9月5日,迈克尔·斯托特(Michael Stott)在《金融时报》上对这次公投的结果做了如下评论,"这对左派总统加夫列尔·博里奇而言是一次挫折,这位前学生抗议活动领袖在这份被否决的激进宪法草案上投入大量政治资本作为赌注。宪法草案向选民承诺保护自然环境,但那也不过是空头支票(这份草案原本将要对自然赋予宪法权利,如岩石、树木和冰川等)。一旦草案完成并提供给选民阅读和评论,就将举行全民公决"。⑦

实际上,这份草案繁复而冗长,大量使用形容词,很多内容的灵感来自"身份政治"的原则。其中最具争议的一项准则,也是大多数民众否决这份草案的原因之一,就是声称智利是一个多民族国家,并且由7个民族组成。草案承认11个民族,这为承认更多原住民的权利打开了大门。每个原住民群体在本地区都拥有高度自治权,并将拥有自己的司法体系。土地返还将作为主要机制,以纠正过去的不公。任何影响原住民利益的政治、社会和经济决策,都需要征得他们的同意。草案还宣称智利是一个性别平等的民主国家。

拟议的草案列出了大量的社会权利和国家义务,其中一共有103项社会权利,超过了世界上的任何一部宪法。有些是正常的权利，有些则晦涩难懂。前者包括在教育、医疗、养老金、居住和休息时间等方面的权利。后者包括国家有义务促进原住民原来利用过的种子的使用和鼓励农贸市场等。

宪法草案要求确保所有国家机构中的性别平等，女性拥有控制其身体的权利。后一条款令保守右翼、天主教会和福音派基督徒感到恼火。政治体系要进行深入改革，以削弱行政的权力。参议院将被废除，取而代之的是一个功能更少的地区议会。国会下院将获得新权力，包括对政府预算拥有更大的控制权。自治区被允许举债并管理自己的预算。创建一个司法体系，由来自司法系统的成员和政治任命人员共同组成，以监督法官的工作。国会中有几个议席被保留给11个官方认可的原住民民族。这等于在全国范围内不公正地划分选区，但是极左翼并不在乎这一点。

拟议的宪法草案受到了新拉美宪法主义的启发，这一学说基于如下观念：即只有原住民获得自治权，并且他们的土地和财产得以偿还，拉美才能有真正的民主。数年来，新马克思主义思想家阿尔瓦罗·加西亚·利内拉（Álvaro García Linera）一直在倡导这些观点，这也是厄瓜多尔2008年和玻利维亚2009年新宪法的理论基础。

制宪会议起草的宪法第一款声明如下：

> 智利是一个拥有民主权利的社会国家。它是一个多民族、跨文化、跨地区和多生态的国家。它是一个基于团结而形成的共和国。它的民主是包容性的，以性别平等为基础。它承认尊严、自由、人类的实质平等及其与自然密不可分的联系具有不可剥夺的内在价值。保护和保障个人与集体的人

权，是这个国家的基础，并指导国家所有的行动。国家的职责就是创造必要条件，提供商品和服务，以保障公平的权利和人民在政治、经济、社会与文化生活中的相互融合，从而使他们能够实现全面的个人发展。[8]

在经济方面，宪法草案引入了一些最重要的变革，旨在消除以"辅助性原则"为基础的各种规范（norms），并代之以由国家保障社会权利提供的强制要求。结果表明，大多数民众赞同这些提案的精神，退出公投和民意调查也反映了这一点。民众否决的并非这一草案在经济方面的内容，他们不喜欢的是其中的政治体系，包括创建一个多民族国家，一些拥有自治权的群体被赋予比智利人更多的权利，这被很多人视为"土著主义的政治体系"，他们尤其不喜欢这一点。草案中与经济相关的一些最重要的提议包括：

- 国家有义务免费提供教育、养老和医疗等方面的社会服务。私人部门可以提供这些服务，民众也可以从私人部门那里购买。政府代金券将不再使用，这一点不同于智利自20世纪80年代中期以来的做法。创建一个统一支付的国家医疗服务体系，公立大学必须优先获得国家资金的资助。这些服务的提供代表了对现有理念的重大突破，这种理念是由芝加哥小子倡导的，并被后来的中左翼政府继承。拟议中的宪法文本也承认居住权是一种宪法赋予的权利。社会权利应当以"进步主义"的方式得到实现，这意味着实现这些权利是一个渐进的过程，但是未来的立法机构不能逆转这一过程。

- 对财产权的保护在某种程度上被弱化了。根据原来的宪法，无论由于何种原因，比如修路，如果一个人的财产被征收，必须对实际的价值损失予以补偿，补偿款项必须以现金支付，并且是在财产被征收之前支付。这一条款被一项以"公平价格"补偿的要求代替了。在这次制宪会议的批评者看来，"公平价格"这一概念如此模糊，以至于将会抑制投资。补偿款项必须在财产被征收之前支付，这一要求被保留了下来。这一程序的批评者认为，根据新的宪法文本，补偿款项可以用按照比索名义值发行的政府债券来偿付，20世纪六七十年代农地改革时期就曾经采取过这样的做法，当时的通货膨胀使这些补偿款项的实际价值几乎化为乌有。
- 水资源的财产权将被取消。将创建一个新的全国水资源委员会，该委员会被赋予在不同使用者之间分配水资源的行政权力。水权的二级市场将被禁止。新宪法草案的一位支持者认为，这将消除新自由主义秩序中最臭名昭著的内容之一，即为原本属于社会并且为满足某种基本需要的必需公共品标价，然后将它推向市场。另一方面，批评者指出，如果水权没有归属或者不可交易，对采矿、农业、绿色氢气以及其他一些行业的投资将大幅下降。
- 工会权力将得到极大的增强。根据新宪法，除了一些有限的情形，比如国家稳定和安全处于危险之中，罢工不受限制。工会将自由地在企业层面、地区层面或者全国产业层面进行谈判，而原来的宪法将谈判限制在企业层面。"团结一致"的罢工，即某个特定工会为了支持任一目标而组织的停工，现在将得到宪法的保护。

- 拟议中的新宪法包括若干对原住民财产权给予特殊保护的条款。比如，第102条规定，"国家承认并保障原住民民众和民族对其土地、领地和资源的权利。原住民土地的财产权享有特殊保护。国家将建立公正和有效的工具，为这些土地编制目录，使之正规化，进而划定边界，提供产权证书，予以修复和补偿。补偿将是优先考虑的修复机制"。⑨

- 第191条还规定，对于任何影响原住民利益的法律或行政决定，必须先征得他们的同意。墨迹未干，就爆发了一场有关该条款应当如何解释的争论。它仅适用于那些影响新的原住民自治领地的政策，还是更具有一般性？比如，人们并不清楚，一项宪法修正案如果要改变或者取消他们在国会中的保留席位，是否必须事先征得原住民的同意。

- 国会使用公共资金的能力大幅提高。数十年来，立法机构暗示，总统将政府支出告诉国会，仅供国会考虑。几个拉美国家都遵循这一规范，其合理性在于，这能够制衡国会中的庇护主义，这种庇护主义会导致政治分肥行为，并对财政账户施加明显的压力。然而，新宪法允许任何国会议员都可以提出增加支出的法案。如果这样的立法提案要变为法律，总统就必须同意并予以支持。

- 经过一番激烈的争论，制宪会议保留了中央银行的独立性。中央银行的理事会成员由5人增至7人。有一项条款规定，中央银行必须就其货币政策立场与政府进行"协调"。此外，谴责和弹劾理事会成员"玩忽职守"，将变得更容易。

新宪法被否决，但是制宪进程仍在继续推进

2021年和2022年，制宪会议还处于协商过程中，越来越多的民众对这一制宪进程不再抱有任何幻想。他们憎恨一些制宪会议成员使用的激进论调，反对攻击任何对某个议题有不同意见的人，并且由于一些成员公然摒弃智利一些传统和历史机构而感到被冒犯。一个特别引人注目的事件发生在2021年7月4日的总统就职演说之际，当时由制宪会议成员埃尔莎·拉夫拉尼亚（Elsa Labraña）领导的原住民代表不允许一个儿童管弦乐队演奏国歌。在之前几个月，大多数制宪会议的成员投票决定，不允许智利国旗出现在他们的任何官方会议上，相反，马普切人的旗帜得到了允许，可以充分展示。

2022年3月，尽管制宪会议的受欢迎程度下降了，但是同意选项似乎仍将战胜退出公投，而智利也将真的拥有一部进步主义色彩浓厚的新宪法。然而，在4月的第二周，拟议中的政治体系引发的争论变得越来越激烈。几位中左翼政客，包括一些制宪会议的成员，认为取消参议院并且立即重新选举总统，将会贬损制衡体系，进而削弱民主制度。由参议员希梅娜·里孔（Ximena Rincón）和马蒂亚斯·沃尔克（Matías Walker）领导的中左翼政客断言，"多民族国家"有悖历史。他们认为智利是一个欧洲人与印第安人混血的国家，作为一个统一民族有着悠久的历史。他们同意，宪法确实应该体现多元文化的特点，承认原住民。但是，规定这个国家由几个民族组成，每一个都是高度自治的，这就太出格了。法律通过的前置条件是得到原住民的同意，这也被认为容易引起分歧和混乱。

突然之间，公众开始仔细审查宪法草案的大量细节，新的目标出现了。几位分析家认为，得到保障的权利数量太多，是不可能做到的。他们指出，这会导致写入宪法文本的内容与实际提供的社会服务之间出现鸿沟，从而使民众对民主制度感到沮丧和不满。随着这一进程的推进，人们对一些新的关注点进行了讨论，包括取消与用水有关的财产权，这一条款将会对30万小农产生不利影响。分析家还提出了一个与工会权力增强有关的问题，包括拟议中的针对任何目标统一的罢工的宪法权利，这些目标甚至与工作条件或者他们所在的产业或经济部门无关。以帕特里西奥·艾尔文和米歇尔·巴切莱特执政时期的前内阁成员勒内·科塔萨尔（René Cortázar）为首的中左翼经济学家认为，新宪法将会产生高度不确定性，从而对增长和投资产生不利影响。如果经济不增长，政府就无法增加税收收入，这样它也就无法为保证民众可以获得的103项权利提供资金。

从2022年4月下旬开始，大多数民意调查显示，"否决"选项更有吸引力，有可能获得53%的选票。2022年6月，《经济学人》写道，"智利及其年轻的左翼总统加夫列尔·博里奇似乎有机会为民众重新提供一份具有进步主义色彩的社会契约。然而，他那缺乏经验的政府却受制于制宪会议，让拉美熟悉的乌托邦主义和过度管制的论调甚嚣尘上"。⑩

7月5日，在制宪会议完成工作之后的第二天，距离全民公决还有两个月的时间，前总统里卡多·拉戈斯作为中左翼的标志性人物发布了一项声明，这令智利举国震惊。尽管他并没有说自己将会在这次全民公决中如何投票，但是他确定自己对制宪会议感到失望。他声称，拟议中的宪法存在过度的"派性"，没有解决这个国家亟待解决的问题，也无助于解决它面临的政治挑战。他进一步指出，重要的是要承认，无论哪个选项赢得了这次全民公决，制宪进程仍然要在2022年9月4日以后继续推进。特别是，他提到假如在这次公投中否决选项获胜，势必将再次尝试，这可能需要选举新的制宪会议。另一方面，如果赞同选项获胜，新的宪法文本也需要立即修改。⑪拉戈斯的观点为"投票否决以推进改革"运动注入了重要的动力，这一运动得到了从中左翼到右翼越来越多的选民的支持。

9月4日，否决票获得了大胜，有62%的选票投向了否决选项，投赞同票的选民仅有38%。这一结果让大多数观察家感到震惊，对加夫列尔·博里奇和他的支持者来说，这是一次沉重的打击。博里奇在宣传这次投票时指出，依据新的宪法文本，他的经济与社会计划实施起来要容易得多。在承认了投票结果之后，博里奇声称政府的目标并没有改变，他们将继续深化改革以终结新自由主义体系，坚持不懈地逐步实现这一目标，这是在2021年12月的总统选举中投票给他的那些选民赋予自己的使命。2022年9月22日在联合国发表的一篇演讲中，他重申了这一点。⑫

在《卫报》发表的一篇文章中，智利作家和编剧、著名的进步派知识分子阿里尔·多尔夫曼（Ariel Dorfman）指出，宪法草案被否决是因为大多数人"发现它的388项条款令人感到困惑，这是世界上最冗长的宪法文本，它甚至有些夸夸其谈，比如要赋予冰川法律地位，保护具有文化特色的食品"。他进一步写道："强调原住民自治，在一片为其统一而自豪的土地上坚持'多民族主义'，这令我的很多同胞感到不安。"⑬

2022年9月14日，在全民公决之后仅仅十天，对于如何推进制宪进程，秉持各种不同意识形态的智利政客几乎都同意选举一个新的制宪会议，但是规模要小一些，人数为100人。性别平等的要求被保留下来，原住民的席位被减少到反映原住民的实际投票人数，而不是他们的人口总量。制宪会议将得到宪法学者组成的专家委员会的协助。目标是在2023年6月下旬形成一部新的宪法草案，并于当年8月举行公投。如果能够按照这个时间表推进，智利将在1973年军事政变和萨尔瓦多·阿连德总统去世50周年之际，拥有一部由一个民选机构编写的新宪法。人们对宪法的宗旨已经形成共识，即新宪法应当宣告智利是"一个拥有各种社会权利的民主国家"，这个定义使它更加接近欧洲的社会民主制度，远离自1973年以来指导芝加哥小子革命和经济政策的那些原则。

第16章
新自由主义的终结？

智利自由市场改革的故事可以用两个词来概括：成功与疏忽。

智利在实现极为快速的增长和显著降低贫困方面取得了巨大的成功。这些成就使智利从拉美各国的中游位置变成本地区毫无争议的领头羊。从经济角度看，智利只用了一代人的时间，就成为拉美最耀眼的明星。但是，伴随这些成功的，还有一些疏忽。最明显的就是忽视了不平等，但这不是唯一遭到忽视的领域。正如我在第13章讨论过的，芝加哥小子认为收入分配不应该成为制定经济政策关注的重点，重点应当是通过严格的定向社会保障政策减少贫困。在这方面，他们在芝加哥大学的很多老师也持相同的观点。如果贫困确实减少，就没有必要担心不平等问题。乔治·施蒂格勒可能最清楚地阐述了这一点，他在其著名教科书《价格理论（修订版）》中写道，在一个复杂的现代经济中，"良好的收入分配"是一个荒唐的政策目标。①

但是，事实表明，收入分配是一项重要的政策，即使在贫困发生率很低的社会也是如此。民众憎恨巨大的收入差距，最后会支持那些承诺就此采取措施的政客。正如前面相关章节展示的，在智利，收入差距极大且长期如此。在中左翼政府执政时期，不平等程度确实有所降低，但是，在2022年，智利仍然是经合组织中不平等程度第三高的国家。有人认为，第12章讨论过的一连串丑闻、共谋和腐败案件，以及复杂的"横向不平等"，包括便利设施和公共品的不平等、不平衡的学校教育质量和城市的分化，进一步加深了智利是一个不公平国家的认识。

由加夫列尔·博里奇领导的极左翼提供了具有一致性的叙事，将这些问题归咎于新自由主义模式，并承诺通过高税收、显著增加社会保障支出、承认原住民并偿还他们的土地、保护环境以及旨在使智利的生产结构更加"复杂"并且有更高附加值的产业政策，迅速降低不平等。正是由于不满意这种不平等的状况，大批民众在2019年叛乱期间举行了示威活动。将这一模式视为奥古斯托·皮诺切特的遗产，这一点在叛乱中发挥了根本性的作用。对年轻人来说，继续实行一种由一位独裁者构建的体系，而这位独裁者曾经无视人权，折磨和谋杀自己的反对者，这是不可想象的。

制宪会议的选举以及它提出的所有过分和激进的主张，都反映了这种不满情绪。在2022年9月4日的全民公决中，拟议中的宪法草案遭到了否决，这与如下观点并不冲突：不平等已经成为一个越来越重要的政治议题。正如第15章所述，宪法草案被否决是因为它"夸大其词"，是因为它提倡的促进"多民族主义"威胁到国家的统一。但是，人们仍然需要一份新的社会契约，一个新的政治、社会和经济体系，能够减少权力的滥用和不平等。在写作本书时，即2022年9月下旬，所有政治力量一致同意，尽管9月4日的公投否决了新宪法，但民众仍然需要一份新的社会契约，他们也意识到，新的社会契约必须转换为一部新宪法。这部宪法不能像被否决的宪法那样激进，也不应寻求将这个国家全部推倒重来。但是，每位政治领袖都赞同的是，新的社会契约必须根植于如下理念：智利是"一个拥有社会权利的民主国家"。这意味着，就像在大多数欧洲社会民主国家一样，大量社会权利得到国家的保障，并由司法体系予以执行。这一契约证明，由芝加哥小子推出并由中左翼民主政党联盟保留下来的新自由主义模式实际上已经完成了自己的使命。

在写作本书时，唯一悬而未决的问题是，新宪法通过何种程序来编制。极右翼希望由国会负责这项工作，而从中右翼到极左翼的大批政党则认为，唯一令民众满意的方式就是由一个新的制宪会议来编制。正如之前提到的，多数人倾向于减少代表人数、缩短时间表，并且让原住民保留席位以反映其投票人数。性别平等，即制宪会议中男女代表各半，这一点没有争议。

理论中的疏忽

智利在发展自由市场和资本主义的过程中，未能充分重视不平等问题，这并非唯一的疏忽之处。

政治和经济精英，包括经济学领域的精英，还忽视了年轻一代关注的其他问题。对于一些议题，如性别平等、环境保护以及动物和自然的权利等，他们未能投入足够的精力并给予充分的重视。渐渐地，这种疏忽引发了一代人的不满。年轻人加入了新的政治派别，其主要目标是以新的社会秩序取代新自由主义。这种新社会秩序基于团结一致、强大的政府、环境保护、女权主义原则、所有层面的性别平等，以及为全民免费提供社会服务。

在过去这些年，我曾经交谈过的每位民主政党联盟官员，包括前总统里卡多·拉戈斯和前内阁成员何塞·德·格雷戈里奥（José De Gregorio）、尼古拉斯·埃扎吉尔、克劳迪奥·奥曼（Claudio Hohmann）、卡洛斯·乌尔塔多（Carlos Hurtado）、马克西莫·帕切科（Máximo Pacheco）、罗德里戈·瓦尔德斯和安德烈斯·贝拉斯科（Andrés Velasco），强烈反对如下观点：民主政党联盟追求的是一种新自由主义的议程。当然，这并不意外。考虑到这些年新自由主义一词被赋予的负面含义，任何参与政策制定的人都不愿意将这一标签贴到自己身上，或者贴到他们推动和实施的政策上。这些官员告诉我的都是"我们从未将智利国家铜业公司私有化"、"我们加强了金融监管机构"以及"我们增加了社会服务"。这些都是真实的，但是并未触及核心问题。②

当然，标签很重要。它会影响人们看待我们的方式，也会影响人们看待自己的方式。但是，无论四届民主政党联盟政府推行的政策是否被称为新自由主义或者其他的称呼，比如新–新自由主义、瘦身的新自由主义、准新自由主义或者包容性新自由主义，事实都是这些政策与芝加哥小子的政策有明显的连续性。正如本书各处都有提到的，在各个层面上都依靠市场机制的做法也保留了下来，比如提供教育、医疗和老年人退休金等社会服务，就像强调经济完全由私人部门主导一样。确实，民主政党联盟在执政时期创建或者加强了很多监管机构，但是，总体而言，以及与世界上其他国家相比，智利仍然是政府干预最少的国家之一，这同样是真实的。

在20世纪90年代的某个时候，亲市场的知识分子和学者宣告他们已经在思想之争中获胜，因而转向了其他追求，包括发财致富。在这种情况下，他们离开了理论和思想的世界。在他们的心目中，他们已经战胜了对手，证明了市场视角最适合智利这样的国家。对他们而言，芝加哥小子的政策已经将智利送到了领头羊的位置，使之有可能迈入发达国家的专属俱乐部，这是不言自明的。在他们看来，他们长期以来的对手，包括基督教民主党和社会党，已经接受了他们的思想，这是他们已经取得巨大成功的明显标志，并使其在思想战线上放松了警惕。

但是，他们错了。他们并不理解，在思想战线上取得的胜利并不是永久性的。被击败的反对者会暂时撤退，包扎伤口，重整旗鼓。过一段时间，他们就会在思想战场上卷土重来，发起新的挑战、新的争辩、新的讨论。在庙堂之外的那些年，那些在思想之争中失利的人把新一代送入学校，为新的思想之争制定新战略。在智利，年轻一代的极左翼活动家攻读研究生，他们围绕女权主义思想家朱迪思·巴特勒（Judith Butler）、1937年去世的意大利马克思主义知识分子安东尼奥·葛兰西、德国哲学家和法兰克福学派成员尤尔根·哈贝马斯（Jürgen Habermas）以及阿根廷社会学家和民粹主义捍卫者欧内斯托·拉克劳（Ernesto Laclau）等人的思想，发展出了新的思想框架和叙事。

从安东尼奥·葛兰西那里，他们懂得了要掌握权力，就必须基于常识发展出一套有说服力的叙事。这项任务是由"有机知识分子"（organic intellectual）完成的。无论谁掌握了叙事，谁就能够在思想之争中占据上风，更有机会赢得民众的认同和支持。在葛兰西生活的时代，小册子是传播革命性叙事最重要的途径，在当代社会则是社交媒体。当极左翼活动家掌控了Instagram（照片墙）、Twitter（推特）和TikTok（抖音海外版），并极为聪明地使用这些工具传播他们的福音时，自由市场支持者原来的守卫们仍然袖手旁观，最多就是偶尔给编辑写封信。

从欧内斯托·拉克劳那里，极左翼懂得了现代革命行动和成功不是阶级斗争的结果。现代政治冲突发生在"民众"与"精英"之间，后者可以被广泛定义为所有享受"特权"的人，比如那些拥有优越的管理或者专业职位的人，他们在优质学校读书，在更高档的社区生活，拥有牢固的人际关系网络并与决策者有来往。民众关心的事情很简单，比如如何拥有更好的生活和更公平的社会，免受权力滥用和腐败的影响，但是大多数时候，拥有既得利益的精英是实现这些目标的障碍。从尤尔根·哈贝马斯那里，他们懂得了"公共领域"的重要性，这是一个言论与行动的领域，与私人和个人空间相对，而后者得到了古典自由主义者和市场派经济学家的支持。这些活动家从朱迪思·巴特勒那里学到了性别权力等词汇，懂得了将"性异议"（sexual dissidences）整合进权力结构的重要性。在2022年智利宪法草案中，有6个条款谈到了这种异议。

在2019年叛乱之后，极左翼叙事变得如此具有统治力，甚至老练的中左翼政客都不敢发声反对紧随这次叛乱出现的暴力和毁损财物的行为。这样做会让他们遭受各种指控和"封杀"，在这个时候、这个时代，后者要比前者糟糕得多。极左翼再次讲述了一个故事：在一个国家，富人与所有部门的政治精英联合起来，与军方签订一份隐含契约，试图让这个滥用权力、不平等和腐败的体制永远存续。这一叙事的核心是皮诺切特的形象，这个遭到痛斥的人物篡夺了权力，折磨数以百计的公民，处决自己的政敌，包括前大使奥兰多·莱特列尔在内的一些人在国外被谋杀，25万人遭到流放。在2022年6月下旬，在智利正准备以公投方式决定是否通过新宪法时，社会党主席保利娜·沃达诺维奇（Paulina Vodanovic）声称自己政党的目标是"终结这个从（皮诺切特）独裁统治继承而来的制度"。③

在很多层面上，亲市场力量都退却了。我不太愿意用"保守主义"来代替"亲市场"这个词，尽管很多资本主义的支持者在社会议题上的态度都是非常保守的。年轻人很少参与政治，成为记者或者对政治争论感兴趣的人也越来越少。确实存在一些亲市场智库，大概有三四个之多，但是，它们逐渐不再捍卫改革所依据的自由主义和市场原则。比如，第7章提到的由巴勃罗·巴劳纳、豪尔赫·考阿斯和塞尔希奥·德·卡斯特罗在20世纪70年代后期建立的公共研究中心，越来越对文学和文学理论而不是经济学感兴趣。④此外，在塞巴斯蒂安·皮涅拉第一次执政以后，智库自由与发展的工作强度就大幅减弱了。这家机构曾经两次接待过加里·贝克尔的来访。亲市场经济学家不愿意把社交媒体作为交流的工具，少数确实拥有Instagram和Twitter账号的人也很少使用它们，并且几乎从来不与批评者辩论。

但是，最能证明不参与公共政策讨论这种趋势的例子，就是天主教大学几乎完全从经济政策的日常辩论中消失了。年轻教师现在感兴趣的是成为全球学术圈的一部分，也成了"出版或者出局"这种文化的受害者。为了晋升职称，只用西班牙语发表论文或者做一些与智利发展挑战相关的重要研究，这是不够的。论文必须在国际期刊上发表，并得到一些分散在全球各地的权威的认可。《经济学手册》杂志曾经在20世纪60年代发表过如此众多有关智利经济的重要文献，目前已经停刊，还没有另外的杂志关注与智利及其政策制定者息息相关的应用问题。

自负能够部分地解释这一现象。自皮诺切特时期以来，经济学家已经习惯于拥有相当重要的影响力和权力。开展大多数政治活动要使用经济学术语，经济学家蔑视其他的专业人员，比如律师和工程师。两位后独裁时代的总统都是拥有顶尖名校博士学位的职业经济学家，即毕业于杜克大学的里卡多·拉戈斯和毕业于哈佛大学的塞巴斯蒂安·皮涅拉。在独裁统治结束之后的32年中，两个人执政的时间长达14年。自负经常会导致骄傲和某种一贯正确的感觉。对于智利经济学家而言，经济学观点就是国王，遵循加里·贝克尔的思路，他们相信经济学能够用来分析和解决一个社会面临的几乎所有问题。很多人不再倾听他人的意见，不相信在成功与成就的表层之下，不适和不满的状态正在蔓延。在思考经济学家发挥的作用时，我想起了哈伯斯塔姆（Halberstam）的著作《出类拔萃之辈》(*The Best and the Brightest*)。在这部著作中，他讲述了最聪明的知识分子在1961年加入约翰·肯尼迪政府的故事。他们拥有完美的学术资历，包括哈佛大学的院长、洛克菲勒基金会的主席、毕业于格罗顿中学和耶鲁大学并结交了很多有权有势的朋友。但是他们很少倾听不同意见，也不想看到展现在他们眼前的现实。哈伯斯塔姆告诉我们，正是这种自负使美国进行了两场悲剧性的国际冒险，并且付出了极为惨痛的代价，这就是猪湾入侵和越南战争。

在20世纪70年代，迪尔德丽·麦克洛斯基是芝加哥大学的一名教师，为很多新一代的芝加哥小子讲授价格理论导论（经济学300）。后来，她对修辞和话语产生兴趣，广泛讨论了经济学家如何展示自己的数据，如何讲话，如何经常感觉到无法说服别人。在著名的有关资产阶级的三部曲中，麦克洛斯基认为资本主义价值观的扩张得益于简·奥斯汀（Jane Austen）等人的文学作品和谈话，这些文学作品和谈话欣赏并赞美勤奋、工作、准时以及尊重他人等品格。⑤ 2022年，我在得克萨斯的圣安东尼奥就智利的经历采访了她。我们谈论最多的就是，捍卫古典自由主义和市场这些观点的方式，不同于极左翼活动家再次发起持续进攻的方式。麦克洛斯基毫不犹豫地表达了自己的观点，她说："对这些进攻的答案就是宣传，宣传，再宣传！"这就是为什么古典自由主义、新自由主义和市场的其他支持者在智利败下阵来。他们没有选择致力于永无止境的思想冲突和斗争，或者不知疲倦地宣传市场的优点，而是选择了舒舒服服地待在家里，禁不住智利大企业董事会成员这类高薪职位的诱惑，包括曾经在20世纪90年代和21世纪初期卷入共谋和其他丑闻的几家公司。

未来

2022年3月，弗朗西斯·福山（Francis Fukuyama）这样评论新自由主义：

> 过去这些年来，古典自由主义得到了重新阐释，并发展出不同的取向，最终结果表明，这些都是在自我削弱……战后初期的经济自由主义在20世纪八九十年代发生了变形，这有时被称为"新自由主义"。自由主义者了解自由市场的重

要性，但是在米尔顿·弗里德曼和芝加哥学派等经济学家的影响下，市场受到了尊崇，国家逐渐被妖魔化为经济增长和个人自由的敌人……沉迷于新自由主义理念的发达民主国家减少了福利国家的规模和管制，并在"华盛顿共识"的名义下建议发展中国家也照方抓药。缩减社会福利支出和国家部门，移除保护个人免受市场变化影响的缓冲垫，在过去两代人的时间里，导致不平等程度大幅提高。⑥

福山写作这篇文章是为了回应俄乌冲突，也是对全世界古典自由主义江河日下的反思。尽管背景极为不同，但福山提出的核心逻辑同样适用于智利。也许人们可以说，太长时间以来，新自由主义观点及其政策走过了头，这也是在自我削弱。

福山的这段引文还表明，新自由主义理念与政策的式微是全世界的普遍现象。前游击队员古斯塔沃·佩特罗（Gustavo Petro）当选哥伦比亚总统和路易斯·伊纳西奥·卢拉·达席尔瓦（Luiz Inácio "Lula" da Silva）在巴西取得的成功，都表明拉美地区正在势不可挡地向左翼移动。正如过去这些年一样，大家最关注的就是智利的经历，分析家和投资者会密切关注智利的各种动向，努力探求新的"拥有社会权利的民主国家"是否能够兑现极左翼政客的承诺。

当然，预测未来是不可能的。实际上，当1970年萨尔瓦多·阿连德成为第一位自由当选国家元首的马克思主义政治家时，几乎没有人能够预测几年之后智利会成为新自由主义的典范。但是，尽管无法确定未来这些年将会发生什么，我相信智利将继续与市场和竞争拉开距离。它不可能成为一个国有企业占主导地位、受到高度管制的经济体，但是它将偏离由芝加哥小子创建并由民主政党联盟政府完善的那种模式。有人将会怀念新自由主义时代，其他人则会对这一时代的终结感到如释重负。在经过一两代人之后，智利有可能处于20世纪大多数时间它所处的位置，即拉美这些国家的中间位置。

致　谢

　　有时候我会想，我在自己的整个职业生涯期间都在写这本书。当然，实际情况并非如此，但是，我确实花了数十年时间研究智利，包括它的挑战与苦难、希望与挫折、进步与倒退。在很多方面，本书是一项历时很久的研究计划的最终产物。在这本书中，我精心阐释了现代历史上最有趣也是最深刻的一次经济革命，这场革命开始于1955年美国国务院的智利计划，以及在芝加哥大学对一群智利经济学家的训练。

　　在写作本书时，我努力保持一种平衡的观点，一种既能刻画智利计划和芝加哥小子的成功，也能解构所有努力的缺陷和不足的视角。我尽力描述奥古斯托·皮诺切特独裁统治下的压抑氛围，以及芝加哥小子在其中扮演的角色。我也试图表达民主制度的回归为数百万民众带来的希望，后独裁时期收入的飞涨和社会状况的改善，以及最近几年的挫折。我试图解释"智利悖论"，即在这个拉美最为成功的国家，为何会爆发一场严重的暴力叛乱，并为全世界的政策制定者归纳了从中可以汲取的教训。

　　对于这个故事中的主要人物，我几乎都曾见过并与之交谈，而军方是一个重要的例外。我没有见过皮诺切特或者其他的军政府官员以及他们身边的随从人员。我也没有遇到过萨尔瓦多·阿连德总统，但是，我确实与他的几位内阁成员成为朋友。

我想要感谢的人的名单很长，如果遗漏了哪一位，我会感到非常抱歉。为了撰写本书，我正式采访过其中很多人。很多年来，当我们在会场上、在晚宴上、在喝咖啡或者喝酒时遇到，我就会与他们以及其他一些人进行交谈。

毫无疑问，我最应该感谢的是亚力杭德拉·考克斯和"艾尔"·哈伯格。很多年来，我都会和他们谈论经济学，每次谈话都会让我惊叹于自己有如此多的收获。这本书要献给 Alita 和 Alito 以及年幼的 Adrian，后者甚至还没有听说过智利。

我感谢 Michael Bordo、Charles Calomiris、Renato Cristi、Juan Andrés Fontaine 和 Doug Irwin 阅读手稿的早期版本，并提出了详细的建议。我也要感谢 Eduardo Aninat、Harald Beyer、Ignacio Briones、Carlos Cáceres、René Cortázar、Sergio de Castro、José De Gregorio、Nicolás Eyzaguirre、Fernando Flores、Alejandro Foxley、Claudio Hohmann、Carlos Hurtado、Felipe Larraín、Rolf Lüders、Mario Marcel、Manuel Marfán、Carlos Massad、Máximo Pacheco、Ricardo Solari、Rodrigo Valdés、Andrés Velasco 和 Rodrigo Vergara，这些年他们与我的谈话。我还要感谢 Sergio Baeza、Guillermo Calvo、Juan Ignacio Correa、José Luis Daza、Victoria Hurtado、Fernando Losada、Leonidas Montes、Patricio Navia、Marcelo Selowsky、George Tavlas 和 Sergio Undurraga。我与胡安·加夫列尔·瓦尔德斯的谈话让我理解了很多智利人在被放逐的漫长日子里一些最难熬的时刻。我感谢 Andrea Repetto、Claudia Martínez 和 Claudia Sanhueza，他们与我讨论最近的一些动向，包括与收入不平等和制宪会议相关的很多错综复杂的问题。我感谢 Patricio

Fernández、Felipe Gana 和 Matías Rivas，在我问到近代史中与社会和政治有关的很多问题时，他们耐心地做了回答。我与已故的塞尔希奥·德·拉·夸德拉、埃内斯托·方丹和胡安·卡洛斯·门德斯的谈话让我受益匪浅，他们是三位最具才干的芝加哥小子，当时正在研究不同国家的经济改革。如果不提到埃米利奥·圣富恩特斯，我就太过疏忽了，他是智利最聪明的人之一，极具幽默感，还有洞见未来事态将如何发展的罕见能力。有一年多的时间，在去芝加哥大学之前，我每周都会见一次埃米利奥。我们的每次谈话都富有启发。1982 年，他死于一次悲惨的事故。普林斯顿大学出版社邀请的三位评审人提出了非常宝贵的意见，有助于文稿质量的显著提高。我感谢出版社的编辑 Josh Drake 和 Joe Jackson，他们在整个出版过程中提供了很多帮助，他们的投入远远超过自己的职责范围。我也非常感谢研究助理 Luis Cabezas 提供的帮助。每当我需要某些难以获取的数据或文献时，他总是能够迅速找到。他几次阅读手稿，极有效率地梳理了参考文献。与以往一样，我要感谢 Ed Leamer 无数次与我谈论经济政策和方法，我总能从他那里学到一些新东西。最后，我要感谢加州大学洛杉矶分校几个班上的研究生，我在有关新兴市场的课程上曾经给他们讲授过本书的某些素材。

洛杉矶
2022 年 9 月

附　录
新自由主义的起源与智利计划

在1979年上半年，法国思想家米歇尔·福柯做了一系列有关新自由主义的讲座。在讲座中，他赞扬了加里·贝克尔的研究，后者是芝加哥大学经济学家的典范，并在1992年由于将经济学的版图扩展到生活和社会的方方面面而获得诺贝尔经济学奖。[①] 在福柯讲座的三年前（1976年），贝克尔出版了《人类行为的经济分析》（*The Economic Approach to Human Behavior*）一书，他在书中断言，"对于理解所有的人类行为，经济学方法提供了一个有价值的统一框架"。然后，他又补充道，"所有的人类行为都可以被视为与在一组稳定的偏好下实现效用最大化的参与者有关"。[②] 在这本著作中，他将经济思维应用于种族歧视、民主、犯罪行为、非理性行为、婚姻、生育、社会交往、利他主义、利己主义和遗传基因。在包括哲学家迈克尔·桑德尔的很多批评者看来，贝克尔的观点，即所有行为都可以从经济状况的角度得到解释，清楚地反映了新自由主义者的傲慢。对贝克尔的追随者而言，包括智利的芝加哥小子，贝克尔提供的深刻洞见能够被有效地应用于设计经济政策，包括那些旨在提供社会服务的政策。很多第二代芝加哥小子尽管只是通过《价格理论》教科书和文章才得以了解米尔顿·弗里德曼的思想，但是他们认为贝克尔的思想是弗里德曼思想一个明显更为深刻的版本。在他们看来，贝克尔为弗里德曼在《资本主义与自由》中提出的很多更为大胆的政策建议提供了技术支撑。

福柯对加里·贝克尔的正面评价令国际上的左派感到震惊。有人谈到了福柯的背叛与糊涂，也有很多人认为他误读了贝克尔，未能领会其思想有多么反动。③实际情况到底如何？为何福柯作为那一代人中最著名的激进思想家之一，会形成对新自由主义的偏好？④作为与福柯关系最密切的一名弟子，弗朗索瓦·埃瓦尔德（François Ewald）认为吸引这位思想家的是贝克尔的"思维方式"，以及他构建的"虚构的经济人"，其决策依据的是经济考虑和成本收益分析，并且不受道德或者法律问题的阻碍。⑤根据埃瓦尔德的说法："福柯赋予经济学家一种明确的地位，他们（经济学家）是真正的生产者……（他认为贝克尔的）这类分析创造了促进或者构想自由新类型的可能性。"⑥

长期以来，贝克尔并不知道福柯对其研究的评价，也不知道后者称他为"美国新自由主义最激进的代表"。2012年，当贝克尔终于读到福柯《生命政治的诞生》（The Birth of Biopolitics）讲座中的两讲时，贝克尔的总体反应是，"大部分内容我都喜欢，没有太多的不同意见。我还是没有搞清楚福柯是否同意我的观点"。⑦令贝克尔感到高兴的是，福柯似乎"认真对待所谓的新自由主义，这种理念基于人力资本分析，以及一种理解个人如何行动的特殊方法"。⑧

福柯的讲座之所以令人感兴趣，不仅是因为它的内容，包括他比较了美国、奥地利、法国和德国的新自由主义，也是因为他做这些讲座是在玛格丽特·撒切尔和罗纳德·里根执政的两年之前。这些讲座预感到在未来这些年，所谓的新自由主义理念将会多么流行，以及这一学说的方方面面将会多么迅速地塑造亚洲、东欧和拉美地区有改革思想的政治家的想象力。

在这些讲座中，福柯没有提到奥古斯托·皮诺切特或者芝加哥小子，尽管他实际上完全了解这一独裁统治的残暴以及由米尔顿·弗里德曼的弟子们推动的自由市场改革。正如第3章提到的，当1975年福柯在其巴黎寓所见到智利社会学家和左翼活动家安东尼奥·桑切斯，福柯告诉他，"智利的悲剧（那场军事政变及其后续发生的事情）不是由于智利人民的失败，而是由于你们这些马克思主义者犯下了严重的错误，并需要为此承担巨大的责任"。⑨ 在这方面，福柯同意经济学家保罗·罗森斯坦－罗丹对于人民团结阵线的严厉批评。在1974年发表于《挑战》（*Challenge*）杂志的一篇文章中，罗森斯坦－罗丹写道，"萨尔瓦多·阿连德之死不是因为他是一名社会党人，而是因为他的无能……社会主义并非本质上就是无效率的"。⑩

对于福柯来讲，新自由主义最好被理解为根据与之对立的某些理念和政策建议来定义的一种学说，比如凯恩斯主义政策、社会契约和政府的扩张。在他看来，新自由主义者有一种国家恐惧症。福柯认为，新自由主义者的这种对抗性的方法在亨利·西蒙斯的著作中体现得非常明显，包括后者在1934年发表的小册子《积极的自由放任纲领》（*A Positive Program for Laissez Faire*），以及他对《贝弗里奇报告》（Beveridge Report）中建议促进就业和在英国发展福利国家的批评。根据福柯的观点，法国也同样如此，那里的"新自由主义通过反对人民阵线（Popular Front）、战后凯恩斯主义政策和计划来给自己下定义"。[11] 正如本书的分析表明的那样，智利的芝加哥小子也是这样做的。在国内的思想之争中，他们反对结构主义（经济学家阿尼瓦尔·平托是他们最讨厌的人物之一）、保护主义、凯恩斯主义和马克思主义，以此明确自己的定位和政策建议。芝加哥小子还反对本地企业家逃避竞争的倾向，以及反对政府支持企业来寻求利益的倾向，从而界定他们自己的理论。

新自由主义的起源：1938年的李普曼研讨会

1938年8月26日，周五，26个人聚集在巴黎，讨论资本主义和代议制民主的未来。这次会议是由法国思想家路易斯·鲁吉耶组织的，参会者包括雷蒙德·阿隆（Raymond Aron）、弗里德里希·哈耶克、路德维希·冯·米塞斯（Ludwig von Mises）、迈克尔·波兰尼（Michael Polanyi）、威廉·勒普克（Wilhelm Röpke）、雅克·吕夫（Jacques Rueff）以及其他古典自由主义思想家。[12] 最重要的参会者和荣誉嘉宾是美国记者沃尔特·李普曼，他的《良好社会》一书刚被翻译成法文，并以《自由城市》为题出版。正如鲁吉耶在他的邀请信中解释的，这次李普曼研讨会的目的在于，花几天时间以闭门会议的方式讨论李普曼著作的内容、教训和含义。[13] 在1937年出版于美国的这部著作中，李普曼主张，为了维护民主制度，击败威权主义和集体主义政权，有必要从自由放任中拯救自由主义，自由放任体制造就了社会灾难，将工人推向了极权主义政治运动，包括马克思主义和法西斯主义。在李普曼看来，击败阿道夫·希特勒和约瑟夫·斯大林这些人的唯一方法，就是深入改革资本主义，加强对逐利动机的社会关注。李普曼下面这段话可以清楚地反映他的这种观点："收入更加平等……是一个自由社会的必要目标……实现这种平等必须借助一些措施，这些措施能够提高市场作为劳动分工调节器的效率。因此，这些措施打击的不是成功竞争创造的利润，而是垄断造成的损失。"[14]

正如李普曼看到的，问题在于在曼彻斯特式资本主义制度下，自由主义者生活得太舒适了，他们没有充分关注这种制度产生的社会和政治后果，也没有注意到这种制度有创造出超大企业的趋势，而这些企业拥有极强的垄断势力。自由主义者还忽略了资本主义有产生严重的收入"分配失调"的趋势。他指出，"现代的自由主义者被困于现状之中，这让他们感觉，（对社会问题和垄断）只应袖手旁观……并不需要做些什么"。[15]

一直持续到1938年8月30日的李普曼研讨会形成了一个极为重要的共识，即发起"新自由主义"，这组理念的目的在于反思资本主义。尽管皮埃尔–埃蒂安·弗兰丁（Pierre-Étienne Flandin）和盖伊丹·皮诺（Gaetan Pirou）等作者之前使用过"新自由主义"一词，但是从未以一种定义明确的方式系统地得到运用，以表达一组相当具体的政策主张。

在出版的李普曼研讨会论文集中，路易斯·鲁吉耶写道，在巴黎讨论的这些理念"勾勒出一种学说的纲要，有些人称之为'建构式资本主义'，另外一些人称之为'新资本主义'，但是使用最多的名字还是'新自由主义'"。鲁吉耶指出，他组织这次"为期数天"的会议，旨在让众多思想家围坐在"一张会议桌旁，审视对资本主义的各种批评意见，力图为真正的自由主义确立一种学说、明确其产生的条件和新的任务"。[16]

在这次研讨会中,对于如何挽救资本主义出现了深刻的分歧,形成了两个明显的阵营。一派包括沃尔特·李普曼和亚历山大·吕斯托(Alexander Rustow),他们赞同为了确保竞争和价格体系发挥主导作用,应当增强国家的作用。他们担心,如果不进行重大改革,将会有一个又一个的国家采用基于计划而非市场的经济体系。在这次研讨会的开幕致辞中,沃尔特·李普曼讲道:

> 我的观点是,如果……我们的目标仅仅是重新确认和恢复19世纪自由主义的方案,就不会取得任何成果……让我们不要忘记,这种陈旧的自由主义已经被掌权的阶级接受……今天,自由主义者的第一项任务不是讲授和宣传,而是探索和思考。面对19世纪自由主义的瓦解,安静地等待格莱斯顿先生死而复生,相信自己的使命就是重复上一个世纪的方案,这是徒劳无益的。[17]

李普曼呼吁彻底改造自由主义的学说,他得到了德国社会学家和经济学家亚历山大·吕斯托的支持,后者为了躲避纳粹的迫害逃往土耳其,他与路德维希·冯·米塞斯熟识。吕斯托支持一种充公性质的遗产税,这样新的一代就可以在公平的竞技场上一较高下。[18]

另一派以哈耶克和米塞斯为首,他们明显更赞同自由市场,激烈地反对增加国家干预。根据米塞斯的观点,垄断是政府未能采取适当行动的结果,而不是像这次研讨会期间很多人认为的那样,是技术进步的必然结果,或者像李普曼在他的著作中所讲的,是"劳动分工"的结果。在8月27日周六上午的会议中,米塞斯指出，"不是市场力量的自由发挥，而是反自由主义的政府政策，才创造了有利于垄断形成的条件……创造垄断趋势的是立法，是政策"。[19]

尽管存在严重的意见分歧，在李普曼研讨会的最后一次会议上，大家还是一致同意创建一家研究中心，以应对资本主义和市场体系面临的挑战。这家新机构被称为自由主义革新国际中心（International Center for the Renovation of Liberalism）。参会者同意在1939年初再召开一次会议，讨论"与价格机制兼容的公共力量干预形式"。根据这次会议论文集的说法，"解决这个问题（政府干预的范围），本身就提供了一种对自由主义经济也就是市场经济的定义"。[20]

朝圣山学社和智利计划

由于战争迫在眉睫，1939年的会议没有举行。九年之后，李普曼研讨会中一些偏向于哈耶克和米塞斯理念的参会者于1947年4月与自由市场的其他支持者联合起来，在瑞士建立了朝圣山学社。沃尔特·李普曼、路易斯·鲁吉耶和亚历山大·吕斯托没有参与这个团体的创建，很多年来，这个学社都是由弗里德里希·哈耶克主导的。在李普曼研讨会的26名参会者中，只有四个人参与了朝圣山学社的创建，即弗里德里希·哈耶克、路德维希·冯·米塞斯、迈克尔·波兰尼和威廉·勒普克。路易斯·鲁吉耶在十年之后才被接受为学社的成员，这么晚才被接受一定与他在二战期间加入维希政府有关。李普曼和吕斯托对于积极参与这样一项空谈理论的活动不感兴趣。[21]没有了李普曼研讨会中更温和的参与者的掣肘，哈耶克和米塞斯作为新团体的领导者可以放开手脚，倡导一种将国家的作用降至最低的资本主义。在经过漫长的讨论之后，这个团体以其第一次会议所在地的名称命名。

在朝圣山学社的创始成员中，没有一个拉美人的名字。然而，有四名芝加哥大学教师名列其中，即亚伦·戴雷科特、米尔顿·弗里德曼、弗兰克·奈特和乔治·施蒂格勒。弗里德曼和施蒂格勒将在20世纪50年代至80年代，成为第二代芝加哥学派中新自由主义派的领袖人物。我们姑且这么称呼这个流派。他们将对芝加哥小子产生极大的影响。

1973年，当被军政府召集起来为新政府工作时，芝加哥小子还从未听说过"新自由主义"这个词，他们也不知道有一个政策机构被赋予了这个名字。确实，他们中的一些人在芝加哥大学上过米尔顿·弗里德曼和弗兰克·奈特的课程，但罗尔夫·吕德斯是一个例外，他们中也没有人直接与这些教授一起做过研究。资历老一些的芝加哥小子在1958年从海德公园回到了智利，此时乔治·施蒂格勒还没有加入芝加哥大学的教师队伍。他们没有与罗纳德·科斯、弗里德里希·哈耶克和罗伯特·蒙代尔交流过，也没有人加入朝圣山学社。而且，当智利学生以及其他拉美学生抵达芝加哥大学时，亨利·西蒙斯已经过世，另一位自由市场卓越的捍卫者雅各布·维纳已经于1946年去了普林斯顿大学。[22]

新自由主义含义的演进

在福柯去世20年后，他的讲座于2004年以法文出版，是根据他于1979年1月至4月在法兰西公学院的讲课录音整理而成的。[23]

当时，新自由主义一词还仅限于学术界使用，它还没有成为媒体报道和分析中经常使用的日常用语，用于描述一种以自由市场、全球化和放松管制为基础的经济学说，大众媒体也没有将新自由主义与经济人、加里·贝克尔、朝圣山学社或芝加哥大学联系起来。《纽约时报》第一次在这种背景下使用新自由主义一词，是在1988年11月20日一则关于卡洛斯·萨利纳斯·德·戈塔里（Carlos Salinas de Gortari）的报道中，这位在哈佛大学受过教育的墨西哥总统推行了一项市场化改革的纲领。在那之前，新自由主义在媒体中指的是加里·哈特（Gary Hart）和约翰·特纳（John Turner）的思想，前者是科罗拉多州参议员，他当时正在考虑竞选总统，后者是加拿大自由党的新领袖。[24]

使用互联网平台ProQuest进行的一项检索表明，从1930年至1970年，《纽约时报》没有发表过任何一篇包含"新自由主义的"或"新自由主义"这类词汇的文章；在70年代，也就是皮诺切特夺取权力和芝加哥小子启动智利改革的十年，检索到了3篇文章；另外13篇文章发表于1980年至1990年之间。[25]此后，大众媒体中相关词汇的使用频率大幅增加。从2000年至2010年，《纽约时报》发表了48篇包含"新自由主义"一词的文章，使用的标题如"尽管贫穷，拉美举行抗议活动，争取开放市场"（2002年7月19日）。从2010年至2020年，文章数量猛增到164篇，使用的标题包括"美洲的新自由主义抢劫"（2020年7月2日）和"科尔内尔·魏思特（Cornel West）不想成为新自由主义的宠儿"（2017年12月3日）。大众媒体中最早在智利背景下使用"新自由主义"一词的是乔治城大学教授阿图罗·巴伦苏埃拉（Arturo Valenzuela）为《波士顿环球报》（Boston Globe）撰写的两篇社论。在美国重要的报纸上，包括《芝加哥论坛报》(*Chicago Tribune*)、《洛杉矶时报》(*Los Angeles Times*)、《纽约时报》和《华盛顿邮报》，包含"新自由主义"一词并且与智利有关联的文章数量，从1980—1989年的仅有两篇，增加到2000—2009年的26篇和2010—2019年的53篇。

围绕"新自由主义"一词的争论由来已久。早在20世纪50年代晚期和60年代初期，这个标签就让一些经济学家感到不适。比如，在1960年一篇关于德国新自由主义的学术论文中，亨利·奥利弗（Henry M. Oliver）写道，"本文研究中包含的一些作者反对'新自由主义'一词，他们认为这个词无法将他们与自由放任的捍卫者充分地区别开来"。[26]根据卡尔·弗里德里希（Carl J. Friedrich）的研究，很多英国和德国的思想家喜欢用别的标签来描述自己的政治观点。他们中的很多人认为自己从事的运动基于"超越了共产主义和法西斯主义"的理念，他们更愿意将其特征描述为"自由的保守主义"。[27]在1981年4月访问智利时，弗里德里希·哈耶克被问道，就新自由主义理论而言，他的观点与卡尔·波普尔（Karl Popper）有何不同。哈耶克在回复中清楚地表明，他不接受新自由主义这个标签："问题是我们并非新自由主义者。那些用这种方式定义自己的人不是自由主义者，他们是社会主义者。"[28]

注 释

引 言

① 在20世纪60年代,美国国务院还在其他拉美国家启动了类似的计划,包括阿根廷、巴西、哥伦比亚和墨西哥。在很多情况下,美国的基金会都参与其中,为训练一些顶尖拉美大学里的年轻经济学家提供资金支持。Edwards(2010)和Throp(1998)分析了拉美在20世纪大多数时间的经济史。J. G. Valdés(1989,1995)讨论了美国国务院为影响这一地区的经济思想而付出的努力。

② 如果从总体看,独裁时期的经济表现并不突出。然而,正如接下来的章节展示的,将1973—1990年视为一个同质的时期是错误的。在早些年,直至1982年货币危机之前,实施一种新的资本主义体系所需的大部分代价已经付出了,包括由此导致的缓慢增长和高失业。从1984年开始,一个新的、更年轻的芝加哥小子团队掌控了财政部和经济部,并启动了第二轮改革。在这个阶段,人均GDP增长率跃升至年均约5%,从新兴市场的历史数据看,这一数字令人印象深刻。具体内容请参见第9章。

③ 在智利,社会党传统上位于共产党的左翼。在独裁统治时期,引入政治和经济体制变革受到了宪法的制约,参见第7章。

④ 社会指标参见UNDP(2019)。贫困人口统计数据参见世界银行(未标注年份)。

⑤ Guardian(1975)。

⑥ 数据参见ECLAC(未标注年份)、国际货币基金组织(未标注年份)和世界银行(未标注年份)。所有这些数据都可以在线获得。正如我在第3章展示的(表3.1),从1945年至1970年,智利比普通的拉美国家表现更差。与本地区的代表性国家相比,智利增长速度更慢,通货膨胀率更高,不平等更严重,生活水平更低。

⑦ 贫困按照每人每天的生活费低于5.5美元计算(2011年购买力平价),为总人口的百分比,数据来自世界银行(未标注年份)。

⑧ 参见Sengupta(2011)。

⑨ Nicas（2022）。这次大会的一位原始成员辞去了自己的职位，实际数字为154名成员。
⑩ *Economist*（2022b）。
⑪ Anderson（1999）。
⑫ Wallace-Wells（2021）；Gerstle（2021）。
⑬ Reinhoudt and Audier（2018，第9页）。
⑭ 李普曼早期的一部自传，参见Steel（1999）。有关李普曼作为一名公共经济学家的研究，参见Goodwin（2014）。李普曼这本书的标题是为了致敬Graham Wallas，后者曾写作《伟大社会》（*The Great Society*）一书。
⑮ Friedman（1951），version in MFAHI.
⑯ 在1962年《资本主义与自由》一书的导论中，米尔顿·弗里德曼哀叹道，随着时间的推移，自由主义一词的含义在美国发生了明显的变化。在这一段中，我改写了弗里德曼的原文。Gerstle（2022）讨论了新自由主义政策在美国和英国的演变。他没有讨论智利的情况，尽管智利可以说是所有新自由主义实验中的一个极端案例。
⑰ 然而，哈耶克否认了他是一名新自由主义者。关于哈耶克和新自由主义，参见Caldwell（2011）。
⑱ "万物皆市场化"这一表述来自Sandel（2012，第203页）。
⑲ Sandel（2018，第358页）。
⑳ Harvey（2005，第2页）。
㉑ Gertz and Kharas（2019，第8页）。
㉒ Stigler（1965，第284页）。
㉓ Harberger（2016）；Friedman and Friedman（1998）。
㉔ J. G. Valdés（1989，1995）。
㉕ 有关芝加哥学派的文献，参见Hammond（2013）、Irwin（2018）、Emmett（2010）、Tavlas（2022）、Van Horn、Mirowski and Stapleford（2011），以及这些研究引用的文献。
㉖ Lüders（2022）。
㉗ 对于美国介入这次军事政变的分析，参见Edwards（2010）、Select Committee to Study Governmental Operations with Respect to Intelligence Activities（1975）。也可参见第4章。
㉘ Délano（1999）。
㉙ Délano（2011）。

第1章　输出资本主义：芝加哥小子的缘起

① 关于美国和其他发达国家对外援助政策的历史演变，参见Edwards

（2015）。

② 关于舒尔茨对拉美的观点，参见 Schultz（1956）；关于帕特森，参见 O'Brien（2017）。

③ 国际合作总署最终成为美国的国际开发署（Agency of International Development）。关于美国国务院在拉美的另外一项计划，仅举一例，参见 Montecinos、Markoff and Alvarez-Rivadulle（2009）收集的论文。

④ Schultz（1964，第187页）。

⑤ 结构主义是一个基于如下观点的思想流派，即经济绩效在很大程度上取决于一国的"结构"，而结构是非常僵化的，无法对价格和其他激励做出反应。结构主义的主要代表人物是阿根廷经济学家劳尔·普雷维什。

⑥ 在30多年以后，路易斯·埃斯科巴尔·塞尔达于1984年被皮诺切特任命为财政部长。

⑦ 1954年1月14日，Catalina Caldentey 和学生会主席 Hernán Trucco 给校长阿尔弗雷德·席尔瓦·圣地亚哥主教写信，抱怨学习体验很糟糕。除了其他一些事情，他们指出学校主管每天只在大学待两个小时，参见 Catalina Caldentey and Hernán Trucco to Monsignor Alfredo Silva Santiago，1954年1月14日，HAPUC, Box 115, Folder 1, Document 2。几个月之后，主管 Lukas Bakovic 辞职，参见 Lukas Bakovic to Alfredo Silva，1954年4月6日，HAPUC, Box 115, Folder 1, Document 3。

⑧ Julio Chaná Cariola to Albion Patterson, January 27, 1955, HAPUC, Box 115, Folder 1.

⑨ 阿尔弗雷德·席尔瓦·圣地亚哥和阿尔比恩·帕特森对协议的修改，HAPUC, Box 115, Folder 1, Document 5。

⑩ 1955年6月，舒尔茨及其同事的行程是在国际合作总署的智利计划启动之后，芝加哥大学同意作为合作者参与其中，但是协议还没有签署。

⑪ 阿尔弗雷德·席尔瓦·圣地亚哥和阿尔比恩·帕特森对协议的修改，HAPUC, Box 115, Folder 1, Document 5。

⑫ 刘易斯和天主教大学校长的通信，参见 HAPUC, Box 115, Folder 1, Document 1-2。

⑬ Alito 在西班牙语中被缩写为"Al"。因此，哈伯格被他的拉美学生和朋友称为"小Al"。

⑭ 参见 Bray（1962、1966、1967）和 T. E. Davis（1963）。

⑮ 参见 Harberger（1964）和 Bailey（1962, 1968）。1956年冬天，哈伯格在智利圣地亚哥待了三个月，在此期间，他为芝加哥大学的同事撰写了有关智利经济的长篇备忘录。在这篇备忘录中，他详细描述智利的汽车、耐用品和其他国际商品相对于美国的价格有多么昂贵。他还讨论了当时极高的通货

膨胀率，高达50%。这篇备忘录的英文版从未出版，但有一个以西班牙语出版的版本，参见Harberger（2000）。

⑯ George Shultz，in Shultz and Taylor（2020，第11页）。

⑰ 第一批9名学生，以及到达日期和资金来源，分别是Florencio Felly（1955年10月，美洲国家间事务研究所）、Victor Ochsenius（1955年10月，美洲国家间事务研究所）、Carols Clavel（1955年10月，美洲国家间事务研究所）、卡洛斯·马萨德（1956年10月，芝加哥大学–智利天主教大学奖学金）、塞尔希奥·德·卡斯特罗（1956年10月，芝加哥大学–智利天主教大学奖学金）、埃内斯托·方丹（1957年1月，芝加哥大学–智利天主教大学奖学金）、Pedro Jeftanovic（1957年1月，芝加哥大学–智利天主教大学奖学金）、Luis Alberto Fuenzalida（1956年9月，富布莱特项目），以及这个团体中唯一的女性赫塔·卡斯特罗（1957年6月，富布莱特项目）。信息来自经济调查中心准备的一份报告，参见Committee Members，Centro de Investigaciones Económicas，*Report Centro de Investigaciones Económicas, Facultad de Ciencias Económicas, Pontificia Universidad Católica de Chile*，June 15，1957，HAPUC，Box 115，Folder 2，Document 2，pp. 2–3。

⑱ 奖学金包括往返圣地亚哥和芝加哥的机票、学费以及单身学生每天7美元、已婚学生每天8美元的生活津贴，也就是说一位配偶的边际费用每天是1美元。除此之外，学生们可以使用图书馆、学生医疗体系、体育馆，还能获得一大笔图书购置费。参加美国经济学会（American Economic Association）年会的注册费和其他费用也包含在内。卡洛斯·马萨德是唯一一个已经结婚的学生，他的妻子Lily志愿为其他智利学生理发。参见Committee Members，Centro de Investigaciones Económicas，*Report Centro*，3–4。

⑲ Carlos Clavel to Simon Rottenberg，June 14，1956，HAPUC，Box 115，Folder 2，Document 7。

⑳ 塞尔希奥·德·卡斯特罗在其回忆录中也提到了学习本科生课程的重要性，他也告诉了Arancibia Clavel and Balart Páez（2007）。

㉑ Marshall（1890）；Viner（1932）；Robinson（1933）。

㉒ 经济学课程209和经济学课程302的必读书目，以及经济学课程300A和经济学课程300B的期末考试，参见HAPUC，Box 115，Folder 1，Document 13。有关弗兰克·奈特作为一名教师的讨论，包括他经济思想史课程的细节，仅举一例，参见Patinkin（1973）。

㉓ 在一份1957年为国际合作总署撰写的报告中，刘易斯声称，"我们已经找到了几乎所有的受训者，尽管他们明显很有潜质，但是在智利没有受过充分的训练"；刘易斯，转引自J. G. Valdés（1995，第141页）。

㉔ See Becker（1992）。

㉕Hachette A. de la F.（2016，第31页）。
㉖E. R. Fontaine（2009，第55页）。
㉗Hachette A. de la F.（2016，第36页）。
㉘See Foucault（2008），lectures 9–11.
㉙这些访问的细节，参见Caldwell and Montes（2015）。
㉚Thatcher（1982）。
㉛平托在一封信中使用了这些词，这封信发表于1957年11月的《经济全貌》（*Panorama económico*）（Pinto，1957，第738页），他在这封信中批评了罗滕伯格关于经济增长过程的一篇论文。关于罗滕伯格的论文，参见Simon Rottenberg，Comment in Seminario de Integración Social，HAPUC，Box 115，Folder 1，Document 6。
㉜Harberger and Edwards（2021，第16页）；Harberger and Edwards（forthcoming，第18页）。
㉝H. Gregg Lewis，quoted in J. G. Valdés（1995，第144页）。

第2章　象牙塔中的芝加哥小子

①甚至在这些学生从芝加哥返回之前，私人部门的代表就试图影响新成立的经济研究中心的方向。参见Patricio Ugarte H. to Alfredo Silva Santiago，HAPUC，Box 115，Folder 1，Document 9。

②Hachette A. de la F.（2016）。

③方丹告诉我，这名学生是Marcelo Selowsky，他后来去了芝加哥大学，并成为哈佛大学的助理教授；2010年2月，墨西哥索诺拉州，作者对埃内斯托·方丹的访谈。数年之后，Selowsky加入了世界银行，成为研究东欧和拉美的首席经济学家。在指导世界银行在这两个地区的政策制定方面，他发挥了重要作用。

④在1957年访问芝加哥时，席尔瓦·圣地亚哥主教参加了一次研讨会。参见Walter Müller to Alfredo Silva Santiago，HAPUC，Box 115，Folder 3，Document 10。

⑤Harberger（2016）。

⑥James Lothian，引自Clements and Tcha（2004）。

⑦Tax（1963）。

⑧Harberger（1950）。

⑨De Castro（1965）。

⑩See Arbildúa and Lüders（1968）；Harberger（1963）。

⑪阿尼瓦尔·平托在一篇批评芝加哥小子的文章中使用了"晦涩难懂的"这个形容词，参见Pinto（1957）。

⑫有人传说最早使用芝加哥小子这个名字的是Carmen Tessada，他是天主教大学的学生神学主管。另一个版本是，它是由结构主义经济学家阿尼瓦尔·平托以一种贬损的口吻创造出来的新词。

⑬最初的合同要求第一年派两位、第二年派三位、第四年派四位全职教授。参见Simon Rottenberg to Monsignor Silva Santiago，April 11，1958，HAPUC，Box 115，Folder 2，Document 13。

⑭席尔瓦·圣地亚re主教对芝加哥的访问是由国际教育交流服务中心的外国领袖计划组织的，这是美国政府的一个项目。除了会见负责西半球事务的助理国务卿罗伊·鲁博特姆（Roy R. Rubottom）等美国国务院的官员以外，主教还会见了一些最重要的基金会的高级官员，包括古根汉姆基金会的艾伦·莫伊（H. Allen Moe）、洛克菲勒基金会的约翰·詹尼（John F. Janney）、福特基金会的谢巴德·斯通（Shepard Stone）、格雷斯基金会的彼得·格雷斯（J. Peter Grace）。他还会见了纽约主教弗朗西斯·斯佩尔曼（Francis Spellman）以及其他天主教领袖。参见Walter Müller to Alfredo Silva Santiago，HAPUC，Box 115，Folder 3，Document 10；Vicente Tuskenis to Alfredo Silva Santiago，HAPUC，Box 115，Folder 2，Documents 10；Project Agreement，HAPUC，Box 115，Folder 2，Document 14。

⑮亚历山德里的稳定化政策基于1.053埃斯库多兑换1美元这一固定汇率。基于以往通货膨胀的工资自动调节机制暂停实施，以努力实现财政收支平衡。1959年，尽管与美元的兑换比率是固定的，通货膨胀仍然达到了33.3%。1960年，通货膨胀率猛跌至5.4%，1961年又反弹到9.7%。

⑯Corvalán（1962，9）。

⑰Arancibia Clavel and Balart Páez（2007），96-98；J. G. Valdés（1989），171-172。

⑱See Soto（2003）and Baraona（未注明年份）。

⑲Ballesteros and Ballesteros（1965）；Corbo and Yver（1967）。

⑳20世纪60年代中期，在哈里·约翰逊的巨大影响下，天主教大学的经济学家计算了各种农产品的有效保护率，也就是剔除投入品以后对增加值部分的保护，结果表明，进口关税和配额的结构严重歧视农业部门。参见E. R. Fontaine（1967）。

㉑Lüders（1969）；Morán（1969）；Arbildúa and Lüders（1968）；E. R. Fontaine（1967）。

㉒关于莱文的声望与影响力，参见Korry（1970）。我曾经在1992年由于一个更早的项目采访过他，他告诉我他是如何成为一名凯恩斯主义者的。他中了一大笔智利国家彩票，并把奖金全部用来从英国购买最重要的经济学书籍，包括约翰·梅纳德·凯恩斯的《就业、利息与货币通论》，他如饥似渴地

阅读了这本书。有关贝利与莱文的争论，例如，参见J. G. Valdés（1995）。

㉓De Castro（1965）；Friedman（1953）.关于弗里德曼和汇率，参见Dellas and Tavlas（2018），Edwards（2020），and Nelson（2020）。

㉔Myrdal（1968，3：2081）.

㉕关于20世纪40年代对汇率的不同观点，参见Irwin（2019）。

㉖1970年9月15日，就在萨尔瓦多·阿连德当选总统十天之后，奥古斯丁·爱德华兹会见了理查德·尼克松总统、国家安全顾问亨利·基辛格和中央情报局局长理查德·赫尔姆斯，讨论了智利的未来。根据美国参议院《丘奇报告》（The Church Report）对美国在1973年军事政变中的作用所做的说明，在阿连德千日执政期间，中央情报局为爱德华兹的报纸《信使报》提供了数量可观的资金。参见Select Committee to Study Governmental Operations with Respect to Intelligence Activities（1975）。

㉗这170篇文章的清单，参见Soto（2003，第181—191页）。1969年7月6日和8月23日，提倡自由贸易；1968年5月25日和1969年6月9日，推动浮动汇率。

㉘关于亚历山德里的经济计划，参见*Panorama económico*（1970，第13—18页）。同一期刊物中包含了另外两位总统候选人的经济计划，即保守派的豪尔赫·亚历山德里和基督教民主党的拉多米罗·托米奇。

㉙Fuentes and Valdeavellano（2015）。

第3章 萨尔瓦多·阿连德的千日社会主义与芝加哥小子：1970—1973年

①关于人民团结阵线联盟秉承的政治学和经济学，有大量卓越的研究，仅举几例，参见Collier and Sater（1996）；Fermandois（2013）；Valenzuela（1978）；Meller（1996）；and San Francisco（2019b）。也参见Dornbusch and Edwards（1991）。

②De Onis（1970）。

③Wikipedia（2022）。

④智利宪法不允许立刻重新参加选举。然而，弃子策略使弗雷有几周的时间不会掌权，从而使他有资格再次竞选。

⑤参见*Washington Post*（1970）。

⑥参见Edward M. Korry, telegram, US Department of State, September 1970, NSA, https://nsarchive2.gwu.edu/NSAEBB/NSAEBB8/docs/doc18.pdf。NSA包含一段珍贵的文档，记录了尼克松政府对阿连德当选总统及其人民团结阵线政府的反应。

⑦Richard Helms, "Meeting with the President on Chile," September 15, 1970, NSA, https://nsarchive2.gwu.edu//NSAEBB/NSAEBB8/docs/doc26.pdf。

⑧ Central Intelligence Agency, "Classified Message: Immediate Santiago," October 16, 1970, NSA, https://nsarchive2.gwu.edu//NSAEBB/NSAEBB8/docs/doc05.pdf.

⑨ Novitski（1970b）。

⑩ Novitski（1970a）。

⑪ 人民团结阵线经济纲领的第一条，题目是"以社会主义经济为目标"，参见 *Panorama económico*（1970）。

⑫ Magasich Airola（2020，第39–40页）。

⑬ 参议员和社会党总书记卡洛斯·阿尔塔米拉诺撰写了一篇长文，批评自己的政党未能压制这股力量，从而引发了军事政变。参见 Altamirano（1977）。

⑭ Henry A. Kissinger, "National Security Decision Memorandum 93: Policy towards Chile," National Security Council, November 9, 1970, NSA, https://nsarchive2.gwu.edu//NSAEBB/NSAEBB8/docs/doc09.pdf.

⑮ 为了充分了解智利历史上的衰落，有必要简要考察所谓的拉美情形。对于为何拉美会落后，在有些最具说服力的解释中，必然联系到西班牙建立的制度与英国在各自的殖民地建立的制度之间的区别。前者是高度集权的，受困于反宗教改革运动的目标；后者是分权的、灵活的。亚当·斯密在《国富论》中强调了这个观点（Smith，1776，第4编，第7章）。其他的理论假说关注文化、区域、财富分配和气候以及要素禀赋等因素，参见 Edwards（2010，第2章）。

⑯ García（1972，第102—104页）。对人民团结阵线短期政策极为全面的总结，参见 Inostroza（1971）和 Vuskovic（1973）。

⑰ Edwards（2019）。

⑱ 智利已经拥有了一些矿产企业51%的所有权，包括 Chuquicamata、El Salvador 和 El Teniente。国家还拥有 Andina 和 Exótica 的少数股权。1966年，爱德华多·弗雷·蒙塔尔瓦政府按照一个多方同意的价格，收购了规模最大的一些矿山的多数股权。

⑲ 账面价值估计为4.14亿美元，"超额利润"合计7.74亿美元。参见 San Francisco（2019a，第311—337页）；以及 Zauschquevich and Sutulov（1975，第50页）。

⑳ Ley 16640（1967）。1975年，军政府决定增加一项价格指数化条款，以恢复这些债券的价值。

㉑ Decreto Ley 520（1932）。

㉒ 企业的所有者和股东起诉工人侵犯私有产权，但是他们的法律申诉没有什么实际作用。

㉓ 我无法找到这一模型正式发表的版本，但是当时流传着几个其他模型，符合这些特征。仅举两例，参见 Varsavsky and Calcagno（1971）和 Infante and

García-Huidobro（1972）。

㉔参见 Edwards（2010）。有关在智利的秘密行动，参见 Select Committee to Study Governmental Operations with Respect to Intelligence Activities（1975）。

㉕拉莫内达宫的英文为铸币宫，这是因为最初于1784年修建时被用来存放国家铸币，1864年成为总统官邸。

㉖Rosenstein-Rodan（1974，7）。

㉗Paul Rosenstein-Rodan to Gerhard Tintner, MFAHI, Box 189, Folder 1.

㉘Sánchez García（2014）。

㉙我采访过安杜拉加几次。这些数据来自作者于2021年6月17日通过Zoom对塞尔希奥·安杜拉加的采访。

㉚De Castro（1972）。

㉛Cámara de Diputados de Chile（1973）。

㉜参见 Kinssinger（1979，第654页）。也可参见 Nathaniel Davis（1985），讲述他担任美国驻智利大使的那些年的经历。

㉝这份备忘录评论了1973年3月的国会选举，在这次选举中，人民团结阵线获得了44%的选票，参见 Central Intelligence Agency（1973）。

第4章　奥古斯托·皮诺切特的军事政变与芝加哥小子的改革计划

①对这次军事政变，一些文献做了极佳的描述，参见 Cavallo, Salazar, and Sepúlveda（1989）和 González（2000）。

②有一份极为详尽的时间表，揭示了1973年9月11日到底发生过什么，精确到分钟，参见 *La Tercera*（2003）。

③"私人朋友卫队"由一些社会党的年轻成员组成，他们在古巴受过军事训练。这支队伍在1970年9月选举刚一结束时就成立了，以保护阿连德。当时，他不信任指派给自己的官方武装力量。参见 Quiroga（2001）。

④莱特列尔于上午7：40被拘留，参见 González（2000）；另见 *La Tercera*（2003）。

⑤参见 *La Tercera*（2003）。

⑥这一文稿是由司令官劳尔·吉亚尔（Raúl Guillard）宣读的，参见 *El Mercurio*（1973）。

⑦González（2000，第350页）。

⑧毫不奇怪，关于军事政变那天总统府里实际发生了什么，有很多细节各不相同的故事。比如，González（2000，第189页）称奥古斯托·奥利瓦雷斯用一把乌兹冲锋枪结束了自己的生命，而 Quiroga（2000，第183页）声称他使用的是瓦尔特半自动步枪。

⑨参见 Arancibia Clavel and Balart Páez（2007，第5章）。

⑩ Arancibia Clavel and Balart Páez（2007，第128页）。

⑪ 冈萨雷斯将军仅仅干了一个月。10月中旬，他被费尔南多·莱尼斯（Fernando Leniz）取代，后者是爱德华兹集团的总裁。塞尔希奥·德·拉·夸德拉成为新任部长的顾问。

⑫ 在军事政变之前，这份报告只印制了25本，并且标注了编号，除了那些作者、军队高官和另外几个人，没有其他人看到过这份文件。在新政府成立的第一周，新上任的计划部长罗伯托·凯利在他的部门复印了250份。下面的叙述基于德·卡斯特罗为该文件所做的序言（De Castro，1992）、他的回忆（Arancibia Clavel and Balart Páez，2007）、在CIDOC档案中找到的团队其他成员的描述以及方丹·阿尔杜纳特（Fontaine Aldunate，1988）。充分披露：2010年，我被任命为公共研究中心理事会的成员。

⑬ 参见Arancibia Clavel and Balart Páez（2007，第144页）。关于"工人管理的"企业，仅举一例，参见Vanek（1970）。

⑭ De Castro（1992，11）。

⑮ Sergio de Castro, in Fuentes and Valdeavellano,（2015, at 38：17）。

⑯ 2021年6月17日作者通过Zoom对塞尔希奥·安杜拉加的采访。

⑰ Fontaine Aldunate（1988，第19—20页）。

⑱ 1982年，埃米利奥·圣富恩特斯在钓鱼时死于一次意外事故。

⑲ 在20世纪70年代中期，在去芝加哥之前，我曾与埃米利奥·圣富恩特斯一起工作。他可能是芝加哥小子中最聪明的一位。尽管我们确实谈论过几次砖案，但是我从来没有详细问过他，是否有人知道现役海军军官是这份文件最终的读者。

⑳ 德·卡斯特罗（1992，第63页）。这一表述与沃尔特·李普曼在1937年《良好社会》一书中所讲的有重要的相似之处，这本书正式开启了新自由主义运动。

㉑ Friedman（1951，3）。

㉒ 在20世纪70年代初期，有效保护率从农业部门（油菜籽）的–92%到纺织品（精梳羊毛衣物）高得惊人的400%。超过100种商品和部门的详细计算，参见Edwards（1975）。

㉓ Bhagwati（2002）。

㉔ Arancibia Clavel and Balart Páez（2007，第6章）。

㉕ 罗尔夫·吕德斯和埃内斯托·方丹，Fuentes and Valdeavellano（2015），分别在第72分钟和76分钟。

㉖ 参见Hirschman（1963）第一张表，其中有从1880年至1960年的每十年累积的和平均的通货膨胀率。

㉗ Harberger（1963，第244页）。

第5章　1975年米尔顿·弗里德曼的访问与休克疗法

①1975年4月21日米尔顿·弗里德曼写给奥古斯托·皮诺切特将军的信件，参见Friedman和Friedman（1998，第24章附录A，第593页）。

②对通货膨胀税的评论，参见"Record of a Week in Chile, March 20–27, 1975," March 29, 1975, MFAHI, https://miltonfriedman.hoover.org/objects/57505/record-of-a-week-in-span-classqueryhlchilespan-marc?ctx=4a0a8d74f4e9832549b3f8d5296ab81703486608&idx=1。

③1975年4月21日米尔顿·弗里德曼写给奥古斯托·皮诺切特将军的信件，参见Friedman and Friedman（1998，第24章附录A，第591—594页）。

④Friedman, "Record of a Week in Chile."

⑤2022年2月，就1975年弗里德曼的访问，我采访了罗尔夫·吕德斯。我直截了当地问他，弗里德曼的这次访问收了维亚尔集团多少钱。吕德斯用手指比画了一个大大的零，然后说，"一分钱也没有，他只是要求为他和妻子罗丝承担相关费用"。

⑥参见Friedman（1975，第58—59页）。尽管弗里德曼是用英文做讲座，随后出版的演讲稿和问答使用的是西班牙语，我将有关内容重新翻译为英文。

⑦参见Friedman（1975，第41—70页）。在一系列公开讲话中，"艾尔"·哈伯格也被问到资本市场和利率的变动。1975年3月，他说，极高的实际利率，比如高到每个月8%这种程度，只是一种暂时现象，他预期到1975年末，利率将接近每个月2%～3%，即每年25%～40%，这仍然处于很高的水平，参见Harberger（1976，第143页）。

⑧参见Friedman（1975，第29页）。正如曾经提到的，这次谈话唯一能够获得的文稿使用的是西班牙语。"智利制造"在原文中是用英文表示的。

⑨Friedman（1975，第70页）。

⑩Friedman（1975，第29页）。

⑪Friedman, "Record of a Week in Chile."

⑫考阿斯的经济学观点深受唐·帕廷金（Don Patinkin）的影响。后者是一位以色列经济学家，曾经是芝加哥大学的一名博士生，经常在一些理论问题上与弗里德曼针锋相对。

⑬有关公共部门项目评估的哈伯格方法，参见Harberger（1972）。

⑭Friedman, "Record of a Week in Chile."

⑮该档案无法在线上获取，必须亲自去位于圣地亚哥的这所大学查阅。对这一计划的总结，参见Universidad Finis Terrae, Centro de Investigación y Documentación（未标注年份）。

⑯Friedman and Friedman（1998，第594页）。

⑰Caldwell and Montes（2015，第271页）。

⑱我采访过塞尔希奥·安杜拉加几次,他起草了这份计划。一次特别重要的谈话发生在2021年9月12日的洛杉矶。这份计划未得以实施并不意味着经济团队不担心经济的走势。早在1975年2月,他们就非常担心通货膨胀率居高不下。

⑲Fontaine Aldunate(1988,第89页)。

⑳有关国家情报委员会如何努力与经济团队作对,参见Cavallo、Salazar and Sepúlveda(1989)的讨论。

㉑Hirschman(1963,第177页)。

㉒实际过程充满了戏剧性,并引发了芝加哥小子与民族主义军官之间激烈的争吵,后者当时听从了律师和前军官雨果·阿拉内达(Hugo Araneda)的建议。

㉓参见Friedman(1953)。

㉔Friedman(1975,question 9)。

㉕Friedman(1975,question 12)。

㉖Friedman(1975,question 56)。

㉗1932年的失业率达到了24%。自1833年以来关于失业的历史统计,参见Díaz、Lüders,and Wagner(2016,表7.7)。

㉘*New York Times*(1975).

㉙Lewis(1975).

㉚Lewis(1975,1).

㉛Handler(1975).

㉜Sulzberger(1975).

㉝弗兰克是哈伯格在芝加哥大学的学生。在自己的口述历史中,哈伯格对他这名学生有如下评论:

> 我记得曾经去安德烈·冈德·弗兰克的住所喝酒,他也会来我的教师之家公寓喝酒。我邀请他加入我的研讨会。我知道他属于左派,我对此毫不在意。但是他想研究的问题可以说是社会政治问题,这根本不是我的研讨会的主题。最后我说,"好吧,你想做什么就做什么,但是你不会得到我的资助"。他后来对我的敌意在多大程度上受这件事的影响,我不知道。但是,毫无疑问,他的左派政治倾向本身就会让他憎恨很多事情。(Harberger,2016,第197页)

㉞作为一名本科生,我参加了弗兰克的一次研讨会,在这次研讨会上,他仔细讨论了他的有关流氓中产阶级和流氓无产阶级的理论。

㉟Frank(1976,第89页)。

㊱Letelier(1976,第137页)。

㊲6月,国际货币基金组织提供了一笔4 000万美元的贷款。几天之后,

尽管遭到了参议员泰德·肯尼迪（Ted Kennedy）的反对，但美国政府还是批准了一笔来自美国国际开发署的贷款，金额为6 000万美元。参见Cavallo，Salazar，and Sepúlveda（1989，第138页）。

㊳Cavallo，Salazar，and Sepúlveda（1989）。

㊴Kandell（1976）。

㊵YouTube（2010）。我感谢Lars Jonung翻译示威者的话语。

㊶弗里德曼在与妻子罗丝合著的回忆录中用整整一章的篇幅解释了访问智利的背景。参见Friedman and Friedman（1998，第24章）。

㊷《自由选择》是一部十集的纪录片，1980年在美国公共广播公司播放。在这部纪录片中，米尔顿·弗里德曼解释了市场经济体制是如何运转的。这部纪录片的录像带在世界各地传播。

㊸在给吕德斯的一封信中，弗里德曼写道，"让我澄清一下，对于曾经到访智利，我个人并不后悔。相反，这次访问以及接下来发生的事情很有教育意义和启发性"。参见Milton Friedman to Rolf Lüders，May 19，1977，MFAHI，Box 188，Folder 12。

第6章 1975—1981年的市场化改革和权力斗争

①1977年1月，豪尔赫·考阿斯被任命为驻美国大使并接受了两项任务：与即将上台的卡特政府协商，后者特别感兴趣的是针对智利侵犯人权的行为而重新施加制裁，同时监督莱特列尔暗杀事件，确保调查不会令军政府卷入其中。有关的想法是，声称暗杀计划是由一个边缘化的特工组织策划和实施的，上级并不知情，也未授权。

②1977年，孔特雷拉斯晋升为将军。

③赤字从1975年占GDP的10%降至1978年的不足1%，1979年转为1.7%的盈余。

④亚力杭德罗·福克斯莱，引自Edwards and Lederman（2002，第358页）。

⑤豪尔赫·考阿斯，引自Mendez（1979，第173页）。

⑥De Castro（1981，第23页）。

⑦Cavallo，Salazar，and Sepúlveda（1989，第14—19章）。

第7章 新自由主义体制的诞生：七个现代化与新宪法

①参见Pinochet（1979）。

②Cavallo，Salazar，and Sepúlveda（1989，第273页）。

③这部法案的目的之一就是安抚美国劳工联合会-产业工会联合会（American Federation of Labor–Congress of Industrial Organizations），后者号召抵制往来智利的货物运输，参见Cavallo，Salazar，and Sepúlveda（1989）。

④ Arancibia Clavel and Balart Páez（2007，第109页）。

⑤ 塞尔希奥·德·卡斯特罗，引自 *El Mercurio*（2018）。采访中准确的西班牙语是"Y quedó la cagada que yo predije"。

⑥ 尽管"辅助性"一词并没有出现在1980年的宪法中，文本编写却体现了这一原则，参见Cristi（2021）。

⑦ 正如Renato Cristi（2021）提到的，在保守主义圈子中，改革1925年宪法的想法由来已久。早在1964年，豪尔赫·亚历山德里总统就曾经考虑进行一次重大改革，内容包括按照西班牙的弗朗西斯科·佛朗哥模式，参议院由根据社团主义机制任命的成员组成。军政府1980年宪法引入了这一点。

⑧ Junta de Gobierno（1970）。

⑨ 当时的矿业部长卡洛斯·奎尼奥斯（Carols Quiñones）海军上将强烈支持在宪法层面规定矿藏国有化，尽管从一开始智利海军就站在芝加哥小子一边。

⑩ Schauer（2014）。

⑪ Milton Friedman to Sergio de Castro, December 16, 1980, MFAHI, Box 188, Folder 10.

⑫ 有关朝圣山学社和智利的讨论，仅举一例，参见K. Fischer（2009）。

⑬ 1980年，弗里德曼邀请塞尔希奥·德·卡斯特罗、塞尔希奥·德·拉·夸德拉和埃内斯托·方丹向在胡佛研究所举行的朝圣山学社会议提交论文。会议有一个单元的题目是"智利的经济实验"。这三个人都拒绝了邀请，这让弗里德曼极为沮丧。相关通信参见MFAHI, Box 200, Folder 08。阿尔瓦罗·巴登这位芝加哥小子曾经在独裁统治时期担任中央银行行长和经济部副部长，他在民主制度回归之后成为朝圣山学社的成员，此时他已经不在政府任职了。

⑭ 参见Caldwell and Montes（2015）；Stigler（1988，第140页）。布鲁斯·考德维尔是哈耶克全集的编辑，这部全集由芝加哥大学出版社出版。

⑮ Harberger and Edwards（2021，7-8）；Harberger and Edwards（forthcoming, 10）。

⑯ Martin（1982）。

⑰ Martin（1982）。

第8章 弗里德曼与1982年货币危机

① De Castro（1978，1677）。

② 过去，智利曾经试图利用汇率来控制通货膨胀，但是最终都失败了。最近的一次尝试是在20世纪60年代初期，当时是保守派总统豪尔赫·亚历山德里执政时期。正如第2章讨论的，对这件事予以严厉批评的不是别人，正是塞尔希奥·德·卡斯特罗。

③Stiglitz（2002）。
④Friedman（1973）。
⑤De Castro（1981，23）。
⑥Martin（1982）。
⑦弗里德曼认为，如果要采取固定汇率，一国必须取消中央银行。他将这种不可撤销的固定汇率体制称为"统一的货币体制"。
⑧作者对阿诺德·哈伯格的采访，洛杉矶，2020年8月23日。蒙代尔在1965年至1972年是芝加哥大学教师队伍中的一员。
⑨这假定该小型经济体向国际贸易开放，贸易壁垒极低，大概就在推行这一计划的时期，智利在某种程度上实现了这一点。就在稳定化计划开始之前，Sjaastad and Cortes Douglas（1978）认为经过了两个月的时滞，比索的贬值率将会充分反映通货膨胀。如果比索和美元的汇率是固定的，智利的通货膨胀将会在两三个月内收敛到美国的通货膨胀率。
⑩参见Sjaastad（1983，12）。
⑪参见Johnson（1969，16）。
⑫参见Johnson（1972，第1560页）。
⑬参见Johnson（1977，第266页）。
⑭当然，可信度是这种观点的关键之处。从20世纪90年代后期开始，在很大程度上受以色列和南锥体国家经验的影响，大量关于名义锚和可信度的文献出现了，仅举几例，参见Bruno et al.（1988）；Calvo and Végh（1994）；and S. Fischer（2001）。
⑮Edwards and Edwards（1991，表3.9）。
⑯De Castro（1981，第23页）。
⑰米尔顿·弗里德曼，引自《三点钟报》（*La Tercera*，1981）。
⑱*Ercilla*（1981，第21页）。
⑲Friedman（1995）。这篇论文直到1995年才发表，附录写于1982年货币危机之后。
⑳参见Friedman（1973，第47页）。
㉑参见Friedman（1995，第7页）。
㉒前两任中央银行行长也是芝加哥小子，即阿尔瓦罗·巴登和巴勃罗·巴劳纳。
㉓关于弗里德曼在智利背景下对自由的两个方面（政治自由和经济自由）的讨论，参见Edwards and Montes（2020）。
㉔Milton Friedman to José Rodríguez Elizondo, December 18, 1981, MFAHI, Folder 188–13.
㉕米尔顿·弗里德曼，《第二报》（1981）。在将这段引文由西班牙语重新

翻译成英文时，我尽量保持原文表现出来的语气。

㉖这位记者很明显用一盘磁带录下了弗里德曼的即兴发言。一些词语加了引号，应该是用英语表述的；它们或者是由于拼写错误，或者是这位记者没有理解弗里德曼所讲的话。文章没有使用"钉住"（pegged）汇率，而是使用了"一篮子"（packed）汇率；没有使用"统一的"（unified）货币，而是使用了"unifright"货币。

㉗Friedman（1953，第164—165页）。

㉘Edwards and Edwards（1991，第68页）。

㉙仅举两例，参见Klein（2010）；and Stiglitz（2002）。

㉚Milton Friedman to Peter D. Whitney，July 8，1982，MFAHI，Folder 189-02.

㉛Milton Friedman to José Rodriguez Elizondo，October 15，1982，MFAHI，Folder 188–13.

㉜参见Friedman and Friedman（1998，第405页）。

㉝Friedman and Mundell（2001）。

㉞Friedman（1995，第7页）。

㉟Milton Friedman to Robert J. Alexander，August 5，1997，MFAHI，Folder 188–10.

㊱以下分析是对Edwards and Montes（2020）一文的扩展，这篇论文讨论了弗里德曼两次访问智利的政治意义，包括他会见皮诺切特将军。该文对汇率问题的分析相当笼统，没有涉及弗里德曼评论1982年货币与银行危机的细节。也可参见Montes（2016）。20世纪七八十年代，影响智利政策的杰出经济学家并非只有弗里德曼一个人。关于弗里德里希·哈耶克对智利的访问，参见Caldwell and Montes（2015）。

㊲Friedman（1994，第241页）。

㊳Edwards and Edwards（1991）.

㊴Milton Friedman to General Roberto Soto MacKenney，September 29，1986，MFAHI，Box 188，Folder 13.

第9章 1983—1990年的第二轮改革：务实的新自由主义

①尽管这时一些女性加入了队伍，智利媒体仍继续将这一群体称为芝加哥小子。

②Büchi Buc（1993，第170页）。

③参见 *New York Times*（1985）。

④由于这些操作，银行有两类股份。

⑤有关投资的细节，参见Edwards and Edwards（1991）；and J. A. Fontaine

(1989)。

⑥Edwards and Edwards（1991），220。

⑦在芝加哥大学，保罗·罗默和我是同学。在1981年的冬季学期，我们是一组高年级博士生的成员，为本科生讲授中级宏观经济学。

⑧然而在智利，学校的组织方式背后有更深层次的意识形态斗争。一方面是共济会成员，长期以来，他们控制着公共部门的教育机构；另一方面是天主教徒，他们认为教会在教育智利年轻人方面应当发挥根本性的作用，但是这种教育应该得到国家的补贴。

⑨Ley 19070（1991）；Lagos（2020）。

⑩在第二轮改革中，国家为一些大学提供资金，这些大学的学生在标准化的入学考试中获得了高分。这些申请者通常会加入最好的也是历史最悠久的学校，即天主教大学和智利大学，这些学校因而获得了比其他学校更多的资助。

⑪Smith（1977，802）。

⑫也有人担心公众对某些政策的反应。但是，这些担心是次要的，因为当时民主机制是完全不存在的。

⑬J. A. Fontaine（1989，216）。

⑭Barro and Gordon（1983）。

⑮Harberger（1971）。

⑯Harberger（1963）。

⑰1981年6月，墨西哥总统何塞·洛佩斯·波蒂略（José López Portillo）在一次新闻发布会上说，他将"像一条狗"一样捍卫比索。几个月后，墨西哥遭受了现代经济史上最惨痛的一次贬值危机。这场危机迫使墨西哥财政和信贷部部长热苏斯·席尔瓦·赫尔佐格（Jesús Silva Herzog）前往华盛顿，与美国财政部长唐纳德·里根（Donald Regon）协商。洛佩斯·波蒂略声称银行部门要为这次灾难负责，在最后一次国情咨文中，他宣布将把墨西哥所有的银行都国有化。

⑱Gary Becker to Milton Friedman，August 2，1994，MFAHI，Box 200，Folder 5。

⑲Harberger and Edwards（2021，9）；Harberger and Edwards（forthcoming，12）。

⑳Sergio de Castro，in Fuentes and Valdeavellano（2015，at 57：01）。

㉑Cavallo，Salazar，and Sepúlveda（1989，138–41）。

㉒参见Albert Fishlow to Milton Friedman，July 2，1976，MFAHI，Box 188，Folder 11。

㉓参见Milton Friedman to Augusto Pinochet，August 7，1976，MFAHI，Box

188, Folder 13。费尔南多·弗洛雷斯于1976年8月被释放,后来定居美国。

㉔有关拉美地区增长过程的比较量化研究,参见Loayza, Fajnzylber, and Calderon(2005)。

第10章 民主制度的恢复与包容性新自由主义

①军政府允许拉美研究协会的运作拥有一定的自由度,只要它的研究主要是技术性的,并且研究人员不会在媒体上公开发表批评意见。在很多方面,拉美研究协会是这个体制的反对者能够聚集在一起并且讨论其他可供选择的政策和模式的唯一地方。

②一些作者认为,新政府受到了皮诺切特宪法的制约。具体细节请参见第7章和第15章。

③*La Tercera*(2019)。

④*Newsweek*(1990, 36)。

⑤Boeninger(1992);Edwards(2010)。

⑥1998年10月,他作为参议员在前往伦敦时,由于涉嫌在独裁统治时期参与几位西班牙公民的谋杀案而被拘捕。由于健康原因,英国政府于2000年3月将他释放。他死于2006年12月10日。

⑦约瑟夫·斯蒂格利茨,引自Uchitelle(1998)。参见Edwards(2004)。

第11章 坚守新自由主义

①参见Kehoe and Nicolini(2022)收集的论文。

②参见Edwards(2010,第5章)。

③Maclaury(1994), in Bosworth, Dornbusch, and Labán(1994, vii)。

④卡斯特利斯描述了智利的策略,这一策略基于出口导向,并且国内外市场实现了广泛的自由化,生产过程实现了有效的现代化。参见Breslin(2007)中的采访。

⑤Mitchell and Morriss(2012)。

⑥Barro(1992).参见Navia(2009),也可参见Ortúzar(2022)。

⑦关于自由之家的全球自由度排名,参见Freedom House(2022)。对于《经济学人》的排名,参见Economist Intelligence Unit(2021)。然而,在2022年,由于叛乱引发了暴力活动,《经济学人》将智利民主质量的排名降低了一个等级,参见Economist Intelligence Unit(2022)。

⑧*El Desconcierto*(2016)。

⑨*El Mostrador*(2016)。

⑩Lagos(2020)。

⑪无法直接比较智利与其他经合组织国家的税收收入,因为智利不存在

社会保障税。可以对智利和新西兰进行有趣的比较，后者也不征收社会保障税。在20世纪80年代初期，新西兰的人均收入与智利2020年相当，此时新西兰的税收收入约为GDP的31%，比智利整整高出10个百分点。

⑫ *Cooperativa*（2005）。

第12章 不满、舞弊、抱怨与抗议

① Stott and Mander（2019）。

② UNDP（1998，第58页）；这份报告的标题是《现代性的悖论：人类安全》（*Paradoxes of Modernity:Human Security*）。联合国开发计划署在1994年的全球发展报告中第一次提出了以人类安全这一概念构建发展政策的理念。值得关注的是，1994年的报告与1998年有关智利的报告一样，这一概念被有意识地模糊化了，"几项分析试图对人类安全这一概念进行严格的界定。但是与其他基本概念一样，比如人类自由，在其缺失而非存在时，人类安全这一概念更容易被识别"；UNDP（1994，第23页）。

③ 在进行客观度量的计算时，使用了总共13个量化指标。参见UNDP（1998，第84页，表9）。

④ 智利一些最杰出的公共知识分子也持有相同的观点，包括哲学家卡洛斯·佩纳（Carlos Peña）。参见Peña（2020）。

⑤ Brunner（1998）。关于中左翼精英对"莫名的不满"这一假说的反应和驳斥，一项深入的分析参见Cavallo and Montes（2022）的第3章。

⑥ González T.（2017，17，27，118）。

⑦ 对21世纪第二个十年冲突事件广泛而深入的描述，参见Garín González（2019）；关于金融部门的舞弊，参见Schiappacasse and Tromben（2021）。

⑧ 充分披露：我是这个案件的专家证人，也在法庭上接受过质询。

⑨ 参见Schiappacasse and Tromben（2021）。

⑩ 对智利工人技能不足的分析，参见OECD（2019）。

第13章 分配斗争

① Harberger（2016，82-83）。

② Harberger（2020，409）。

③ Zimmerman（2018）。

④ Harberger（2020，408，409）。

⑤ Johnson（1973，chaps. 17-18）。

⑥ Schultz（1992，vii）。

⑦ Stigler（1965，284）。

⑧ 对这些观念更为详细的表述，参见Harberger（1984）。

⑨这个命题的证明非常简单。这只需要"无差异曲线"凸向原点。
⑩Rolf Lüders, in Fuentes and Valdeavellano（2015, at 72:00）。
⑪世界银行使用购买力平价或"国际元"来界定贫困线。
⑫Thorp（1998，第352页）。
⑬R. Valdés（2021）。
⑭Thorp（1998，第352页）。
⑮不同机构和研究者计算的基尼系数有些差异。我将在本章末尾再回到这个问题。
⑯UNDP（1998）。
⑰Anderson（1999）。
⑱OECD（n.d.–b）。
⑲所有多边机构报告的基尼系数数值在21世纪20年代初期都在0.48左右，参见WID（未标注日期）。
⑳Flores et al.（2020，第853页）。
㉑Flores et al.（2020，第864页）。
㉒"艾尔"·哈伯格对这些做法始终持非常严厉的批评态度。米歇尔·巴切莱特执政时期的一项税收改革限制使用这些减税方法。
㉓Flores et al.（2020，第851页）。
㉔参见WID有关"方法"的网页上的免责声明；参见WID（未标注日期）。
㉕Larrañaga and Rodríguez（2014，第24页）。

第14章 未能实现的承诺：养老金体系与叛乱

①Becker and Ehrlich（1994）。
②Becker（1999）。
③AFP代表养老金管理基金（Administrators of Pension Funds），它们是依据养老金法案于1981年建立的。这些养老金管理基金的起源，请见第7章。
④社会保障改革进行了两轮，分别是1978年和1980年。
⑤蓝领工人可以在65岁时退休，他们的等待期是15年。缴费年限少于15年的人，无法领取养老金，只有一笔维持最低生活水平的转移支付。相比之下，银行业的从业人员可以在55岁时退休，等待期是13年；对于记者而言，退休年龄是55岁，等待期是10年。
⑥对社会保障体系最全面的历史分析来自Klein–Saks Mission（1958）。
⑦1994年6月，美国议员克里斯托夫·考克斯（Christopher Cox）写信给米尔顿·弗里德曼，询问有关智利养老金改革的问题。弗里德曼回复说，自己没有就这个问题写过任何文章，建议他与"艾尔"·哈伯格谈谈。参见Christopher

Cox to Milton Friedman, June 1, 1994, MFAHI, Box 188-8; Milton Friedman to. Christopher Cox, June 2, 1994, MFAHI, Box 188-8。

⑧ Decreto Ley 2448（1979）。

⑨ 砖案第2章的第G部分极为详尽地解释了养老金改革建议。这项计划的作者是埃米利奥·圣富恩特斯和塞尔希奥·安杜拉加。身在芝加哥大学的米格尔·卡斯特也有贡献，在撰写砖案时，他正在芝加哥大学学习。

⑩ Decreto Ley 3500（1980）。

⑪ 皮涅拉（1992，第8页）。在皮涅拉的文稿中，甚至一次都没有提到过皮诺切特。

⑫ 皮涅拉（1992，第18页）。在几段之前，皮涅拉指出，如果这是一个界定清晰的缴费体系，就不可能做出任何"承诺"。也就是说，70%这个数字是模拟出来的结果。然而，它却深深地刻在了人们的脑海中。

⑬ Edwards and Edwards（2002）。

⑭ 当时的管理费为月工资的0.6%~1.5%。如果将这些管理费转换为所管理资产的百分比，当时平均的管理费大约为资产值的万分之七十。

⑮ 充分披露：2021年，我的妻子亚力杭德拉·考克斯担任了养老金管理基金协会的主席。

⑯ 关于"尊严制宪"2021年总统竞选纲领及其53项"具体措施"，参见Boric（2021）。

第15章 制宪会议与加夫列尔·博里奇的当选

① 原住民席位数量被固定为17席，无论有多少人决定使用原住民选票。结果表明，只有4.9%的选民选择使用原住民选票。这意味着原住民在制宪会议中以2∶1的比例被过度代表了，即以4.9%的选票选出了12%的制宪会议成员。在为批准还是否决宪法草案进行的宣传战中，这成为一项重要议题。

② Hirschman（1958）。

③ See Edwards（2015）；Díaz-Alejandro（1984，113）。

④ 在为批准还是否决新宪法而进行的宣传战中，养老金储蓄账户的所有权成为一个引发激烈争论的议题。新宪法的反对者指出，如果这一建议得到实施，工人就无法真正拥有自己的储蓄。在退出公投之后进行的退出民意调查显示，在决定如何在这次公投中投票时，这是一个重要的考虑因素。由于民众偏向于"拥有"他们的退休基金，博里奇政府对其养老金改革方案进行了一些相当微小的调整。至2022年9月中旬，他们仍在考虑终结养老金管理基金。

⑤ Nicas（2022）。制宪会议最初的成员有一位辞职了，使得实际成员数量变成了154人。

⑥ *Economist*（2022b）.
⑦ Stott（2022）.
⑧ See Convención Constitucional（2022）.
⑨ 拟议中宪法的第34条、58条和79条。
⑩ 参见 *Economist*（2022a）。
⑪ See Montes R.（2022）.
⑫ See Malinowski（2022）.
⑬ 多尔夫曼（Dorfman, 2022）。在这篇文章中，多尔夫曼谴责否决选项赢得了这次公投，在他看来，一部进步主义的新宪法将有助于抚平智利撕裂的伤痕。

第16章　新自由主义的终结？

① Stigler（1965，第284页）。
② 对智利发展战略与挑战的分析，仅举两例，参见 De Gregorio（2004, 2006）及其引用的文献。
③ 参见 Paulina Vodanovic，转引自 *La Segunda*（2022）。
④ 公共研究中心主任 Harald Beyer 和 Leonidas Montes 使该中心缓慢地回到了政策评估，包括减贫和分配问题。
⑤ McCloskey（2006, 2010, 2016）.
⑥ Fukuyama（2022）.

附　录　新自由主义的起源与智利计划

① 参见 Foucault（2008, lectures 9–11）。
② Becker（1978，第14页）。这部著作包含贝克尔自1955年以来发表的大量学术论文的修改版。
③ 关于福柯和新自由主义的文献浩如烟海。一些最重要的贡献来自 Audier（2012, 2015）、Newheiser（2016）、Garrett（2019），以及 Zamora and Behrent（2016）的9篇文章。也可参见这些著作中的参考文献。
④ 参见 Behrent（2009），Zamora and Behrent（2016）的第2章再次刊印了这篇文献。
⑤ 福柯对贝克尔著作中经济人的角色所做的分析大部分见于《生命政治的诞生》中的第11讲。有关埃瓦尔德对福柯的解释，参见 Becker, Ewald, and Harcourt（2012）。
⑥ Becker, Ewald, and Harcourt（2012，第4—6页）。
⑦ 福柯于1984年去世，他从未见过贝克尔，两人也没有信件往来。
⑧ Becker, Ewald, and Harcourt（2012，第16页）。

⑨Sánchez García（2014）.
⑩Rosenstein-Rodan（1974，第7页）。
⑪Foucault（2008，第217页）。
⑫那些受到邀请但是并未参会的人还有何塞·奥特加·伊·加塞特（José Ortega y Gasset）和莱昂内尔·罗宾斯（Lionel Robbins）。
⑬Reinhoudt and Audier（2018，9）.
⑭Lippmann（1937，第227页）。
⑮Lippmann（1937，第207—208页）。
⑯Louis Rougier, in Reinhoudt and Audier（2018，第93—94页）。
⑰Walter Lippmann, in Reinhoudt and Audier（2018，第103—104页）。
⑱Reinhoudt and Audier（2018，第77页）。
⑲Ludwig von Mises, in Reinhoudt and Audier（2018，第121页）。
⑳Reinhoudt and Audier（2018，第187页）。
㉑Jackson（2010，第133页）。
㉒雅各布·维纳对价格理论做出了重要贡献，将马歇尔的价格理论作为工具予以应用，从而理解市场经济。参见Irwin and Medema（2013）；以及Irwin（2018）。
㉓2008年被翻译为英文，参见Foucault（2008）。
㉔正如我在引言和附录中提到的，在学术文献中，自20世纪30年代以来，这一术语指的是一种特殊形式的资本主义。
㉕20世纪70年代的三篇文章讲的是康斯坦丁·米佐塔基斯（Constantine Mitsotakis）和希腊选举。
㉖Oliver（1960，第117页）。
㉗Friedrich（1955，第509页）。
㉘弗里德里希·哈耶克，引自《信使报》（*EI Mercurio*，1981）。

译后记
芝加哥小子与智利奇迹的成就、争议与启示

在研究发展问题的经济学家眼中,拉美是一片神奇的土地。这里有富饶的土地,丰富的矿藏,众多的人口,早在两百年前多数国家就已经实现了政治独立,并且在两次世界大战中幸运地躲过了战乱之灾,但是,这些经济体尽管已经摆脱了贫困陷阱的束缚,实现了经济起飞,却鲜有国家跨入发达经济体的行列。走走停停的增长模式似乎成了拉美国家经济发展的惯例,一些国家曾经在某些时期有过惊人的表现,并被冠以"墨西哥奇迹"或者"巴西奇迹"这样的称号,但是增长的引擎最终都会莫名其妙地熄火,往往由于经济危机和社会动荡而陷入长期的停滞或者倒退。因此,有人感叹拉美是"永远的明日之星",似乎总有经济崛起的迹象,却又总是功亏一篑。拉美长期而复杂的发展经历使其成为发展经济学的"实验室",那些令拉美国家困于中等收入阶段而无法更进一步的神秘力量,则使其成为"中等收入陷阱"这一热门概念的原型。

自20世纪80年代以来,智利从众多拉美国家中脱颖而出,成为该地区最耀眼的一颗明星。过去50年来,智利从拉美地区排名垫底的差生,一跃成为诸多经济社会发展指标均名列前茅,

甚至遥遥领先的优等生。它似乎摆脱了其他拉美经济体走走停停的增长模式，实现了持续而稳定的增长，因此被称为一个"最不像拉美国家的拉美国家"。2010年，智利加入有"发达国家俱乐部"之称的经合组织，开创了南美的先例。2012年，按照世界银行的标准，智利迈入了高收入国家的行列，并且至今一直处于这一组别。根据联合国开发计划署编制的最新的人类发展指数，智利在193个经济体中排名第44位，属于发展水平的最高组别，指数值与葡萄牙、斯洛伐克和匈牙利等南欧或东欧国家相近，在拉美33个经济体中排名第一。

在智利的成功故事中，主角是被称为"芝加哥小子"的一群智利经济学家。从20世纪50年代中期开始，为了抵抗由古巴开始的社会主义浪潮在拉美国家中蔓延，美国国务院启动了"智利计划"，促成芝加哥大学与智利天主教大学合作，选派一批优秀的智利学生在芝加哥大学接受经济学训练和培养，然后返回天主教大学任教。芝加哥大学是新自由主义的重要阵地，这些智利学生在这里学习和接受了米尔顿·弗里德曼、乔治·斯蒂格勒、西奥多·舒尔茨、"艾尔"·哈伯格和加里·贝克尔等新自由主义重要人物学术思想的熏陶。在1973年奥古斯托·皮诺切特将军发动政变并建立军政府统治之后，这批智利学生制定和实施了市场取向的新自由主义改革，将大量国有企业私有化，降低关税和非关税贸易壁垒，充分发挥市场机制的作用，大幅减少政府对经济的干预。他们还将市场化改革推进到社会领域，在教育体系和医疗体系中推行代金券制度，引入竞争机制，在社会养老保险体系中建立个人储蓄账户，利用私人养老金管理基金来管理个人的退休基金。由于这批智利经济学家与芝加哥大学有着密切的学术联系，因而被戏称为"芝加哥小子"。

从长期来看，芝加哥小子在智利推动的新自由主义改革无疑是成功的。这不仅表现在智利出乎其类的发展绩效，还表现在20世纪90年代民主制度恢复以后，执政的中左翼政府并没有推翻芝加哥小子开创的新自由主义模式，而是在这一模式的基础上进一步予以深化。这一模式似乎得到了不同政治派别的认同，这也避免了其他拉美国家政治风潮在左右之间剧烈摇摆时发生的政策动荡，从而为智利的稳定发展奠定了基础。

然而，智利在取得一系列骄人成就的同时，也存在阴暗的一面，并引发了巨大的争议。其中的关键在于，芝加哥小子是在皮诺切特威权主义政府的背景下推行新自由主义政策的，而军政府在对待反对派时手段残忍，事后发现，包括暗杀、酷刑和监禁在内的侵犯人权的案件仅记录在案的就有两千多起。当时参与经济决策的芝加哥小子对此是否知情以及在多大程度上了解这些内幕，人们也有颇多争论。不仅如此，新自由主义的旗帜人物米尔顿·弗里德曼也因为在这一时期两次到访智利并曾经会见过皮诺切特而饱受争议，甚至使其获得诺奖也蒙上了一层阴影。

更为重要的是，近些年来，智利似乎陷入了一种"成功的悖论"，即从各项经济和社会发展指标来看，智利取得的成就在拉美地区都是首屈一指的，但是一些社会阶层的不满情绪却日益高涨，这集中体现在2019年席卷全国主要城市的大规模示威活动和叛乱行为，以及2021年年仅35岁的极左翼学生领袖加夫列尔·博里奇当选智利总统。其根本原因在于，新自由主义模式并没有解决智利根深蒂固的不平等问题，这也是拉美国家共同的顽疾。随着收入水平的提高和大学教育的普及，民众要求公平和平等的呼声日益高涨，而精英阶层并未及时关注和回应这些要求和呼声，于是民众以示威和选票表达自己的不满情绪。事态的发展似乎预示着智利又要重回拉美民粹主义的老路，但是实际情况恰好相反。2022年全民公决否决了由政府保障过多社会权利的宪法修正案，这表明民众对新自由主义模式的不满情绪可能被放大了。这一模式需要修正和改造，特别是在教育、医疗和养老保险等社会领域，但并非要推倒重来。从实际结果来看，尽管从2020年以来社会思潮发生了巨大的变化，社会运动风起云涌，但是经济保持了稳定，通货膨胀率也控制在可以接受的水平，智利作为拉美领头羊的地位并未动摇，在某种程度上，这也是智利社会成熟和发达的表现。

芝加哥小子在军政府执政时期推行了休克疗法和新自由主义改革，并取得了巨大的成就，但是这并不意味着威权统治比民主制度更有利于推动改革或者促进发展。实际上，威权主义并非推进市场化改革的必要条件或者充分条件。从二战以后近八十年的发展经验来看，尽管有一些经济体在威权统治下实现了经济起飞，但是同样也有很多威权政府既未致力于市场化改革，也没有取得良好的发展绩效。另一方面，有效的民主体制也可以推动经济的市场化转型，战后的西德、日本以及20世纪90年代的一些东欧国家都是成功的案例。尽管智利确实是在军政府时期推行的新自由主义改革，但是这段威权统治在其独立以后的两百年历史中更像一个例外，而不是一种常态，它实际上拥有长久的宪政传统和民主实践。也正因为如此，智利才能在1990年实现由军政府向民主体制的平稳过渡，而较为健全的民主制度也为智利解决近年来的各种社会矛盾提供了一种有效的妥协机制，这可能是其走出拉美走走停停的发展模式和摆脱中等收入陷阱的最为根本的原因。

对于这段迂回曲折、波澜壮阔的精彩往事，本书作者塞巴斯蒂安·爱德华兹可能是最为合适的讲述者。爱德华兹1953年出生于智利，本科毕业于智利天主教大学，在芝加哥大学获得硕士和博士学位，目前是加州大学伯克利分校安德森管理学院杰出教授。智利不仅是其生于斯，长于斯的故国旧地，而且他与很多参与智利改革的芝加哥大学教授和芝加哥小子都有密切的往来，也许算得上是芝加哥小子的"荣誉成员"。但是作者并没有亲身参与智利经济政策的制定，因而可以相对超脱事外。正是这种不远不近的距离，使作者既能深入掌握智利改革历程的诸多细节，又能使其在叙事时保持相对客观公允的态度。作为一名享有国际声誉的拉美和智利专家，也是一名心系故土的爱国者，作者在撰写本书时倾注了大量的热情和心血，采访了大量的相关人士，积累了丰富的资料，用作者自己的话来讲，似乎自己的整个职业生涯都在为这部著作做准备。作者讲述的这段有关智利的成功而又复杂的故事精彩纷呈，不仅有助于研究发展问题的学者深入了解一场重要的市场化"实验"的前因后果，也能够启发普通读者对经济社会发展一般规律的探究与思考。

这是译者在中信出版社翻译出版的第五部译著。在包括本书在内的多部著作翻译的过程中，吴素萍、孟凡玲、马媛媛等女士提供了诸多帮助，付出了很多心血，她们认真、细致、专业的编辑工作保障了本书以较高质量呈现在读者面前，特此致谢。本书译稿如有任何疏漏之处，请读者予以指正。

郭金兴

2024年4月于南开园

档案资料和参考文献

档案资料

Biblioteca del Congreso Nacional de Chile Archive, Santiago, https://www.bcn.cl/portal/

Biblioteca Nacional de Chile Archive, Santiago

Collected Works of Milton Friedman, Hoover Institution Library and Archives (MFAHI), Stanford, CA. A select number of items in this archive are available online, https://miltonfried man.hoover.org/collections_

Historical Archive, Pontificia Universidad Católica de Chile (HAPUC), Santiago

Memoria Chilena Archive, Biblioteca Nacional de Chile, Santiago, https://www.memoriachilena.cl/602/w3-channel.html

Mont Pèlerin Society Archives, Hoover Institution Library and Archives, Stanford, CA

National Security Archive (NSA), Washington, DC

Senator Pedro Ibáñez Archive, Universidad Adolfo Ibáñez, Santiago, Chile

其他资料来源

Altamirano, C. 1977. *Dialéctica de una derrota*. México: Siglo Veintiuno Editores.

Anderson, E. S. 1999. "What Is the Point of Equality?" *Ethics* 109(2): 287–337.

Arancibia Clavel, P., and Balart Páez, F. 2007. *Sergio de Castro: El arquitecto del modelo económico chileno*. Santiago, Chile: Editorial Biblioteca Americana.

Arbildúa, B., and Lüders, R. 1968. "Una evaluación comparada de tres progamas antiinflacionarios en Chile: Una década de historia monetaria: 1956–1966." *Cuadernos de economía*, no. 14: 25–105.

Audier, S. 2012. *Néo-libéralisme(s), une archéologie intellectuelle*. Paris: Grasset.

Audier, S. 2015. "Neoliberalism through Foucault's eyes." *History and Theory* 54(3): 404–418.

Bailey, M. J. 1962. "Construction and Inflation: A Critical Scrutiny." *Economic Development and Cultural Change* 10(3): 264–274.

Bailey, M. J.1968. "Comment: Optimum Monetary Growth." *Journal of Political Economy* 76(4), pt. 2, 874–876.

Ballesteros, M., and Ballesteros, M. 1965. "Desarrollo agricola chileno, 1910–1955." *Cuadernos de economía*, no. 5: 7–40.

Banco Central de Chile. 2001. *Indicadores económicos y sociales de Chile: 1960–2000.* Santiago, Chile: Banco Central de Chile.

Baraona, P. n.d. "Entrevistas en Archivo Universidad Finis Terra." Centro de Investigación y Documentación, Universidad Finis Terrae.

Barro, R. J. 1992. "To Avoid Repeats of Peru, Legalize Drugs." *Wall Street Journal*, April 27, 1992.

Barro, R. J., and Gordon, D. B. 1983. "Rules, Discretion and Reputation in a Model of Monetary Policy." *Journal of Monetary Economics* 12(1): 101–121.

Becker, G. S. 1976. *The Economic Approach to Human Behavior.* Chicago: University of Chicago Press.

Becker, G. S. 1992. "Gary Becker: Biographical." Web page, Nobel Prize. https://www.nobelprize.org/prizes/economic-sciences/1992/becker/facts/.

Becker, G. S. 1999. "Economic Dimensions of the Family." Presented at the Economic Dimensions of the Family conference, Madrid, September 1, 1999.

Becker, G. S., and Ehrlich, I. 1994. "Social Security: Foreign Lessons." *Wall Street Journal*, March 30, 1994.

Becker, G. S., Ewald, F., and Harcourt, B. E. 2012. "'Becker on Ewald on Foucault on Becker': American Neoliberalism and Michel Foucault's 1979 'Birth of Biopolitics' Lectures; A Conversation with Gary Becker, François Ewald, and Bernard Harcourt." University of Chicago Institute for Law and Economics Olin Research Paper No. 614 / University of Chicago Public Law Working Paper No. 401.

Becker, G. S., Ewald, F., and Harcourt, B. E. 2013. "'Becker and Foucault on Crime and Punishment': A Conversation with Gary Becker, François Ewald, and Bernard Harcourt; The Second Session." University of Chicago Public Law and Legal Theory Working Paper No. 440.

Behrent, M. C. 2009. "Liberalism without Humanism: Michel Foucault and the Free-Market Creed, 1976–1979." *Modern Intellectual History* 6(3): 539–568.

Beyer, H. 1995. "Logros en pobreza, ¿frustración en la igualdad?" *Estudios públicos*, no. 60, 15–33.

Bhagwati, J. N., ed. 2002. *Going Alone: The Case for Relaxed Reciprocity in Freeing Trade.* Cambridge, MA: MIT Press.

Boeninger, E. 1992. "Agenda programática para el segundo gobierno de la Concertación: Marco general tentativo, aporte para los partidos." Papeles de Trabajo, Programa de Estudios Prospectivos No. 1, Santiago, Chile.

Boric, G. 2021. "Programa de Gobierno Apruebo Dignidad." Boric Presidente. Apruebo Dignidad.Chile.

Bosworth, B. P., Dornbusch, R., and Labán, R. 1994. "The Chilean Economy: Policy Lessons and Challenges: Introduction." In *The Chilean Economy: Policy Lessons and Challenges*, edited by B. P. Bosworth, R. Dornbusch, and R. Labán, 1–28. Washington, DC: Brookings Institution.

Bray, J. O. 1962. "Demand, and the Supply of Food in Chile." *Journal of Farm Economics* 44(4): 1005–1020.

Bray, J. O. 1966. "Mechanization and the Chilean Inquilino System: The Case of Fundo 'B.'" *Land Economics* 42(1): 125–129.

Bray, J. O. 1967. "Profit Margins in Chilean Agriculture: A Rejoinder." *Land Economics* 43(2): 250–252.

Breslin, B. 2007. "Democracy and the Chilean Miracle." *Berkeley Review of Latin American Studies*, Fall 2007, 3–6.

Brunner, J. J. 1998. "Malestar en la sociedad chilena: ¿De qué, exactamente, estamos hablando?"*Estudios públicos*, no. 72: 173–198.

Bruno, M., Di Tella, G., Dornbusch, R., and Fischer, S., eds. 1988. *Inflation Stabilization: The Experience of Israel, Argentina, Brazil, Bolivia, and Mexico.* Cambridge, MA: MIT Press.

Büchi Buc, H. 1993. *La transformación económica de Chile: Del estatismo a la libertad económica.*Colombia: Grupo Editorial Norma.

Caldwell, B. 2011. "The Chicago School, Hayek, and Neoliberalism." In *Building Chicago Economics: New Perspectives on the History of America's Most Powerful Economics Program*, edited by R. Van Horn, P. Mirowski, and T. A. Stapleford, 301–334. New York: Cambridge University Press.

Caldwell, B., and Montes, L. 2015. "Friedrich Hayek and His Visits to Chile." *Review of Austrian Economics* 28(3): 261–309.

Calvo, G. A., and Végh, C. A. 1994. "Inflation Stabilization and Nominal Anchors." *Contemporary Economic Policy* 12(2): 35–45.

Cámara de Diputados de Chile. 1973. "Acuerdo de la Cámara de Diputados de Chile." August 22, 1973. https://www.liberalismo.org/articulo/298/60/acuerdo/camara/diputados/.

CASEN (Encuesta de Caracterización Socioeconómica Nacional). n.d. "Encuesta CASEN." Ministerio de Desarrollo Social y Familia. Web page. http://observatorio.ministeriodesarrollo social.gob.cl/encuesta-casen.

Cavallo, A., and Montes, R. 2022. *La historia oculta de la década socialista: 2000–2010*. Santiago, Chile: Uqbar Editores.

Cavallo, A., Salazar, M., and Sepúlveda, O. 1989. *La historia oculta del régimen militar: Memoria de una época, 1973–1988*. Santiago, Chile: Ediciones La Epoca.

Central Intelligence Agency. 1973. Classified message, March 14, 1973. https://foia.state.gov/documents/PCIA3/000099F6.pdf.

Clements, K. W., and Tcha, M. 2004. "The Larry Sjaastad Letters, Volume 2." Economics Discussion / Working Papers 04-16. Department of Economics, University of Western Australia, Perth.

Collier, S., and Sater, W. F. 1996. *A History of Chile, 1808–1994*. Cambridge: Cambridge University Press.

Comisión Asesora Presidencial sobre el Sistema de Pensiones. 2015. *Informe final: Comisión Asesora Presidencial sobre el Sistema de Pensiones 2015*. 1st ed. Santiago, Chile: Ministerio del Trabajo y Previsión Social.

Comisión Nacional de Verdad y Reconciliación. 1991. *Informe de la Comisión Nacional de Verdad y Reconciliación*. Santiago, Chile: Corporación Nacional de Verdad y Reconciliación.

Convención Constitucional. 2022. *Propuesta constitución política de la república de Chile*. Santiago, Chile: Convención Constitucional.

Cooperativa. 2005. "Lagos afirmó que reforma a la constitución supone 'un día de alegría.'" *Cooperativa*, August 16, 2005. https://www.cooperativa.cl/noticias/pais/politica/reformas-constitucionales/lagos-afirmo-que-reforma-a-la-constitucion-supone-un-dia-de-alegria/2005-08-16/125118.html.

Corbo, M., and Yver, R. 1967. "Estimación de la función de producción agrícola en la zona del Maule-Norte." *Cuadernos de economía*, no. 11: 48–64.

Cortazar, R. 1997. "Chile: The Evolution and Reform of the Labor Market." In *Labor Markets in Latin America: Combining Social Protection with Market Flexibility*, edited by S. Edwards and N. Lustig, pt. 2, chap. 8. Washington, DC:

Brookings Institution Press.

Corvalán, R. 1962. "La UC tercia en polémica del dólar." *Ercilla*, no. 1421: 8–9.

Cristi, R. 2021. *La tiranía del mercado: El auge del neoliberalismo en Chile*. Santiago, Chile: LOM Ediciones.

Datos.gob. n.d. "Buscador de datos de matrícula (parvularia, básica y media)." Gob Digital Chile. Web page. https://datos.gob.cl/dataset/buscador-de-datos-de-matricula.

Davis, N. 1985. *The Last Two Years of Salvador Allende*. Ithaca, NY: Cornell University Press.

Davis, T. E. 1963. "Eight Decades of Inflation in Chile, 1879–1959: A Political Interpretation." *Journal of Political Economy* 71(4): 389–397.

De Castro, S. 1965. "Política cambiaria: ¿Libertad o controles?" *Cuadernos de economía*, no. 5: 53–60.

De Castro, S. 1969. "Política de precios." *Cuadernos de economía*, no. 17: 34–40.

De Castro, S. 1972. "Programa de Desarrollo Económico y Social." Documento de Trabajo No. 8, Instituto de Economía, Pontificia Universidad Católica de Chile, Santiago, Chile.

De Castro, S. 1978. "Ministro Sergio de Castro esboza el curso de la economía chilena." *Boletín mensual Banco Central de Chile*, October 1978, 1675–1702.

De Castro, S. 1981. *Exposición sobre el estado de la hacienda pública*. Santiago, Chile: Ministerio de Hacienda.

De Castro, S. 1992. *El ladrillo: Bases de la política económica del gobierno militar chileno*. Santiago, Chile: Centro de Estudios Públicos.

Decreto Ley 520. 1932. Decreto Ley 520: Crea el Comisariato General de Subsistencias y Precios. Congreso Nacional de Chile, August 31, 1932.

Decreto Ley 2448. 1979. Decreto Ley 2448: Modifica regimenes de pensiones que indica. Ministerio de Hacienda de Chile, February 19, 1979.

Decreto Ley 3500. 1980. Decreto Ley 3500: Establece nuevo sistema de pensiones. Congreso Nacional de Chile, November 13, 1980.

De Gregorio, J. 2004. "Economic Growth in Chile: Evidence, Sources, and Prospects." Central Bank of Chile Working Papers No. 298, Central Bank of Chile, Santiago, Chile.

De Gregorio, J. 2006. "Economic Growth in Latin America: From the Disappointment of the Twenti- eth Century to the Challenges of the Twenty-First." Central Bank of Chile Working Papers No. 377, Central Bank of Chile,

Santiago, Chile.

Délano, M. 1999. "Un militar chileno revela que el piloto de Pinochet arrojó al mar a detenidos para hacerlos desaparecer." *El País*, June 25, 1999. https://elpais.com/diario/1999/06/26/internacional/930348014_850215.html.

Délano, M. 2011. "Chile reconoce a más de 40.000 víctimas de la dictadura de Pinochet." *El País*, August 20, 2011. https://elpais.com/diario/2011/08/20/internacional/1313791208_850215.html.

Dellas, H., and Tavlas, G. S. 2018. "Milton Friedman and the Case for Flexible Exchange Rates and Monetary Rules." *Cato Journal* 38(2): 361–377.

De Onis, J. 1970. "Allende, Chilean Marxist, Wins Vote for Presidency." *New York Times*, September 6, 1970.

Díaz, J., Lüders, R., and Wagner, G. 2016. *Chile 1810–2010: La república en cifras; Historical statistics.* Santiago, Chile: Ediciones Universidad Católica de Chile.

Díaz-Alejandro, C. F. 1984. "Comment." In *Pioneers in Development*, edited by G. M. Meier and D. Seers, 112–114. New York: Oxford University Press / World Bank.

Dirección de Presupuestos. n.d. "Empresas Públicas." Gobierno de Chile. Web page. http:// www.dipres.gob.cl/599/w3-channel.html.

Dorfman, A. 2022. "Chileans Rejected the New Constitution, but They Still Want Progressive Reforms." *Guardian*, September 6, 2022.

Dornbusch, R., and Edwards, S., eds. 1991. *The Macroeconomics of Populism in Latin America.* Chicago: University of Chicago Press.

ECLAC (Economic Commission for Latin America and the Caribbean). n.d. "CEPALSTAT Statistical Databases and Publications." ECLAC—United Nations. Web page. https:// statistics.cepal.org/portal/cepalstat/index.html?lang=en.

Economist. 2022a. "Latin America's Vicious Circle Is a Warning to the West." *Economist*, June 16, 2022. https://www.economist.com/leaders/2022/06/16/latin-americas-vicious-circle-is-a-warning-to-the-west.

Economist. 2022b. "Common Sense Prevails as Chileans Reject a New Constitution." *Economist*, September 5, 2022. https://www.economist.com/the-americas/2022/09/05/common-sense-prevails-as-chileans-reject-a-new-constitution.

Economist Intelligence Unit. 2021. *Democracy Index 2020: In Sickness and in*

Health? London: Economist Intelligence Unit.

Economist Intelligence Unit. 2022. *Democracy Index 2021: The China Challenge.* London: Economist Intelligence Unit.

Edwards, S. 1975. "Tipo de cambio sombra y protección efectiva: Un cálculo basado en la metodología del tipo de cambio de equilibrio bajo libre comercio." *Cuadernos de economía*, no. 12: 127–144.

Edwards, S. 2004. "Financial Openness, Sudden Stops, and Current Account Reversals." *American Economic Review* 94(2): 59–64.

Edwards, S. 2010. *Left Behind: Latin America and the False Promise of Populism.* Chicago: University of Chicago Press, June 2010.

Edwards, S. 2015. "Economic Development and the Effectiveness of Foreign Aid: A Historical Perspective." *Kyklos* 68(3): 277–316.

Edwards, S. 2019. "On Latin American Populism, and Its Echoes around the World." *Journal of Economic Perspectives* 33(4): 76–99.

Edwards, S. 2020. "Milton Friedman and Exchange Rates in Developing Countries." NBER Working Paper 27975, National Bureau of Economic Research, Cambridge, MA.

Edwards, S., and Edwards, A. C. 1991. *Monetarism and Liberalization: The Chilean Experiment.* Chicago: University of Chicago Press.

Edwards, S., and Edwards, A. C. 2002. "Social Security Privatization and Labor Markets: The Case of Chile." *Economic Development and Cultural Change* 50(3): 465–489.

Edwards, S., and Lederman, D. 2002. "The Political Economy of Unilateral Trade Liberalization: The Case of Chile." In *Going Alone: The Case for Relaxed Reciprocity in Freeing Trade*, edited by J. Bhagwati, 337–393. Cambridge, MA: MIT Press.

Edwards, S., and Montes, L. 2020. "Milton Friedman in Chile: Shock Therapy, Economic Freedom, and Exchange Rates." *Journal of the History of Economic Thought* 42(1): 105–132.

El Desconcierto. 2016. "Los empresarios aman a Lagos: 5 millonarios que ya han manifestado su apoyo al ex presidente." *El Desconcierto*, November 10, 2016. https://www.eldesconcierto.cl/nacional/2016/11/10/los-4-millonarios-que-ya-han-manifestado-su-apoyo-a-ricardo-lagos.html.

El Mercurio. 1973. "Primer comunicado de la junta militar." *El Mercurio*, September 13, 1973.

El Mercurio. 1981. "Friedrich von Hayek: De la servidumbre a la libertad." *El Mercurio*, April 19, 1981.

El Mercurio. 2018. "Los efectos del dólar a 39 pesos." *El Mercurio*, September 30, 2018.

El Mostrador. 2016. "Gabriel Boric: 'Ricardo Lagos es el generador del malestar que hoy atraviesa Chile.'" *El Mostrador*, September 2, 2016. https://www.elmostrador.cl/noticias/pais/2016/09/02/gabriel-boric-ricardo-lagos-es-el-generador-del-malestar-que-hoy-atraviesa-chile/.

Emmett, R. B., ed. 2010. *The Elgar Companion to the Chicago School of Economics*. Cheltenham, UK: Edward Elgar.

Ercilla. 1981. "Una visita oportuna." *Ercilla*, November 25, 1981.

Fermandois, J. 2013. *La revolución inconclusa: La izquierda chilena y el gobierno de la Unidad Popular*. Santiago, Chile: Centro de Estudios Públicos.

Fischer, K. 2009. "The Influence of Neoliberals in Chile before, during, and after Pinochet." In *The Road from Mont Pèlerin*, edited by P. Mirowski and D. Plehwe, 305–346. Cambridge, MA: Harvard University Press.

Fischer, S. 2001. "Exchange Rate Regimes: Is the Bipolar View Correct?" *Journal of Economic Perspectives* 15(2): 3–24.

Flores, I., Sanhueza, C., Atria, J., and Mayer, R. 2020. "Top Incomes in Chile: A Historical Perspective on Income Inequality, 1964–2017." *Review of Income and Wealth* 66(4): 850–874.

Fontaine, E. R. 1967. "Inflación, devaluación y desarrollo económico." *Cuadernos de economía*, no. 11: 75–79.

Fontaine, E. R. 2009. *Mi visión*. Santiago, Chile: Instituto Democracia y Mercado, Universidad del Desarrollo.

Fontaine, J. A. 1989. "The Chilean Economy in the Eighties: Adjustment and Recovery." In *Debt, Adjustment and Recovery: Latin America's Prospects for Growth and Development*, edited by S. Edwards and F. Larraín, chap. 8. Oxford: Basil Blackwell.

Fontaine Aldunate, A. 1988. *Los economistas y el presidente Pinochet*. Santiago, Chile: Zig-Zag.

Foucault, M. 2004. *Naissance de la biopolitique: Cours au Collège de France, 1978–1979*. Paris: Éditions du Seuil / Gallimard.

Foucault, M. 2008. *The Birth of Biopolitics: Lectures at the Collège de France, 1978–1979*. Edited by M. Senellart. Translated by G. Burchell. Basingstoke,

UK: Palgrave Macmillan.

Foxley, A. 1982. *Experimentos neoliberales en América Latina.* Colección Estudios CIEPLAN, Número Especial. Santiago, Chile: CIEPLAN.

Foxley, A. 1984. *Latin American Experiments in Neoconservative Economics.* Berkeley: University of California Press.

Frank, A. G. 1976. "Capitalismo y genocidio económico, carta abierta a la Escuela de Economía de Chicago a propósito de su intervención en Chile." Colección Lee y Discuta, Serie V, No. 67. Bilbao, Spain: ZERO.

Freedom House. 2022. *Freedom in the World 2022: The Global Expansion of Authoritarian Rule.* Washington, DC: Freedom House.

Friedman, M. 1951. "Neo-liberalism and Its Prospects." *Farmand*, February 17, 1951, 89–93.

Friedman, M. 1953. "The Case for Flexible Exchange Rates." In *Essays in Positive Economics*, 157–203. Chicago: University of Chicago Press.

Friedman, M. 1973. *Money and Economic Development: The Horowitz Lectures of 1972.* New York: Praeger.

Friedman, M. 1975. *Milton Friedman en Chile: Bases para un desarrollo económico.* Santiago, Chile: Fundación de Estudios Económicos BHC.

Friedman, M. 1994. *Money Mischief: Episodes in Monetary History.* New York: Harcourt Brace Jovanovich.

Friedman, M. 1995. "Monetary System for a Free Society." In *Monetarism and the Methodology of Economics*, edited by K. D. Hoover and S. M. Sheffrin, 167–177. Cheltenham, UK: Edward Elgar.

Friedman, M., and Friedman, R. D. 1998. *Two Lucky People: Memoirs.* Chicago: University of Chicago Press.

Friedman, M., and Mundell, R. 2001. "One World, One Money?" *Policy Options / Options Politiques* 22(4): 10–19.

Friedrich, C. J. 1955. "The Political Thought of Neo-liberalism." *American Political Science Review* 49(2): 509–525.

Fuentes, C., and Valdeavellano, R., dirs. 2015. *Chicago Boys.* Documentary. Santiago, Chile: La Ventana Cine, 2015. Video, 85:00. https://vimeo.com/ondemand/chicagoboysenglish.

Fukuyama, F. 2022. "Putin's War on the Liberal Order." *Financial Times*, March 3, 2022.

García, N. 1972. "Algunos aspectos de la política de corto plazo de 1971." In *La economía chilena en 1971*, edited by Instituto de Economía, 47–270. Santiago, Chile: Universidad de Chile.

Garín González, R. 2019. *La gran colusión: Libre mercado a la chilena.* Santiago, Chile: Catalonia.

Garrett, P. M. 2019. "Revisiting 'The Birth of Biopolitics': Foucault's Account of Neoliberalism and the Remaking of Social Policy." *Journal of Social Policy* 48(3): 469–487.

Gerstle, G. 2021. "The Age of Neoliberalism Is Ending in America. What Will Replace It?" *Guardian*, June 28, 2021.

Gerstle, G. 2022. *The Rise and Fall of the Neoliberal Order: America and the World in the Free Market Era.* New York: Oxford University Press.

Gertz, G., and Kharas, H. 2019. "Introduction: Beyond Neoliberalism in Emerging Markets." In *Beyond Neoliberalism: Insights from Emerging Markets*, edited by G. Gertz and H. Kharas, 7–16. Washington, DC: Brookings Institution.

González, M. 2000. *Chile, la conjura: Los mil y un días del golpe.* Santiago, Chile: Ediciones B. González T., R., coordinator. 2017. *Informe Encuesta CEP 2016: ¿Malestar en Chile?* Santiago, Chile: Centro de Estudios Públicos.

Goodwin, C. D. 2014. *Walter Lippmann: Public Economist.* Cambridge, MA: Harvard University Press.

Guardian. 1975. "A New Twist in Chile Crisis." *Guardian*, April 16, 1975.

Hachette A. de la F., D. 2000. "Privatizaciones: Reforma estructural pero inconclusa." In *La transformación económica de Chile*, edited by F. Larraín B. and R. Vergara M., 111–153. Santiago, Chile: Centro de Estudios Públicos.

Hachette A. de la F., D. 2016. "La genesis de la 'Escuela de Chicago': Fines de los cincuenta y de los sesenta." In *La Escuela de Chicago*, edited by F. Rosende R., 29–65. Santiago, Chile: Ediciones UC.

Hammond, J. D. 2013. "Markets, Politics, and Democracy at Chicago: Taking Economics Seriously." In *Building Chicago Economics: New Perspectives on the History of America's Most Powerful Economics Program*, edited by R. van Horn, P. Mirowski, and T. A. Stapleford, 36–64. New York: Cambridge University Press.

Handler, B. 1975. "Conditions Still Grim for the Poor—Chile's Economy Improves." *Washington Post*, November 28, 1975.

Harberger, A. C. 1950. "Currency Depreciation, Income, and the Balance of Trade." *Journal of Political Economy* 58(1): 47–60.

Harberger, A. C. 1963. "The Dynamics of Inflation in Chile." In *Measurement in Economics: Studies in Mathematical Economics and Econometrics in Memory of Yehuda Grunfeld*, edited by C. Christ, 219–250. Stanford, CA: Stanford University Press.

Harberger, A. C. 1964. "The Measurement of Waste." *American Economic Review* 54(3): 58–76.

Harberger, A. C. 1971. "Three Basic Postulates for Applied Welfare Economics: An Interpretive Essay."*Journal of Economic Literature* 9(3): 785–797.

Harberger, A. C. 1972. "Survey of Literature on Cost-Benefit Analysis for Industrial Project Evaluation." Paper prepared for the Inter-regional Symposium in Industrial Project Evaluation, Prague, October 1965. In *Project Evaluation*, 23–69. Chicago: University of Chicago Press.

Harberger, A. C. 1976. *Cuatro momentos de la economía chilena*. Santiago, Chile: Fundación de Estudios Económicos BHC.

Harberger, A. C. 1984. "Basic Needs versus Distributional Weights in Social Cost-Benefit Analysis."*Economic Development and Cultural Change* 32(3): 455–474.

Harberger, A. C. 2000. "Documento: Memorándum sobre la economía chilena." *Estudios Públicos*, no. 77: 399–418.

Harberger, A. C. 2016. "Sense and Economics: An Oral History with Arnold Harberger." Unpublished manuscript, interviews conducted by Paul Burnett, 2015–2016. Oral History Center, Bancroft Library, University of California–Berkeley.

Harberger, A. C. 2020. "What Happened in Chile?" In *A Special Meeting: The Mont Pelerin Society, 1980– 2020; From the Past to the Future: Ideas and Actions for a Free Society*, edited by J. B. Taylor, 409–410. Stanford, CA: Hoover Institution, Stanford University.

Harberger, A. C., and Edwards, S. 2021. "The Department of Economics at the University of Chicago, 1947–1982." Documentos de Trabajo No. 788, Universidad del CEMA, Buenos Aires.

Harberger, A. C., and Edwards, S. 2021. Forthcoming. "The Department of Economics at the University of Chicago, 1947–1982." In *The Palgrave Companion to Chicago Economics*, edited by R. A. Cord, 3–22. New York: Palgrave Macmillan.

Harvey, D. 2005. *A Brief History of Neoliberalism*. Oxford: Oxford University

Press.

Hirschman, A. O. 1958. *The Strategy of Economic Development.* New Haven, CT: Yale University Press.

Hirschman, A. O. 1963. "Inflation in Chile." In *Journeys toward Progress: Studies of Economic Policy-Making in Latin America*," edited by A. Hirschman, 159–223. New York: Twentieth Century Fund.

INE (Instituto Nacional de Estadísticas). n.d. Homepage. https://www.ine.cl/.

Infante, R., and García-Huidobro, G. 1972. "Metodologías para determinar estructuras de con- sumo esencial y no esencial." *Nueva economía*, January–April 1972, 56–80.

Inostroza, A. 1971. "El programa monetario y la política de comercio exterior de la Unidad Popular." *Panorama económico*, February–March 1971, 8–10.

International Monetary Fund. n.d. "World Economic Outlook Database." Web page. https:// www.imf.org/en/Publications/SPROLLS/world-economic-outlook-databases#sort=%40imfdate%20descending.

Irwin, D. A. 2018. "The Midway and Beyond: Recent Work on Economics at Chicago." *Historyof Political Economy* 50(4): 735–775.

Irwin, D. A. 2019. "The Missing Bretton Woods Debate over Flexible Exchange Rates." In *The Bretton Woods Agreements*, edited by N. Lamoureaux and I. Shapiro, 56–74. New Haven, CT: Yale University Press.

Irwin, D. A., and Medema, S. G. 2013. "Introduction." In *Jacob Viner: Lectures in Economics 301*, edited by D. A. Irwin and S. G. Medema, 1–18. New Brunswick, NJ: Transaction.

Jackson, B. 2010. "At the Origins of Neo-liberalism: The Free Economy and the Strong State, 1930–1947." *Historical Journal* 53(1): 129–151.

Johnson, H. G. 1969. "The Case for Flexible Exchange Rates, 1969." *Review* (Federal Reserve Bank of St. Louis) 51: 12–24.

Johnson, H. G. 1972. "The Monetary Approach to Balance-of-Payments Theory." *Journal of Financial and Quantitative Analysis* 7(2): 1555–1572.

Johnson, H. G. 1973. *The Theory of Income Distribution.* London: Gray-Mills.

Johnson, H. G. 1977. "The Monetary Approach to the Balance of Payments." *Journal of International Economics* 7(3): 251–268.

Junta de Gobierno. 1973. Acta Junta No. 1; Secreto. Junta de Gobierno, Republica de Chile, September 13, 1973. https://obtienearchivo.bcn.cl/obtienearchivo?id= recursoslegales/10221.3/34263/1/acta1_1973.pdf.

Kandell, J. 1976. "Chile, Lab Test for a Theorist." *New York Times*, March 21, 1976.

Kehoe, T. J., and Nicolini, J. P., eds. 2022. *A Monetary and Fiscal History of Latin America, 1960–2017*. Minneapolis: University of Minnesota Press.

Kissinger, H. A. 1979. *The White House Years*. Boston: Little, Brown.

Klein, N. 2010. "Milton Friedman Did Not Save Chile." *Guardian*, March 3, 2010.

Klein-Saks Mission. 1958. "The Chilean Stabilization Program and the Work of the Klein and Saks Economic and Financial Mission to Chile." Unpublished manuscript, Santiago, Chile.

Korry, E. M. 1970. "Backchannel Message from the Ambassador to Chile (Korry) to the Under Secretary of State for Political Affairs (Johnson), the President's Assistant for National Security Affairs (Kissinger), and the Chief of Station in Santiago." September 26, 1970. In *Foreign Relations of the United States, 1969–1976*, vol. E-16, *Documents on Chile, 1969–1973*.Washington, DC: US GPO. https://history.state.gov/historicaldocuments/frus1969-76ve16/d26.

Lagos, R. 2020. *Mi vida: Memorias II; Gobernar para la democracia*. Santiago, Chile: Debate.

Larraín, F., and Meller, P. 1991. "The Socialist-Populist Chilean Experience, 1970–1973." In *The Macroeconomics of Populism in Latin America*, edited by R. Dornbusch and S. Edwards, 175–221. Chicago: University of Chicago Press.

Larraín B., F., and Vergara M., R., eds. 2000. *La transformación económica de Chile.* Santiago, Chile: Centro de Estudios Públicos.

Larrañaga, O., and Rodríguez, M. E. 2014. "Desigualdad de ingresos y pobreza en Chile 1990." Working paper, United Nations Development Programme, New York.

La Segunda. 1981. "Friedman: Intervención 'fuera del libreto.'" *La Segunda*, November 20, 1981.

La Segunda. 2022. "Ante desfavorable escenario, Boric se abre al apruebo para reformar." *La Segunda*, June 29, 2022.

La Tercera. 1981. "Milton Friedman y la economía chilena." *La Tercera*, November 18, 1981.

La Tercera. 2003. "Las 24 horas que estremecieron a Chile." *La Tercera*, August 24, 2003.

La Tercera. 2019. "El triunfo de Patricio Aylwin 30 años después." *La Tercera*, December 14, 2019.

Letelier, O. 1976. "The 'Chicago Boys' in Chile: Economic Freedom's Awful Toll."

Nation, August 28, 1976, 137–142.

Lewis, A. 1975. "For Which We Stand: II." *New York Times*, October 2, 1975.

Ley 16640. 1967. Ley 16640: Reforma agraria. Congreso Nacional de Chile, July 28, 1967.

Ley 19070. 1991. Ley 19070: Aprueba estatuto de los profesionales de la educación. Congreso Nacional de Chile, June 27, 1991.

Lippmann, W. 1937. *The Good Society*. Boston: Little, Brown.

Loayza, N., Fajnzylber, P., and Calderón, C. 2005. *Economic Growth in Latin America and the Caribbean: Stylized Facts, Explanations, and Forecasts*. Washington, DC: World Bank.

Lüders, R. 1969. "El sistema tributario chileno: Algunos comentarios." *Cuadernos de economía*, no. 17, 41–58.

Lüders, R. 2022. "La universalización de los subsidios sociales es una quimera, si el país desea seguir creciendo y combatiendo la pobreza." Ex-Ante, January 11, 2022. https://www.ex-ante.cl/rolf-luders-la-universalizacion-de-los-subsidios-sociales-es-una-quimera-si-el-pais-desea-seguir-creciendo-y-combatiendo-la-pobreza/.

Magasich Airola, J. 2020. *Historia de la Unidad Popular: De la elección a la asunción; Los álgidos 60 días del 4 de septiembre al 3 de noviembre de 1970*. Vol. 2. Santiago, Chile: LOM Ediciones.

Malinowski, M. 2022. "At 36, World's Youngest Leader Boric Electrifies UN Assembly." *Bloom-berg*, September 20, 2022.

Marshall, A. 1890. *Principles of Economics*. Vol. 1. London: Macmillan, 1890.

Martin, E. G. 1982. "Frayed Miracle." *Wall Street Journal*, January 18, 1982.

Matus G., M., and Reyes C., N. 2021. "Precios y salarios en Chile, 1886–2009." In *Historia económica de Chile desde la Independencia*, edited by M. Llorca-Jaña and R. Miller, 677–724. Santiago, Chile: Ril Editores.

McCloskey, D. N. 2006. *The Bourgeois Virtues: Ethics for an Age of Commerce*. Chicago: University of Chicago Press.

McCloskey, D. N. 2010. *Bourgeois Dignity: Why Economics Can't Explain the Modern World*. Chicago: University of Chicago Press.

McCloskey, D. N. 2016. *Bourgeois Equality: How Ideas, Not Capital or Institutions, Enriched the World*. Chicago: University of Chicago Press.

Meller, P. 1996. *Un siglo de economía política chilena (1890–1990)*. Santiago, Chile: Editorial Andres Bello.

Mendez, J. C., ed. 1979. *Chilean Economic Policy.* Santiago, Chile: Ministerio de Hacienda.

Ministerio de Hacienda. n.d. "Estado de la Hacienda Pública." Gobierno de Chile. Web page. https://www.hacienda.cl/areas-de-trabajo/presupuesto-nacional/estado-de-la-hacienda-publica.

Mitchell, D. J., and Morriss, J. 2012. "The Remarkable Story of Chile's Economic Renaissance."*Daily Caller*, July 18, 2012. https://dailycaller.com/2012/07/18/the-remarkable-story-of-chiles-economic-renaissance/.

Molina, S., Donoso, Á., Llona, A., Baeza, S., and Kast, M. 1974. "Mapa de la Extrema Pobreza en Chile." Documento de Trabajo No. 29, Instituto de Economía, Pontificia Universidad Católica de Chile, Santiago, Chile.

Montecinos, V., Markoff, J., and Alvarez-Rivadulla, M. J. 2009. "Economists in the Americas: Convergence, Divergence and Connection." In *Economists in the Americas*, edited by V. Montecinos and J. Markoff, 1–62. Cheltenham, UK: Edward Elgar.

Montes, L. 2016. "Milton Friedman y sus visitas a Chile." *Revista de Estudios Públicos*, no. 141: 121–171.

Montes R., R. 2022. "El expresidente Lagos propone que el proceso constituyente de Chile continúe tras el plebiscito." *El País,* July 5, 2022. https://elpais.com/chile/2022-07-05/el-expresidente-lagos-propone-que-el-proceso-constituyente-de-chile-continue-tras-el-plebiscito.html.

Morán, R. 1969. "Hacia una formula antiinflacionaria abrupta." *Cuadernos de economía*, no. 17:19–33.

Myrdal, G. 1968. *Asian Drama: An Inquiry into the Poverty of Nations.* 3 vols., with continuous pagination. New York: Pantheon.

Navia, P. 2009. "The Chilean Left: Socialist and Neoliberal." In *Beyond Neoliberalism in Latin America? Societies and Politics at the Crossroads*, edited by J. Burdick, P. Oxhorn, and K. M. Roberts, 17–42. New York: Palgrave Macmillan.

Navia, P., and Osorio, R. 2015. "Las encuestas de opinión pública en Chile antes de 1973." *Latin American Research Review* 50(1): 117–139.

Nelson, E. 2020. "The Continuing Validity of Monetary Policy Autonomy under Floating Exchange Rates." *International Journal of Central Banking* 16(2): 81–123.

Newheiser, D. 2016. "Foucault, Gary Becker and the Critique of Neoliberalism."

Theory, Culture and Society 33(5): 3–21.

Newsweek. 1990. "Interview with Alejandro Foxley." *Newsweek*, March 26, 1990.

New York Times. 1975. "Two Years of Pinochet." *New York Times*, September 22, 1975.

New York Times. 1985. "Chilean Police Battle 300 Demonstrators." *New York Times*, April 1, 1985.

Nicas, J. 2022. "Chile Says 'No' to Left-Leaning Constitution after 3 Years of Debate." *New York Times*, September 6, 2022.

Novitski, J. 1970a. "Allende, Marxist Leader, Elected Chile's President." *New York Times*, October 25, 1970.

Novitski, J. 1970b. "Military Leader Dies in Santiago." *New York Times*, October 26, 1970.

O'Brien, T. F. 2007. *The Making of the Americas: The United States and Latin America from the Age of Revolutions to the Era of Globalization.* Albuquerque: University of New Mexico Press.

OECD (Organisation for Economic Co-operation and Development). 2019. *Skills Matter: Ad- ditional Results from the Survey of Adult Skills*. Paris: OECD.

OECD (Organisation for Economic Co-operation and Development). n.d.-a. "Program for International Student Assessment (PISA), 2000, 2003, 2006, 2009, 2015, and 2018. Reading, Mathematics and Science Assessments." Web page. https://www.oecd.org/pisa/data/.

OECD (Organisation for Economic Co-operation and Development). n.d.-b. "OECD Better Life Index." Web page. https://www.oecdbetterlifeindex.org/#/11111111111.

OECD (Organisation for Economic Co-operation and Development). n.d.-c. "Income Inequality." OECD Data. Web page. https://data.oecd.org/inequality/income-inequality.htm.

Oliver, H. M., Jr. 1960. "German Neoliberalism." *Quarterly Journal of Economics* 74(1): 117–149.

Ortúzar, P. 2022. "Por un octubre sin octubrismo." *La Tercera*, July 3, 2022.

Panorama económico. 1970. "Documentos." *Panorama económico*, August 1970, 13–31.

Patinkin, D. 1973. "Frank Knight as Teacher." *American Economic Review* 63(5): 787–810.

Peña, C. 2020. *Pensar el malestar: La crisis de octubre y la cuestión constitucional.*

Santiago, Chile: Editorial Taurus.

Piñera, J. 1992. *El cascabel al gato.* Santiago, Chile: Zig-Zag.

Pinochet, A. 1979. "Mensaje presidencial: 11 septiembre 1978–11 septiembre 1979." Memoria Chilena, Biblioteca Nacional de Chile. http://www.memoriachilena.gob.cl/602/w3-article-82405.html.

Pinto, A. 1957. "La industrialización y el profesor Rottenberg." Editorial. Santiago, Chile: *Panorama económico*, November 1957, 734–736.

Quiroga Z., P. 2001. *Compañeros: El GAP; La escolta de Allende.* Santiago, Chile: Aguilar.

Reinhoudt, J., and Audier, S. 2018. *The Walter Lippmann Colloquium: The Birth of Neoliberalism.* New York: Palgrave Macmillan.

Robinson, J. 1933. *The Economics of Imperfect Competition.* London: Macmillan.

Rojas, A. 1986. "Extrema pobreza: Concepto, cuantificación y características." *Estudios Públicos*, no. 24, 151–161.

Rosenstein-Rodan, P. N. 1974. "Why Allende Failed." *Challenge* 17(2): 7–13.

Sánchez García, A. 2014. "Chile y el MIR: Carta abierta a Mauricio Rojas." in *El blog de Montaner*, a blog by C. A. Montaner, October 19, 2014. http://www.elblogdemontaner.com/chile-y-el-mir-carta-abierta-mauricio-rojas/.

Sandel, M. J. 2012. *What Money Can't Buy: The Moral Limits of Markets.* New York: Farrar, Straus and Giroux.

Sandel, M. J. 2018. "Populism, Liberalism, and Democracy." *Philosophy and Social Criticism* 44(4): 353–359.

San Francisco, A., ed. 2019a. *Historia de Chile 1960–2010.* Vol. 5, *Las vías chilenas al socialismo: El gobierno de Salvador Allende (1970–1973), Primera Parte.* Santiago, Chile: CEUSS/Universidad San Sebastián.

San Francisco, A., ed. 2019b. *Historia de Chile 1960–2010.* Vol. 6, *Las vías chilenas al socialismo: El gobierno de Salvador Allende (1970–1973). Segunda Parte.* Santiago, Chile: CEUSS / Universidad San Sebastián.

Schauer, F. 2014. "Constitutions of Hope and Fear." *Yale Law Journal* 124(2): 528–562.

Schiappacasse, I., and Tromben, C. 2021. *Todo legal: Los grandes zarpazos de la elite financiera chilena 1973–2021.* Santiago, Chile: Planeta.

Schultz, T. W. 1956. "Latin-American Economic Policy Lessons." In "Papers and Proceedings of the Sixty-Eighth Annual Meeting of the American Economic Association," special issue, *American Economic Review* 46(2): 425–432.

Schultz, T. W. 1964. *Transforming Traditional Agriculture.* New Haven, CT: Yale University Press.

Schultz, T. W. 1992. "Foreword." In *Combating Poverty: Innovative Social Reforms in Chile during the 1980s*, edited by T. Castañeda, vii–viii. San Francisco: ICS Press.

Select Committee to Study Governmental Operations with Respect to Intelligence Activities. 1975. *Covert Action in Chile 1963–1973: Staff Report of the Select Committee to Study Governmental Operations with Respect to Intelligence Activities.* Washington, DC: US GPO.

Sengupta, S. 2021. "Chile Writes a New Constitution, Confronting Climate Change Head On."*New York Times*, December 29, 2021.

Shultz, G. P., and Taylor, J. B. 2020. "Why Choose Economic Freedom? An Opening Conversation." In *A Special Meeting: The Mont Pelerin Society, 1980–2020; From the Past to the Future: Ideas and Actions for a Free Society*, edited by J. B. Taylor, 6–13. Stanford, CA: Hoover Institution, Stanford University.

Sistema de Empresas. n.d. "SEP Chile." Gobierno de Chile. Web page. https://www.sepchile.cl/.

Sjaastad, L. A. 1983. "Failure of Economic Liberalism in the Cone of Latin America." *The World Economy* 6(1): 5–26.

Sjaastad, L. A., and Cortés Douglas, H. 1978. "El enfoque monetario de la balanza de pagos y las tasas de interés real en Chile." *Estudios de economía*, no. 5: 3–68.

Smith, A. 1977. *An Inquiry into the Nature and Causes of the Wealth of Nations.* Edited by E. Cannan. Chicago: University of Chicago Press.

Soto, A. 2003. *El Mercurio y la difusión del pensamiento político neoliberal 1955–1970.* Chile: Centro de Estudios Bicentenario.

Steel, R. 1999. *Walter Lippmann and the American Century.* New York: Routledge.

Stigler, G. J. 1965. *The Theory of Price: Revised Edition.* New York: Macmillan.

Stigler, G. J. 1988. *Memoirs of an Unregulated Economist.* New York: Basic Books.

Stiglitz, J. E. 2002. "Commanding Heights: Joseph Stiglitz." Interview on PBS online. https:// www.pbs.org/wgbh/commandingheights/shared/minitextlo/int_josephstiglitz.html.

Stott, M. 2022. "Chile's Rejection of Populism Is an Example for the World." *Financial Times*, September 5, 2022.

Stott, M., and Mander, B. 2019. "Chile President Sebastián Piñera: 'We Are Ready to Do Everything to Not Fall into Populism.'" *Financial Times*, October 17, 2019.

Subsecretaría de Educación Superior. n.d. "Informes de Matrícula en Educación Superior." Ministerio de Educación Superior. Web page. https://www.mifuturo.cl/informes-de-matricula/.

Sulzberger, C. L. 1975. "The Worst of Both Worlds." *New York Times*, November 26, 1975.

Tax, S. 1963. *Penny Capitalism: A Guatemalan Indian Economy.* Chicago: University of Chicago Press.

Tavlas, G. S. 2022. "'The Initiated': Aaron Director and the Chicago Monetary Tradition." *Journal of the History of Economic Thought* 44(1):1–23.

Thatcher, M. 1982. Margaret Thatcher to Friedrich Hayek, February 17, 1982. Margaret Thatcher Foundation Archive. https://c59574e9047e61130f13-3f71d0fe2b653c4f00f32175760e96e7.ssl.cf1.rackcdn.com/3D5798D9C38443C6BD10B1AB166D3CBF.pdf.

Thorp, R. 1998. *Progress, Poverty and Exclusion: An Economic History of Latin America in the 20th Century.* Washington, DC: Inter-American Development Bank, 1998.

Uchitelle, L. 1998. "Ounces of Prevention for the Next Crisis." *New York Times*, February 1, 1998.

UNDP (United Nations Development Programme). 1994. *Human Development Report 1994: New Dimensions of Human Security.* New York: United Nations Development Programme.

UNDP (United Nations Development Programme). 1998. *Paradoxes of Modernity: Human Security.* New York: United Nations Development Programme.

UNDP (United Nations Development Programme). 2017. *Desiguales: Orígenes, cambios y desafíos de la brecha social en Chile.* New York: United Nations Development Programme.

UNDP (United Nations Development Programme). 2019. *Human Development Report 2019: Beyond Income, beyond Averages, beyond Today; Inequalities in Human Development in the 21st Century.* New York: United Nations Development Programme.

UNDP (United Nations Development Programme). n.d. "UNDP: Reports and Publications." United Nations Development Programme. Web page. https://hdr.undp.org/.

Universidad Finis Terrae, Centro de Investigación y Documentación. n.d. "Archivo CIDOC." Web page. https://cidoc.uft.cl/archivo-cidoc/.

Valdés, J. G. 1989. *La escuela de Chicago: Operación Chile.* Buenos Aires: Grupo Editorial Zeta.

Valdés, J. G. 1995. *Pinochet's Economists: The Chicago Boys in Chile.* Cambridge: Cambridge University Press.

Valdés, R. 2021. "Impuestos en Chile: Datos y comparaciones esenciales." Mimeo. Escuela de Gobierno, Pontificia Universidad Católica de Chile, Santiago, Chile.

Valenzuela, A. 1978. *The Breakdown of Democratic Regimes: Chile.* Baltimore: Johns Hopkins University Press.

Vanek, J. 1970. *The General Theory of Labor-Managed Market Economies.* Ithaca, NY: Cornell University Press.

Van Horn, R., Mirowski, P., and Stapleford, T. A., eds. 2011. *Building Chicago Economics: New Perspectives on the History of America's Most Powerful Economics Program.* New York: Cambridge University Press.

Varsavsky, O., and Calcagno, A. E., eds. 1971. *América Latina: Modelos matemáticos.* Santiago, Chile: Editorial Universitaria.

Velasco, A., and Parrado, E. 2012. "The Political Economy of Fiscal Policy: The Experience of Chile." In *The Oxford Handbook of Latin American Political Economy*, edited by Javier Santiso and Jeff Dayton-Johnson, 68–85. New York: Oxford University Press.

Viner, J. 1932. "Cost Curves and Supply Curves." *Zeitschr. f. Nationalökonomie* 3: 23–46.

Vuskovic, P. 1973. "The Economic Policy of the Popular Unity Government." In *The ChileanRoad to Socialism: Proceedings of an ODEPLAN-IDS Round Table, March 1972*, edited by J. A. Zammit, 49–57. Austin: University of Texas Press.

Wallace-Wells, B. 2021. "Larry Summers versus the Stimulus." *New Yorker*, March 18, 2021.

Washington Post. 1970. "General Is Shot in Chile." *Washington Post*, October 23, 1970.

WID (World Inequality Database). n.d.-a. "Methodology." Web page. https://wid.world/methodology/.

WID (World Inequality Database).n.d.-b. "Top 1% Net Personal Wealth Share." Web page.https://wid.world/world/#shweal_p99p100_z/US;FR;DE;CN;ZA;GB;WO/

last/eu/k/p/yearly/s/false/13.167999999999997/100/curve/false/country.

WID (World Inequality Database).n.d.-c. "Top 10% Net Personal Wealth Share." Web page. https://wid.world/world/#shweal_p90p100_z/US;FR;DE;CN;ZA;GB;WO/last/eu/k/p/yearly/s/false/38.508/125/curve/false/country.

World Bank. n.d. "World Development Indicators." Web page. https://datatopics.worldbank.org/world-development-indicators/.

YouTube. 2010. "Milton Friedman Interrupted by Left-Wing Activist at the Nobel Prize Ceremony." YouTube video, 0:30, September 27, 2010. https://www.youtube.com/watch?v=QwQioAwm-FI.

Zamora, D., and Behrent, M. C., eds. 2016. *Foucault and Neoliberalism*. Malden, MA: Polity Press.

Zauschquevich, A., and Sutulov, A. 1975. *El cobre chileno*. Santiago, Chile: Corporación del Cobre.

Zimmerman, S. D. 2019. "Elite Colleges and Upward Mobility to Top Jobs and Top Incomes." *American Economic Review* 109(1): 1–47.